**경영이란
무엇인가**

경영이란 무엇인가

조안 마그레타 지음
권영설 · 김홍열 옮김

What Management Is

김영사

경영이란 무엇인가

1판 1쇄 발행_ 2004. 12. 27.
1판 29쇄 발행_ 2022. 3. 26.

저자_ 조안 마그레타
역자_ 권영설·김홍열

발행인_ 고세규
발행처_ 김영사

등록번호_ 제406-2003-036호
등록일자_ 1979. 5. 17.

경기도 파주시 문발로 197(문발동) 우편번호 10881
마케팅부 031)955-3100, 편집부 031)955-3200, 팩스 031)955-3111

값은 뒤표지에 있습니다.
ISBN 978-89-349-1471-6 03320

홈페이지 www.gimmyoung.com   블로그 cafe.naver.com/gimmyoung
인스타그램 instagram.com/gimmyoung   이메일 bestbook@gimmyoung.com

좋은 독자가 좋은 책을 만듭니다.
김영사는 독자 여러분의 의견에 항상 귀 기울이고 있습니다.

비즈니스의 기본으로 돌아가는 지도

나는 1990년대 「하버드 비즈니스 리뷰」의 전략 부문 선임 편집 자였다. 그 일을 하면서 소위 '최첨단'이라고 할 만한 오늘날의 경영 분야 사상 대부분을 접했고 토론도 많이 했다. 그렇게 다달 이 저자와 출판인, 평론가들은 「하버드 비즈니스 리뷰」를 통해 새 로운 지평을 여는 새 아이디어들을 발견했다. 나에게 그때는 정말 로 정신없었던 시절로 느껴지는데 그러한 점의 대부분은 어느 나 라 말에서건 가장 위험한 이 네 단어로 요약되는 바로 이런 상황 이었다. "이번에는 정말 색다른 거예요This time it's different."

변화를 감당하는 것은 경영진의 가장 어려운 책임 중 하나다. 특히 효과적으로 변화를 다루기 위해선 변해서는 안 될 것이 무엇 인지를 제대로 알고 있어야 한다. 정말 새로운 것이 무엇인지 알 기 위해서는 바뀌지 말아야 할 것은 무엇인지 그리고 왜 그런지에 대해 먼저 알고 있어야 할 것이다. 바로 이 책이 다루고자 하는 것 들이 이러한 시간이 흘러도 변하지 않는 원칙과 아이디어들이다.

이 책을 처음 구상하고 집필하는 동안에도 세계는 많이 변했다. 1990년대의 호황은 사라지고 경비 절감과 불확실성의 시대가 시 작되었다. 호황 때만 해도 비즈니스 리더들은 못하는 것이 없는 사 람들처럼 보였다. 그러나 그 이후 불황이 이어지자 한때 스타였던 경영자들이 기업 스캔들로 회사에서 쫓겨났고, 그 결과 이제 비즈니스 리더들은 옳고 그른 것도 제대로 분간하지 못하는 사람들로 비치고 있다.

벤처 기업가들도 이미 영광을 잃었다. 호황 때 사람들은 벤처 기업가들이 물 위도 걸을 수 있다고 믿었다. 그러나 수조 달러의 시장 가치가 얇은 공기 속으로 사라져버린 지금은 물 위를 걸으려는 사람이나 그들에게 투자하는 사람들 모두 물에 빠지게 된다는 사실을 인정하는 것이 옳게 되었다.

2, 3년이 안 되는 짧은 기간 동안 대중은 지나친 풍요를 기대하더니 이내 지나친 비관주의자로 바뀌었다. 이 책은 그에 비해 균형 잡힌 시각을 보여주고 경영이란 무엇인가에 대해 알려주는 현실주의로 가득 차 있다. 또한 경영이란 어떻게 달라질 수 있으며 어떻게 해야 옳은지에 대한 이상주의도 적잖이 담겨 있다. 한마디로 말하자면 이 책은 경영이 왜, 그리고 어떻게 중요한지에 대해 이야기하고 있다.

1999년께 나는 이런 책이 필요하다고 확신했다. 주식 시장에만 폭발 직전의 거품이 있는 것이 아니며 경영 아이디어가 거래되는 시장에도 거품이 있다고 확신했다. 경영자들을 노리고 출간된 얇은 책들은 나무를 보여줄 수 있을지는 몰라도 숲은 보기 어렵게 만들고 있었다. 그래서 경영의 규율에 관한 중심 아이디어들을 책 한 권에 담아 보고자 했다. 이 책이 나오고 나서 독자들과 비평가들이 모두 이 책이 비즈니스의 기본으로 돌아가는 지도가 될 것이라며 반겼다.

왜 이런 지도가 필요한가? 증권 시장은 시간만 충분히 주어진다면 자체적으로 교정할 수 있는 능력이 있다. 그러나 널리 알려진 경영에 대한 잘못된 개념을 교정하는 것은 훨씬 복잡한 일이다. 너무 요란하게 넘쳐나는 것은 아주 쉽게 사라지는 법이다. 예를 들면 이제 사람들은 더 이상 웹 사이트를 둘러본 '사람 숫자'만으로 인터넷 비즈니스의 가치를 매길 수 없다는 사실을 깨달았다. 마찬가지로 이제 사람들은 한때 놀라운 슬로건이었던 '자유 계약 국가Free Agent Nation'가 더 이상 21세기 근로자들을 위한 유용한 처방이 아니라는 사실도 잘 알고 있다. 그런 현학적인 단어들은 경제적 가치를 파괴하고 사람들의 삶을 피폐하게 만들고는 곧 사라져버린다.

문제는 더 오래 가고 자각하기 어려운 피해를 주는 아이디어들이다. 많은 왜곡된 아이디어들이 우리가 전혀 알아차리지 못할 정도로 은밀하게 경영에 대한 생각과 실천의 핵심 부분으로 스며들어 있다. 그런 잘못된 아이디어들은 경영자가 성공 혹은 실패를 부르는 결단을 내리는 과정을 그럴듯하게 윤색한다. 한 조직의 올바른 목표란 무엇인가? 고객을 위한 가치를 창출할 뿐만 아니라 주주들을 위한 가치를 획득하기 위해서는 어떻게 사업을 디자인해야 하는가? 조직을 어떻게 구성하는가? 평가를 계속하고 성공 여부를 정의하기 위해 어떤 수치를 사용해야 하는가? 조직에서 가치의 역할이란 무엇인가?

이런 것들은 추상적이거나 학문적인 질문이 아니다. 경영자들이 매일 붙들고 싸우는 주제인 것이다. 이 책에서 여러 종류의 시장에서 사업하는 회사나 조직들에게 적합한 경영 원칙들을 표현해 봤다. 그런 점에서 이 책은 특정 시간의 제한을 받지 않는다. 호황기의 정점에서 썼지만 이 책에 나오는 원칙들은 다음 호황기에도 여전히 유효할 것이다. 다음 호황이 오는 데 얼마나 오랜 시간이 걸릴지는 모르지만 말이다.

그런데 이 책의 하드커버판이 출간된 이후 시의성을 중시하는 독자들로부터 요즘 퍼져 있는 사고방식 중에 왜곡된 것들이 있다면 구체적으로 알려달라는 부탁을 받았다. 그래서 여기에 정확하게 이해해야 할 중요한 아이디어에 관해 설명해 놓는다. 이 아이디어들은 이 책의 핵심 내용이기도 하다.

1990년대 경제 호황기 때 가장 유행했던 현학적 단어는 바로 주주 가치일 것이다. 당시 경영자들은 다른 무엇보다도 이 주주 가치를 가장 중요한 목표로 삼았다. 그러나 많은 회사들이 주주 가치의 평가 방법 다시 말해 지금의 주식 가격과 주주 가치를 창조하는 실제 행위를 혼동하는 바람에 길을 잃었다. 주주 가치란 결과일 뿐이지 목표가 아니다. 많은 회사들이 잘못된 목표를 붙들고 헤매왔다.

비즈니스 모델이란 용어는 인터넷 붐 때 엉터리 사업 아이디어를 합리적으로 만들려고 너무 자주 쓰는 바람에 그 개념 자체의 신용도가 상당히 손상됐다. 사실은 기업이나 정부 기관, 비영리 기관 등 모든 생기 있는 조직에는 괜찮은 비즈니스 모델이 있어야 한다. 물론 대단히 유용한 아이디어지만 진지하게 실행될 때만 그 유용성이 높아질 수 있다.

비즈니스 전략은 1990년대 많은 이들이 주장한 것과는 달리 죽은 것이 아니다. 변화가 너무나 급격해져서 타당성을 잃은 것도, 글로벌 경제의 새로운 현실 때문에 유효성을 상실한 것도 아니다. 전략은 새로운 혁신이나 근본적인 변화를 주로 다루는 것이 아니다. 해당 업계에서 최고 또는 최대의 회사가 되기 위한 방법론도 아니다. 전략이란 어떻게 하면 남들과 차별화할 수 있을까를 찾는 일이다.

아웃소싱이나 합병 등과 같이 1990년대 유행했던 조직론은 상당히 위험하다. 왜냐하면 어떤 형태의 조직이든 모든 것에 들어맞는 경우는 거의 없기 때문이다. 제대로 운영되는 조직이라면 항상 구체적인 전략을 갖고 있어야 하고 구체적인 시장을 목표로 해야 한다.

정확한 숫자를 측정할 수 있어야 훌륭한 성과를 낼 수 있다. 최근 기업과 관련된 대형 스캔들에서도 분명히 드러났듯이 이제까지 너무 많은 경영자들이 숫자를 다루는 가장 중요한 목적은 회사와 경영자 자신을 그럴듯하게 보이도록 만들기 위해서라고 믿어왔다. 그러나 경영진들이 이렇게 현실과 맞닿아 있는 유일한 창문인 숫자를 겉치레로 사용하는 것은 아주 위험한 일이다.

아무리 훌륭한 성과 측정도구라도 하나가 모든 것에 들어맞을 수는 없다. 조직의 측정도구를 사명과 일치시키는 것이 경영자들에게는 가장 어렵고 창의력이 요구되는 난제다. 이는 영리를 목적으로 하는 기업이건 비영리 기관이건 마찬가지다.

올바른 가치 없이 장기적인 성과를 올리는 것은 있을 수 없는 일이다. 1990년대의 호황 때는 개인의 뛰어난 재능이 성공을 이끈다고 믿기 쉬었다. 그러나 앤더슨 컨설팅에서부터 엔론에 이르는 저명 기업들의 잇단 실패는 성실성과 진실성이 없는 재능과 에너지는 오히려 더 파괴적일 수 있음을 보여주었다. 그렇다면 조직의 올바른 가치란 무엇인가? 다시 대답하지만 정답은 '조직마다 다르다' 이다. 회사의 가치를 사명과 일치시키는 일이 경영진이 해결해야 할 가장 중요한 과제다.

매사추세츠 주 케임브리지에서

조안 마그레타

| 차례 |

경영이라는 보편 규율

외부에서 보기에 사업이라는 것은 특별히 신경을 쓸 필요도 없고 어떤 바보라도 열심히만 한다면 성공할 수 있는 우연의 게임처럼 느껴질 수도 있다. 그러나 사람이 하는 모든 행동은 처음부터 특정한 목적을 갖고 의도적으로 조직하고 체계적으로 실행했다고 볼 수 없으면 다른 사람들에게 그렇게 비칠 수가 있다. 그러니까 사업도 규율 있는 일반 지식에 바탕을 두고 시행하고 있음을 제대로 보이지 않으면 남에겐 그렇게 보일 수밖에 없는 것이다.

— 피터. 드러커

20세기에 이루어진 가장 중요한 혁신은 무엇인가? 인류의 생명을 두 배, 세 배로 늘린 항생제와 백신일까? 거리의 개념을 바꿔놓은 자동차와 비행기라고 할 수 있을까? 전화나 텔레비전 같은 새로운 의사소통 수단은 어떤가? 아니면 우리를 신경제로 진입하게 한 반도체 칩이나 컴퓨터 또는 네트워크라고 해야 할까?

이런 모든 혁신들이 우리의 삶을 바꿔놓은 것은 분명하다. 그러나 이런 혁신들이 빠르고 넓게 퍼질 수 있었던 데는 또 다른 혁신의 힘이 컸다. 그것은 바로 '경영'이라는 규율이다. 경영을 통해서 조직을 제대로 돌아가도록 하는 데 필요한 사고와 경험을 모을 수 있었기 때문이다. 우리는 경제적 발전을 가속화하는 생산성 증가율을 따질 때 기술에 주안점을 두곤 한다. 그러나 사실은 경영이 생산성 향상에 훨씬 중요한 역할을 하고 있다.

의도적으로 조직을 만든다는 의미에서의 '관리'는 손가락으로 셈하는 것만큼이나 오래 되고 두드러진 인간만의 행동 양식이다. 그러나 규율로서의 경영은 19세기 중반에야 나타난 새로운 것이다. 규율로서의 경영의 시대가 펼쳐지면서 인류는 이전에는 보지 못했던 새로운 사건들을 자주 접하게 됐다. 특히 지난 수십 년간 경영은 놀라운 힘을 발휘했다. 복잡한 것이든 특수한 것이든 경영을 통해 성과로 연결돼 왔다. 심지어 회사 밖에 있는 자유 계약자들조차 경영에 힘입어 저마다의 분야에서 전문 서비스의 생산성을 높이고 있다.

경영의 시대가 열렸다는 사실을 보여주는 신호 가운데 하나가 매년 MBA 졸업생의 숫자가 폭발적으로 늘어나고 있다는 점이다. 미국의 경우 1960년 5,000명에 불과했던 MBA의 수가 2000년께는 10만여 명에 달했다. 경영을 다룬 책들도 1960년대에는 시냇물처럼 졸졸 흐르던 수준에서 최근에는 홍수에 봇물 터지듯 쏟아져나오고 있다. 하지만 이렇게 경영에 대한 글들이 바다를 이루고 있지만 대부분의 사람들은 도대체 경영이란 것이 무엇인지에 대해 예전보다 훨씬 더 혼동스러워한다. 물론 이렇게 된 데에는 경영 관련 서적이 지나치게 두꺼웠던 탓도 있다. 또 사람들 중에는 경영을 새로운 규율이 나올 때마다 엄청나게 노력해 따라잡아야 하는 작업으로 인식하고 있는 이들도 많다.

「하버드 비즈니스 리뷰」의 편집자로서 우리 두 사람은 경영 관련 저작물의 홍수로 높아진 수문 맨 앞에 서 있었다. 우리의 사명은 보통 적은 수의 내부인에게만 제공되는 전문가의 아이디어를 현직 경영인과 전문가 등 우리의 많은 독자들이 접할 수 있도록 하는 것이었다. 우리는 필자들에게, 누구를 위해 글을 기고할 것이며 그 글을 읽으면 독자들이 어떻게 더 나아질 것인지에 대해 항상 자문했다. 우리는 핵심이 무엇인지, 더 간단히 말하면 "그래서 어떻게 하라는 것인지"에 대한 답을 요구했다. 이제는 우리가 독자들의 그런 질문에 답할 차례다.

대부분의 경영서들은 경영자만을 위한 책이다. 그러나 이 책은 모든 사람을 위한 것이다. 왜냐하면 오늘날 우리는 경영으로 모든 것이 이루어지는 시대에 살고 있기 때문이다. 그렇게 느끼든 아니든 우리가 잘살고 못사는 것은 경영의 성과에 달려 있다. 현재 다니고 있거나 도와주고 있거나, 아니면 투자를 했거나 창업한 회사에 대해 더 나은 결정을 내리고 싶으면 무엇이 경영이며, 어떤 상태가 경영이 잘되는 것인지 아닌지에 대해 확실하게 알고 있어야 한다. 또 어떻게 하면 더 나은 성과를 낼 것인지, 성공하기 위해서 무엇을 할 것인지 등 자신의 직업 인생과 관련된 결정을 현명하게 처리하고 싶다면 경영의 규율들을 자신에게 적용할 수 있어야 한다. 지역 사회를 발전시키고 아이들에게 더 나은 세상을 전해주고 싶다면 비영리 부문에서 경영이 어떤 역할을 하는지, 특히 어떻게 하면 교육과 의료보험 등의 분야에 제대로 적용될 수 있을지에 대해 정확하게 알 필요가 있다.

우리가 가진 자원보다 더 많은 것이 필요한 모든 경우에 경영은 중요해진다. 일을 하든 자원봉사를 하든 경영은 필요하다. 오늘날의 세계에서 살아가려면, 그것도 잘 살아가려면 설령 경영자가 아니더라도 경영자처럼 생각하는 방법을 배워야 한다.

변호사나 의사, 회계사 같은 전문직은 경영을 하기 위해서 특별한 자격증을 딸 필요가 없다. 실제로 경영은 '경험'을 공식적인 교육이나 자격증보다 훨씬 중요하게 평가해 주는 유일한 분야다. 예를 들면 하버드 비즈니스 스쿨은 전통적으로 MBA 과정에 입학 원서를 내려면 반드시 직장 경력부터 쌓을 것을 요구한다. 이전 직장 경험이 비즈니스 스쿨 교육에서 얼마나 많이 배울 수 있느냐를 크게 좌우할 것이라는 판단에서다.

이 책은 전문 용어가 거의 없는 경영을 처음 접하는 사람에게는 편안한 기초 입문서라고 할 수 있다. 적용 가능성이 풍부한 아이디어들을 다루되 실제 인물과 조직에 대한 사례들을 통해 그 아이디어를 구체적으로 전달하려고 노력했다. 이 이야기들을 재미있다고 느낀다면 이 책은 경영의 폭과 깊이에 대해 제대로 이해하는 기회를 줄 것이다. 멀리 떨어져서 본다면 경영은 경제학이나 공학에 관한 것이라고 생각하기 쉽다. 그러나 가까이서 보면 경영은 오히려 사람에 관한 것이 대부분이다. 또 진지하게 들여다보면 경영은 인문 과학이다. 모든 규율 가운데 우리 자신과 세계에 대해 더 잘 알 수 있게 해주는 것들을 자유롭게 선택할 수 있다는 점에서 그러하다. 그런 점 때문에 경영은 할 만한 가치가 있는 일이고, 동시에 제대로 하기가 힘든 일이기도 하다.

비즈니스 경험이 많은 독자들은 이 책에서 '그래서 어떻게 하라는 것인지'에 대한 해답을 찾을 수 있을 것이다. 우리는 중요한 아이디어와 실천 도구들, 예를 들어, 가치 창조, 비즈니스 모델, 경쟁 전략, 80/20 법칙, 성과 메트릭스metrics, 의사 결정 분석 등을 비중 있게 다루었다. 이런 것들은 규율의 핵심을 이루는 다른 아이디어 들과 함께 실제 경영에서 사용돼야 의미가 있는 것이다. 우리는 이런 아이디어들을 일반 회사와 비영리 기관에서, 또 관리 분야와 전문 분야 등 여러 방면에 걸쳐 적용할 수 있도록 쉽게 전달하려고 애썼다. 특히 경영 용어들이 이해를 돕는 것이 아니라 오히려 더 어렵게 만든다고 느꼈던 사람들은 경영에 대해 알고는 싶지만 남에게 물어보기 어려웠던 것들을 이 책에서 모두 찾을 수 있을 것이다.

이 책을 정교하게 읽은 독자들은 뭔가 다른 것을 얻을 수도 있다. 한 단계 물러서서 큰 그림을 볼 수 있는 구조를 가질 수 있고, 아주 중요하지만 글로는 표현되지 않는 규칙들을 명확히 정리해 보는 계기도 될 것이다. 또 조직에서 더 나은 성과를 올릴 수 있고 경영자로서 자신이 하는 일에 보탬이 되는 통찰을 얻을 수도 있을 것이다. 이 책을 통해 그동안 명료하지 않았던 기본을 제대로 다지는 계기가 마련되기를 바란다.

새로운 규율은 발전을 가져온다. 사실 일반적인 의미에서의 경영자는 우리 사회에 항상 있어왔다. 경영자가 기업주라든가 감독관처럼 조직에서 권한을 갖는 위치에 있는 사람을 지칭한다면 말이다. 같은 의미에서 의사 역시 언제나 존재했다. 그러나 의학이란 것이 글로써 표현된 규율이 된 뒤에야 의사가 하는 일들을 남에게 가르칠 수 있고 치료에 적용할 수 있게 되어 의학 전반이 더 발전하게 된 것이다. 의학이 정립되지 않았으면 우리는 의사로부터 많은 것을 기대할 수 없었을 것이다. 오늘날에도 병을 잘 낫게 하는 의사가 있는가 하면 실력이 별로인 의사도 있다. 개업의들끼리도 수준 차가 크다. 그러나 분명한 것은 의학이라는 규율이, 오늘날의 평균적인 의사도 1세기 전에 천재적이었던 의사보다 훨씬 나은 실력을 가질 수 있도록 수준을 높여놓았다는 사실이다. 우리는 회사나 조직의 존재를 당연한 것으로 여기고 있지만 의학이라는 규율이 있어 의료 서비스가 발전했듯이 경영이라는 규율 덕분에 회사나 조직들이 생겨나 우리 삶의 구조를 더 나아지게 하는 세계가 가능해진 것이다.

이처럼 전에 없던 성공을 거두고 있지만 경영은 우리의 현대적 삶의 모습을 만든 여러 직능 가운데 여전히 제대로 이해되지 못하고 있는 분야로 남아 있다. 많은 이들에게 경영이란 자신의 일이 아닌 누군가의 일일 뿐이다. 부정적인 시각 가운데 하나를 보자면 우리가 조상으로부터 회사나 조직으로 이루어진 사회를 물려받았기 때문에 그것을 운영할 경영인이 별수 없이 있어야 한다는 식이다. 그러나 이런 시각은 원인과 결과를 뒤집어 보는 잘못된 것이다. 왜냐하면 우리는 혼자서는 절대 이룰 수 없는 여러 가지 목표를 성취하기 위해 새로운 회사나 조직들을 만들어내고 그것을 경영하는 데 익숙해왔기 때문이다.

경영을 통해 효과를 보는 일들이 점점 늘어나면서 현대 사회의 여러 일을 꾸려가는 수단이 되는 많은 조직들이 생겨났다. 박물관, 광고 대행사에서부터 지퍼 공장, 동물원까지 다양한 조직들은 인간들이 얼마나 다양한 목적을 갖고 있는가를 보여주는 단면이다. 경영이 이런 조직들을 생겨날 수 있게 한다. 그리고 제대로 된 경영은 이런 조직들이 각각의 목적을 효과적으로 달성할 수 있게 한다. 지난 1세기 동안 경영이라는 규율은 일의 개념을 바꾸었고 생산성을 몇 배나 높였다.

그러나 우리는 경영을 이런 시각에서 제대로 보지 못하고 있다. 비즈니스에 대한 인기는 계속 높아지는 반면 경영에 대한 인기는 계속 추락한다. 아주 재능 있는 젊은이가 앞으로 회사나 조직에 들어가서 경영자가 되겠다고 말하는 것을 들은 적이 있는가? 오히려 자기 사업을 해보겠다는 사람을 훨씬 많이 보았을 것이다. 또 컨설턴트나 투자 은행가 혹은 벤처 캐피털리스트가 되려는 사람도 많다. 하지만 경영자가 되려는 이들은 별로 없다.

역설적이게도 세계에서 가장 존경받는 경영자인 GE의 전설적 CEO 잭 웰치가 이 문제에 한 원인을 제공했다. GE가 재도약해야 할 절박한 시기였던 1980년대에 웰치는 경영자란 단어를 의식적으로 거부했다. 부정적인 의미가 너무 많다는 판단에서였다. 통제와 관료주의의 냄새도 많이 풍겼다고 보았던 것이다. 강력한 개혁의 불을 당기며 웰치가 새로 내놓은 리더leader란 용어가 호의적인 반응을 얻었다. 엇비슷한 시기에 세계에서 가장 많은 독자를 가진 경영 이론가인 피터 드러커도 경영자란 이름 대신 최고경영진이란 뜻의 이그제큐티브executive란 용어를 쓰기 시작했다.

웰치나 드러커를 비롯한 많은 사람들이 다른 곳으로 옮겨가고 있었다. 이름을 바꿈으로써 성과나 성과를 낳은 조건 등에 초점을 맞추는 현대 경제의 새로운 경향이 명확해졌다. 그러나 그와 동시에 이런 추세는 도대체 경영이란 무엇인지에 대한 혼동을 더 가중시켰고 경영의 인기가 더 떨어지게 만들었다.

관리되거나 경영당한 경험은 대부분 우리의 직업 인생에서 좋은 기억으로 남아 있지 않다. 경영을 언급하면서 엉터리 상사들의 운명이 우리에게 어떤 영향을 미쳤는지를 자주 연관 짓기 때문이다. 회사 내에서 다른 사람에 대해 이러쿵저러쿵하면서 사내 정치를 일삼는 행위를 경영으로 보는 경향이 있다. 그러나 우리가 상사의 행동에서 경영이 무엇인가를 추론하려고 하면 할수록 그 저변에 깔린 경영의 방법은 더 알 길이 없어진다. 이런 현실이니 경영을 우리의 현대 문명을 개변시킨 혁신으로 여기지 않는 것은 어쩌면 당연하다.

사실 신경제가 많은 사람들에게 긍정적으로 여겨지는 이유 가운데 하나는 구식 조직과 경영을 한꺼번에 없애겠다는 약속을 하기 때문이다. 신경제는 기술과 가상 조직을 통해 경영자뿐만 아니라 경영 그 자체도 사라지게 할 것이라는 주장이 일고 있다. 자발적으로 조직된 업무팀이 회사 경영 위계 질서의 상층부를 대체할 것이라고 한다. 신경제주의자들에 따르면 리더십은 이제 경영자뿐만 아니라 모든 사람의 책임이다. 앞으로 사람들은 종업원으로서가 아니라 마치 자유 계약자처럼 개인적으로 일할 기회가 많아질 것이라고들 한다.

실제로 비슷한 일들이 일어나고 있기 때문에 이런 시나리오가 그럴듯하게 보일 수도 있다. 그러나 본질적으로 볼 때 이런 생각은 그저 그렇게 됐으면 하고 바라는 것에 지나지 않으며 이는 경영에 대한 기본적인 인식이 잘못된 데 따른 것이다. 직원을 감독하는 기능은 사라지고 있다지만 경영이라는 것은 기본적으로 남을 감독하는 것이 아니다. 피라미드식 위계 구조도 점점 무너져 회사가 수평조직화되어가고 있지만 경영이라는 것은 명령 전달의 사슬에서 특권을 누리는 한 계층의 일원이 되는 것과는 기본적으로 관련이 없다. 경영의 진정한 본질은 복잡한 것이든 특수한 것이든 성과를 낼 수 있도록 바꾸는 일이다. 세계 경제가 지식 기반화되고 글로벌화되면 될수록 일은 점점 더 전문화되고 복잡해질 것이다. 그래서 경영은 앞으로 우리 인생에 더욱 중요한 역할을 하게 될 것이다.

이것은 곧 현대 경제 체제에서의 구조적인 역설이라고 할 수 있다. 다시 말해 교육을 많이 받고 전문화될수록 다른 사람들의 힘을 빌려 성과를 올려야 할 일이 더 많아진다는 얘기다. 사람들이 각자 자유 기고가나 자유 계약 선수, 혹은 혼자 일하는 전문가처럼 느끼도록 해주는 인터넷 때문에 이런 상호 의존성이 별로 중요하게 보이지 않을 뿐이다. 그러나 또 인터넷 덕분에 상호 의존성이 드러나는 셈이니 아이러니하다고 하겠다. 우리는 우리만의 세계에 살며 개인적으로 업무를 처리할 수 있다고 생각하지만 사실 그것은 어떤 조직이 우리가 하는 작업을 생산적으로 만들어줄 수 있을 때만 가능한 것이다.

경영의 역할은 일을 해내는 조직을 만드는 것이다. 모든 이론이나 방법론, 전문화된 지식의 밑바탕에는 강력한 힘으로 우리의 경제와 삶을 바꿔놓은 성과가 있고 그런 성과를 만들려는 도전이 바로 경영이다. 이것이 경영이 궁극적으로 모든 사람의 일이어야 하는 이유다.

회사나 조직은 아주 극적으로 변하기도 하고 새로운 형태로 바뀌기도 한다. 그러나 어떤 종류든지 조직이란 것이 있어야 일이 이루어진다. 경쟁 때문에 조직이 더 유연해지고, 기술 덕분에 조직이 일하는 방식이 전혀 새로운 것으로 바뀌게 되면서 조직이라는 것은 우리에게 삶의 틀도, 안정성도 주지 못하는 것처럼 보인다.

예전에는 회사나 조직이 우리에게 올바른 직업을 주고 우리의 직업 인생을 관리해 주고 우리의 근로 인생의 뼈대를 제공하는 주체로 인식되었다. 그러나 그것은 이제 과거의 일이 됐다. 어떤 형태로든 오늘날의 회사나 조직은 각 개인들에게 더욱더 주체성을 갖고 책임감을 느낄 것을 강요하고 있다. 본질적으로 회사나 조직은 각 개인에게 경영자처럼 생각할 것을 주문하고 있는 것이다. 건강을 의사에게 완전히 맡겨놓는 사람은 없다. 마찬가지로 지식 경제 시대를 사는 우리는 스스로 자신의 성과에 대해 책임지고 알아서 해야 하는 것이다.

21세기에 제대로 살아가고 제대로 일하기 위해서는 기본적인 컴퓨터 지식을 알아야 한다는 명제에 의문을 갖는 사람은 없을 것이다. 기본적인 경영 지식에도 같은 명제가 통한다고 할 수 있다. 이 말은 누구나 읽어야 하는 위대한 경영서의 표준이 있다는 얘기도, 모두 MBA를 따야 한다는 얘기도 아니다. 세계적으로 유명하고 성과도 좋은 경영자 가운데 적잖은 사람이 스스로 경영을 깨우친 이들이다. 실제로 글로 표현된 경영 규율이라는 것도 어떻게 하면 일이 되고 어떻게 하면 안 되는지를 관찰한 결과일 뿐이다. 거꾸로 말하자면 MBA 학위가 훌륭한 경영자의 보증서가 되지는 못한다는 것이다.

경영에 관한 지식이라는 것이 의미하는 바는 우리가 경영자든 아니든 간에 모두 경영자처럼 생각하는 법을 배워야 한다는 것이다. 다시 말해 경영이라는 규율을 제대로 이해해야 한다는 얘기다.

1954년에 피터 드러커는 이제껏 나온 경영서 가운데 최고의 입문서로 칭송받는 『경영의 실제The Practice of Management』라는 책을 펴냈다. 이 책이 나오기 전에도 회계, 판매, 노사관계에 관한 책들, 즉 경영의 여러 개별적 기능에 관한 책들은 많이 나와 있었다. 그러나 드러커의 책은 경영을 하나의 규율로, 또 일관성 있는 전체로 다룬 최초의 책이었다고 할 수 있다.

젊은 시절 드러커는 여러 직업을 두루 경험했는데 그 중 그에게 평생 달라붙어 있던 것은 언론이었다. 그는 평생 저술가, 교수, 컨설턴트로서 활동하면서 좋은 이야깃거리를 찾는 기자로서의 후각을 잃지 않았다. 제2차 세계대전이 끝난 뒤 경제 회복 과정에서 새로운 힘이 대기업으로 옮겨가자 그는 현대 사회를 이해하는 것은 곧 경영을 이해하는 것이라는 사실을 깨달았다. 이것은 그가 GM에 대한 연구에 참여하면서 처음 맡게 된 과제이기도 했다. 드러커는 그 뒤 평생을 일반 독자들뿐만 아니라 경영자들에게 경영을 가르치고 설명하는 일에 매진하게 된다.

이후 수십 년간 경영을 연구하고 경영서를 쓰는 사람들이 폭발적으로 늘어났다. 경영을 보잘것없게 여겼던 학자들도 예전의 태도를 버리고 경영을 진지하게 보기 시작했다. 컨설턴트들은 그들의 아이디어를 책으로 펴내는 것이 마케팅 수단이라는 사실을 깨달았다. 1990년대 대부분의 저자들이 아이디어 자체의 상표화가 엄청난 가치를 갖는다는 사실을 알아차렸다. 기업들이 적용할 가능성이 있는 프로그램에 자신의 이름을 다는 일을 말이다. 예를 들면 리엔지니어링re-engineering은 수천 종의 책을 찍게 한 아이디어였다.

실제로 경영서와 논문은 매년 2,000건이 넘는 수준으로 증가했다. 이런 저작물은 하나의 아이디어, 즉 자세히 연구했지만 그렇기 때문에 편향적이고, 따라서 일반 경영서와는 문맥이 다른 것들이 대부분이었다. 또한 독자들은 곧바로 적용할 수 있는 아이디어를 원하기 때문에 이런 저작물들은 교훈들이나 구체적인 '할 일' 리스트, 예를 들면 '효과적인 리더나 능수능란한 협상가가 되기 위해 당신이 해야 하는 10가지 일들' 하는 식의 것들이 대부분이었다.

이런 방식의 문제점은 무엇인가? 한번 계산해 보자. 당신이 해야 할 10가지 일을 2,000권의 저작물로 곱해 보라. 그렇게 되면 원래 간단한 10가지가 갑자기 엄청나고 당황스러울 정도인 2만 가지의 할 일 리스트로 바뀌고 만다. 그것도 올해 출간된 책들에서만 말이다. 우리가 더 바빠질수록 할 일 리스트를 다룬 책들은 더 유혹적인 제목을 달게 된다. 그런데 어떤 10가지 리스트가 당신이 처한 상황에 꼭 들어맞을 수 있을까? 또 당신은 어떻게 당신에게 적합한 리스트를 고를 수 있을까? 처한 상황을 고려하지 않고 내놓는 이런 종류의 조언들은 과연 쓸모가 있을까? 이렇게 많은 조각으로 나눠진 분야에서 조언을 따라하다 잘 안 되면 어디서부터 다시 시작할 것인가?

그래서 이 책의 목표는 우리가 '일반 경영general management'이라고 부르는 것과 '경영'이라는 것 전체에 대한 통일성 있는 시각을 제시하고자 하는 것이다. 이 책은 어떻게 하느냐의 방법을 다루고 있지 않다. 오히려 경영의 이론이나 실천 측면에서 밑바탕에 깔린 '왜why?'라는 문제를 다루는 게 목표다.

많은 독자들이 현대적 조직과 현대적 번영을 가능케 한 경영이라는 규율의 기본 원칙들을 제대로 이해할 수 있도록 돕고자 한다. 우리는 남들이 무언가를 잘하지 못할 때 비웃기 쉽지만 사실 경영이라는 것도 실제로 하기보다 설명하기가 더 쉬운 것이다. 그리고 세상에는 경영을 제대로 하는 이들보다 엉터리로 하는 사람이 훨씬 많다. 하지만 경영을 알고 있으면 사업이 잘될 때는 경영이 무엇을 할 수 있는지에 대해 이해할 수 있을 것이고, 잘 안 되는 나쁜 날에도 무엇을 고쳐야 할지에 대해 훨씬 잘 찾아낼 수 있을 것이다.

이론이라는 단어를 쓰기가 대단히 두렵다. 경영이 하는 일, 즉 조직과 사람들이 성과를 내게 하는 복잡한 비즈니스는 분자물리학이 아니다. 만일 당신이 잘 요약된 공식 같은 것을 원한다면 책을 잘못 고른 것이다. 물론 일정 정도의 이론이 없다면 당신을 둘러싼 세상에서 무슨 일이 일어나고 있는지 이해하기가 어렵다. 예를 들어 만일 당신이 제대로 경영되고 있는 조직에 근무하고 있는지를 알고 싶다면 경영에 대한 쓸모 있는 이론이 필요하다. 마찬가지로 당신이 하는 일이 다른 관리자를 뽑는 일이거나 어떤 사람을 승진시켜야 할지를 결정하는 일이라면 무엇이 경영인지에 대한 이론이 필요하다.

오늘날의 핵심 요구 사항들을 리스트로 뽑아 당신에게 준다고 해서 그것이 좋은 이론은 아니다. 진정 좋은 이론은 그보다 더 잘 이해할 수 있도록 도와준다. 흐름을 읽을 수 있도록 해주고 무엇이 중요하고 무엇이 덜 중요한지 알아내는 방법을 가르쳐주며 어떻게 하면 올바른 질문을 던질 수 있을지 도와준다. 그것이 정말 가치 있는 일이다. 특히 오늘날처럼 사물들이 예전과는 비교도 안 될 정도로 빨리 변하는 때는 더욱 그렇다. 오래된 경험적 법칙이든 또는 반대로 아주 급진적인 새로운 규칙이든 어느 정도 제대로 정리된 문제를 푸는 데는 유용할 것이다. 그러나 우리를 괴롭히는 문제들이 제대로 명쾌하게 정리된 채 던져지는 일은 좀체로 없다. 변화에 제대로 대처하려면 왜 세계가 그렇게 움직이는가를 제대로 알고 있어야 한다. 세상이 바뀌면 바뀔수록 기본적인 원리가 더 중요해지는 법이다.

최근 20년 동안 경영의 규율과 그것이 실제 실행되는 맥락은 드러커가 처음 현대적 기업을 연구했던 시절 못지않게 급변했다. 권력은 워싱턴에서 월스트리트로 또 실리콘밸리로, 그리고 지금은 또다시 월스트리트로 옮겨가고 있는 것 같다. 물론 이 말은 상징적인 비유다. 정치 파워에서 경제 파워로의 권력 이동, 정치인에서 금융인, 다시 혁신가와 기업가 그리고 재무의 우두머리로의 이동을 뜻한다. 자신들의 소명에 충실했던 언론들은 이러한 이야기가 전개되는 곳을 따라 주목해 왔다. 언론들은 「패스트 컴퍼니」나 「와이어드」를 창간하는가 하면 무게 중심을 구식 잡지에서 새로운 미디어로 옮겨놓았다. 심지어 「뉴요커」조차 정기 경영 기사 코너를 만들었을 정도다.

언론의 렌즈는 때때로 우리의 문화를 명쾌하게 비추기도 하고 통찰력을 주기도 한다. 그러나 종종 그 렌즈는 놀이공원 요술집의 유리와 같은 느낌을 주기도 한다. 어떤 부분들, 예를 들면 돈의 역할이 다른 모든 것보다 중요하게 다루어지는 경우가 대표적 예다. 부자에 대한 흥미로운 기사가 나왔다가 곧바로 누군가 망한 이야기가 전해지고, 큰 협상의 드라마나 매일 요동치는 금융시장 뉴스가 지면을 장식한다. 또 대중지는 개성 있는 인물이 등장해야 좋은 기사가 된다는 것을 잘 알고 있다. 그래서 인기 있는 CEO들을 자주 등장시키고 잘 나가는 남녀들의 시시콜콜한 이야기에 끝없는 호기심을 보인다.

피터 드러커에게 먼저 감사의 인사를 해야겠다. 왜냐하면 이 책은 그의 방식대로 경영을 하나의 규율로서, 그리고 그것 자체로 볼 수 있는 것으로서 설명하는 것이 목적이기 때문이다. 한때 있었거나 지금도 있는 회사와 조직들의 성공과 실패 사례를 통해 우리는 경영의 핵심 개념들을 가장 경영적인 문맥인 경영 현장에서 풀어보려고 한다. 우리는 나무 대신 숲을 보여주려 노력했다. 그리고 복잡해질 수도 있는 아이디어를 대충 지나가지 않으면서도 알기 쉽게 설명하려고 했다. 경영 사상이 어떻게 진화했고 위대한 아이디어들이 어떻게 서로 연관되어 있는지 알려주려고 노력했다. 우리는 이런 개념들을 기술적인 도구로써가 아니라 경영자들만이 할 수 있는 질문들에 점점 다가가는 방식으로 다루었다. 그 질문들은 경영자만의 것이 아니라 점점 더 모든 사람의 질문이 되고 있지만 말이다.

이 책은 두 부분으로 이루어져 있다. 1부 '경영의 핵심'은 큰 그림을 다루고 있다. 1부에 포함된 네 장은 모든 것에 우선하는 질문, 즉 사람들은 왜 함께 일하고 어떻게 일하는가에 대한 답을 다루고 있다. 사람들은 혼자서는 이룰 수 없는 목적을 성취하기 위해 회사나 조직을 만든다. 1부에서 소개된 경영의 핵심 개념은 그런 목적과 성취를 위해 유용한 대안들에 대한 방법론을 다루고 있다.

이야기는 1장 '가치 창조value creation' 시작된다. 가치 창조는 경영학 용어 가운데 가장 많이 남용되는 현학적 단어이다. 그렇다고 해서 의미 없는 상투어로 봐서는 안 된다. 가치 창조는 현대 경영학에 생명을 불어넣는 원칙이자 가장 중요한 책임이기도 하다. 가치 창조는 경영진이 물어보아야 할 가장 기본적인 질문 가운데 '왜'라는 부분에 대한 해답이다. 가치 창조는 한 회사의 목적과 그 목적을 이루려는 사명 중에서도 핵심인 것이다. 어떻게 하면 회사의 목적을 달성할 수 있느냐 하는 방법과, 가치를 창조하기 위해 구성원들에게 어떤 시스템을 만들어주어야 할지에 대한 세밀한 계획을 '비즈니스 모델'이라고 부른다. 이 비즈니스 모델이 2장의 주제다. 3장인 '전략'은 어떻게 시스템을 구성해야 다른 대안들을 적용할 때에 비해 더 나아질 수 있는지, 또 어떻게 하면 주주를 만족시키고 회사 스스로 생존할 수 있을 정도의 가치를 창출할 수 있는지에 대한 방법을 다루고 있다. 4장 '조직'은 사람들이 왜 함께 그리고 어떻게 일하는가라는 질문에 대한 해답이다. 회사 안팎에서 같이 일하는 사람들을 예로 들면서 모든 구성원들을 같은 목표를 향해 정렬시키는 참여의 규칙들을 확립해 보려 한다.

　대부분의 경영서들이 가치 창조와 비즈니스 모델은 대충 다루는 성향이 있다. 하지만 전략과 조직론은 전혀 다르다. 경영 저술가들에게 전략과 조직 분야는 이념적인 충돌이 때로는 혈투로 비화하는 전장이다. 전략에 대한 이견이 있는 학과 간 싸움일 때도 있고 전략이 먼저냐 조직이 먼저냐 하는 닭과 달걀의 논쟁이 되기도 한다. 날로 세분화되고 있는 경영학계 연구가로선 이러한 생생한 토론이 흥미로울지도 모른다. 그러나 모든 전쟁이 다 그렇듯 부상자를 낳는 부작용이 생기게 마련이다. 서로 맞다고 우기는 주장과 이론으로 생긴 혼돈 때문에 열심히 일하려는 직장인들이 괜한 피해를 보게 된다는 얘기다.

지난 수십 년간 영향력 있는 사상가들이 어떻게 하면 그들의 아이디어를 세상 사람들에게 제대로 전달할 수 있을까를 고민해 왔던, 낸과 나는 사실 이 논쟁의 중요한 포인트를 알고 있다. 우리의 방식은 다음과 같은 은유적 접근 방식을 통해 가장 잘 설명될 수 있다. 땅을 파 들어가면 지구 표면의 많은 지층을 만나게 된다. 그 지층은 제각각 서로 다르다. 그러나 어느 순간 기반을 만날 수밖에 없다. 모든 것 아래에 있는 딱딱한 기초 말이다.

1부는 그 기반을 찾기 위한 시도다. 이를 통해 우리는 경영의 핵심을 개념적으로 정의할 것이다. 크든 작든 조직에서 일해 본 사람은 이런 핵심 개념들이 바로 매년 갖는 연간 행사인 사업 계획과 유사함을 금방 느낄 것이다. 대부분의 회사와 조직은 이런 행사들을 벌인다. 이런 행사들은 예산 확정이나 리더십 다지기 같은 다른 중요한 경영 과정들과 연계되어 있기도 하다. 행사들이 우리 삶의 형태를 만들어주기도 하지만, 동시에 애초에 의도했던 의미를 잃고 행사 그 자체로 남기도 한다. 계획의 경우 특히 그렇다. 다른 모든 회사 행사와 마찬가지로 계획은 어떤 내용을 담을지보다 계획을 짜는 것 그 자체에 치중하는 것으로 변질되기도 한다.

그래서 1부는 이런 행사나 프로세스가 아닌 의미에 집중할 것이다. 계획의 진짜 결과물은 회의나 전략 보고서가 아니다. 계획은 회사가 어디로 가야 하는지 그리고 무엇을 해야 하는지에 대한 통찰을 담아야 한다. 경영의 핵심 개념들은 제대로 사용된다면 아주 강력하고 유용한 통찰력을 줄 수 있고 실제로도 그래야 한다. 그러나 지나치게 어려운 개념들도 있기 때문에 경영에 관계된 철학적인 용어의 사용은 오히려 이해에 방해가 될 수도 있다. 그래서 우리는 1부가 의미 없는 소음이 아니라 기초를 한번 제대로 훑어보는 계기가 됐으면 한다.

계획을 성과로 바꾸는 것, 즉 '경영의 실행'이 2부의 주제다. 전략과 그 전략이 구현된 조직적 디자인은 더 나은 성과를 내기 위한 생생한 청사진이어야 한다. 그러나 청사진이란 결국 디자인에 불과하다. 디자인을 창조하는 것 역시 많은 분석과 통찰력을 요구할 것이다. 그러나 칠판에서 현실 세계로 옮겨다 놓는 것이 곧 실행을 의미하지는 않는다. 실행은 매력이 없을 뿐만 아니라 아주 어려운 일이다. 타이거 우즈가 골프채를 빼 드는 것이나 머레이 페라이어가 피아노 앞에 앉는 것이 곧 실행은 아닌 것이다. 그들이 어떻게 할 것이라는 것은 우리도 잘 알고 있다. 그러나 실제 그들이 하는 행동은 보기보다 훨씬 어려운 일이다.

마찬가지로 무엇인가를 실행한다는 것은 말로 하는 것보다 훨씬 어려운 일이다. 실행execution이나 적용implementation이란 단어들 때문에 경영이란 그저 요리책에 따라 요리하는 것이나 주어진 명령을 실행하는 정도로 생각할 수 있다. 그러나 실제로는 이 실행은 단지 공식적인 경영진의 위치에 있는 사람뿐만 아니라 조직 내 모든 구성원들의 규율 이행과 판단을 요구한다. 명목상으로는 관리자들이 책임을 진다고 하지만 그들도 자기 일 외의 다른 사람들이 저마다 내는 성과에 대해서는 거의 통제하지 못하고 있다. 그래서 모든 구성원이 조직의 성공에 공헌하는 방식으로 일하기를 원한다면 무엇이 조직의 성공이며 그러기 위해 무엇을 해야 하는지에 대해 제대로 이해해야 한다. 이런 구성원간의 공통적인 성과를 만들어내는 것이 경영의 가장 어려운 부분이다.

무엇보다 먼저 회사의 모든 구성원은 그들이 함께 보고 있는 현실에 반드시 집중해야 한다. 비록 그 현실이 모든 사람에게 명확하지 않더라도 말이다. 경영에서는 공통의 현실을 같이 보도록 하기 위해 각종 숫자에 크게 의존하는데 5장에서는 훌륭한 경영자들이 어떤 숫자에 집중하고 있는지 그리고 기본적 수리 개념이 왜 중요한지에 대해 살펴볼 것이다. 경영자에게는 숫자 못지않게 회사의 목적을 구체적인 것으로 만들어야 하는 중요 과제가 있다. 그래야 구성원들이 같은 방향으로 갈 수 있고 그들의 노력이 성공으로 매듭지어질 수 있다. 6장에서는 성과 메트릭스가 목적을 구체화하고 조직원들의 노력을 결집하는 데 어떤 역할을 하는지, 그래서 조직의 핵심을 어떻게 명확하게 만들 수 있을지에 대해 설명한다.

7장에서는 경영의 또 다른 과제, 즉 단기 및 장기 성과를 어떻게 하면 제대로 조화시킬 수 있는지 이에 대한 방법론을 살펴본다. 경영자들은 불확실성을 이겨내며 미래를 창조하기 위해 오늘의 자원을 제대로 써야만 한다. 다시 말해 경영자들은 어떻게 투자하고 혁신해야 할지에 대해 반드시 알아야 한다. 경영이란 바로 이런 활동들에 대해 많은 것을 다루고 있는 것이다. 경영자들은 자원을 필요한 곳에 배분하고 조직을 쉬지 않고 전진하게 만들면서 자기 자신을 비롯한 모든 구성원들이 지금 가장 중요한 과제에 집중할 수 있도록 만들어야 한다. 이것이 8장의 주제다. 마지막으로 경영자들은 각자가 모두 독특한 개인인 구성원들의 에너지와 재능이 최대한 발휘될 수 있도록 신경을 써야 한다. 그래서 9장에서는 가치가 왜 경영진의 중요 역할 가운데 하나인지 그리고 훌륭한 경영자들은 어떻게 그 가치를 남용하지 않고 잘 활용하고 있는지에 대해 살펴볼 것이다.

어떤 점에서는 '반드시 해야만 하는' 이런 과제들이 경영자들에게는 껄끄러울 수도 있다. 대부분은 사람들에게 있어 '자연스럽게 이루어지는' 행동들이 아니기 때문이다. 조직 사회에서 이런 행동들이 저절로 이루어지는 일은 거의 없다. 이런 부자연스러운 행동들이 성과에 중요한 영향을 미칠 때마다 경영을 실천하는 것은 규율을 필요로 한다. 관리자들이 서로 배우는 사고방식과 행동양식으로써의 규율 말이다. 2부는 지난 수십 년간 조직이 성과를 달성하기 위해 겪어야만 했던 보편적이며 끊임없는 도전들을 헤쳐나오며 진화한 규율에 관한 것이다. 대부분의 우수한 MBA 과정이나 최고경영자 교육 과정이 1부에서 제시된 핵심 개념들의 밑바탕이 되는 주요 이론들을 어느 정도는 다루고 있다. 그러나 이런 성과의 규율들은 도제徒弟 스타일로, 즉 실제 조직에서 일하면서 배우는 것이다.

교실에서 가르치거나 책으로 배울 수 있는 일반 경영의 수준이라면 사례 연구를 통한 방법이 가장 좋다. 이야기로 하면 재미있는 게 사실이지만 단지 재미있다는 효과 때문이 아니다. 사례 연구는 어떤 일의 다층적인 본질을 찾아내는 데 가장 확실한 방법이다. 문맥에서 개념들을 이해하기 위해서는 반드시 필요한 일이기도 하다.

사실 현재 활동하고 있는 회사나 조직에 대한 글을 쓰는 사람들에게는 직업적으로 볼 때 문제점이 있다. 경영이란 성과의 예술이다. 그래서 행위 예술처럼 경영도 실시간으로 이루어지고 끊어지지 않는 시간의 연속인 현재에서 이루어지고 있다. 경영은 가만히 멈추어 있지도 않고, 그렇다고 퇴보하지도 않는다. 현존하는 회사나 조직을 예로 들어 아이디어를 설명하는 순간 그 회사나 조직들은 변할 수밖에 없다. 내일의 영웅이 오늘은 바보일 수도 있고 반대의 경우도 있다. 저술가들이 독자들에게 도움이 될 만한 교훈이나 개념을 끄집어낸다고 해서 그것이 그 조직이 해온 모든 일이나 앞으로 할 모든 것들이 훌륭한 것임을 보증해 주는 증서는 아니다. 그런 일은 생겨날 수 없다.

그럼에도 실제 사례들은 1910년대 헨리 포드에게 적용될 원칙이 2010년 「포춘」이나 「비즈니스 위크」의 표지 모델이 될 기업인에게도 똑같이 적용될 수 있다는 것을 알려 줄 수 있는 유일한 방법이다. 우리가 인용한 회사 가운데 적잖은 회사들이 독자들이 이 책을 읽을 때쯤이면 존재하지 않을지도 모른다. 그러나 우리가 고른 대부분의 회사들은 적어도 10년 이상 꾸준히 성과를 내 온 업체들이다. 그들의 성공은 그저 한두 시즌의 행운 그 이상의 것이다. 그럼에도 몇몇 회사는 앞으로 분명히 엄청난 성과를 낼 것인데 반해 그러지 못할 회사도 적지 않을 것이다.

그러나 어떤 변화가 있어도 이런 회사들을 통해 우리가 설명하려던 원칙에는 변함이 없을 것이다. 경제 미디어들은 누가 그만두고 누가 사장이 되는지에 관심이 많다. 이 책은 그보다 훨씬 더 두고 볼 가치가 있는 아이디어들에 관한 것이다. 헨리 포드는 엄청나게 위대한 업적을 이뤘지만 이후 수십 년 동안엔 실패를 거듭했을 뿐만 아니라 대단히 나쁜 성과를 냈다. 그럼에도 그가 한 일들은 전략이 무엇인지, 전략과 조직의 관계가 무엇인지를 배우려는 사람에게 도움이 될 것이다. 마찬가지 논리로, 우리가 델 컴퓨터와 e베이를 거론한다고 해서 이러한 회사의 비즈니스 모델이 1천 년간 장수할 것이라고 생각해선 안 된다. 우리는 단지 독자들이 비즈니스 모델이라는 것을 이해하고 평가하는 데 도움이 될 것이라 믿고 쓴 것이다. 끝으로 우리는 미국 자연보호회에서 부터 인도의 아라빈드 안과 병원까지 비영리 조직도 많이 다루었다. 이는 경영이란 개념이 얼마나 광범하게 적용되고 있는지 보여 주기 위해서였다.

한 무리의 사람들이 모여 우리가 회사라고 부르는 기관을 이룬다. 그들은
혼자서는 이루기 어려운 일들을 함께 해내고 그렇게 해서 사회에 공헌을
하게 된다. 이 말은 사소해 보이지만 사실은 가장 기본적인 것이다.

| 데이비드 패커드, 휴렛패커드의 공동 설립자

경영의 핵심

우리는 왜 그리고 어떻게 같이 일하는가

WHAT MANAGEMENT IS 1

1 가치 창조

- 회사 밖에서부터 안으로

가격은 우리가 내는 돈. 가치란 그를 통해 우리가 얻는 것.

워렌 버펫

가치 창조value creation는 여러 문맥에서 지나치게 자
주 등장하기 때문에 현학적인 비즈니스 용어로 취
급받기 십상이다. 그러나 가치 창조는 결코 그런 용
어가 아니다. 가치 창조는 현대 경영학에 생명을 불
어넣은 원칙이자 가장 중요한 사명이기도 하다. 이
용어는 일에 투입되는 자원을 관리하던 데서 산출
되는 성과를 관리하는 것으로 옮겨가는, 사고방식
의 중대한 변화를 뜻한다. 한 걸음 더 나아가 무엇
이 성과인지 그리고 회사가 어떻게 성과를 내는지
를 판단하는 기준이기도 하다.

이와 동시에 가치 창조는 뭐라고 꼬집어 말하기
어려운 의미를 가진 복잡한 용어다. 투자자들에게
많은 배당을 주겠다는 뜻을 표시할 때도 "주주를
위해 가치를 창조한다"고 한다. 마찬가지 논리로,
실제로는 싼 값에 팔겠다는 뜻을 "고객들을 위해

가치를 창조한다"고 억지로 비틀어 말하기도 한다. 특히나 어울리지 않는 점은 너무나 현실적인 경영자들이 이런 추상적인 용어를 애용하고 있다는 사실이다. 실제 회사들이 하는 일들을 떠올려보면, 그들이 만드는 구체적 제품이나 서비스가 떠오를 뿐 가치라고 불릴 만한 추상적인 것은 생각해내기가 어렵다.

그런데도 경영자의 사명 중에서 제일 중요한 것은 가치 창조다. 이 장에서는 가치 창조가 무엇을 뜻하며 경영이 현실 세계에서 진화 발전하는 과정에서 이 용어가 어떤 의미를 갖게 됐는지 그리고 왜 이 추상적 단어가 실제로는 하나의 훌륭한 덕목인지를 살펴보고자 한다.

가치란 무엇인가?

온타임오디터닷컴OnTimeAuditor.com은 신경제 체제의 대표적 비즈니스로 상징되며 아주 단순한 모델을 갖고 있다. 이 회사는 마이클 해리스가 2000년 창업했지만 그 뿌리는 그가 소프트웨어 개발자로 일하던 1980년대로 거슬러 올라간다. 당시 해리스는 황당한 경험을 했다. 정시 배달을 보증하고 늦으면 돈을 돌려주겠다는 약속까지 하는 택배 업체와 계약을 하고 안심하고 있었는데 고객들이 배달이 늦었다며 불평을 해오는 경우가 심심찮게 있었다. 어떤 경우에는 늦게 배달을 해놓고도 변명조차 하지 않는 택배 기사 때문에 화가 난 고객들의 전화를 받아야 했다.

이런 황당한 경우를 당하지 않기 위해 해리스는 택배가 약속한 시간보다 늦을 경우 화물주가 곧바로 그 사실을 알 수 있는 화물 추적 소프트웨어를 개발했다. 이 소프트웨어가 온타임오디터닷컴 사업의 기초가 됐다. 일이 진행되는 절차는 간단하다. 이 회사의 고객은 화물 추적 소프트웨어를 사용하기 위해 매달 9.95달러를 낸다. 그러면 소프트웨어는 고객에게 보낸 물건이 약속 시간보다 늦으면 곧바로 알려주게 되어 화물주들은 택배 회사에 소포 하나 당 10 내지 20달러 정도 되는 환불금을 요구할 수 있다. 서비스가 시작된 2000년 봄에 회사는 이 소프트웨어를 페덱스FedEx와 UPS 에 적용했고 다른 택배 업체들에도 점차 넓혀갈 계획을 갖고 있었다.

온타임오디터닷컴은 고객을 위해 어떤 가치를 창조했는가? 이는 우선 고객들이 얼마나 많은 물건을 배달시키느냐에 달려 있다. 이 회사의 공동 창업자인 로버트 모스가 인용한 산업 추정치에 따르면 페덱스와 UPS가 하루에 배달하는 1,600만 개의 소포 중 대략 5%가 늦게 배달된다. 하루 80만 개의 소포가 늦는 셈인데, 평균 배달료를 12달러로 치면 하루에 1,000만 달러가 잠재적 환불금인 것이다. 그러니까 한 달에 100개의 소포를 보내는 회사가 있다면 1년에 약 1,000달러 정도를 환불금으로 받을 수 있는 것이다. 그래서 만일 이 시스템이 사용하기 쉽고 고객에게 다른 비용을 발생시키지 않는다면 이 소프트웨어가 고객에게 주는 가치는 계산하기 쉽다. 1년에 약 120달러를 냄으로써 그 고객은 구체적으로 계산이 바로 나오는 절약 금액 1,000달러를 '살 수' 있는 것이다. 그래서 고객 입장에서 보면 이 서비스는 1년에 880달러의 가치를 창조해 주고 있다고 할 수 있다.

산업 시장 또는 요즘 말로 B2B Business to Business 시장에서는 한 상품이나 서비스의 경제적 가치를 계산하는 것, 다시 말해 그 값어치를 결정하는 것이 이처럼 상당히 간단한 경우가 적지 않다. 고객을 위해 창조된 가치는 대개 시간 절약이나 노동력 및 물자의 절감 등으로 나타나고 그런 절감 효과는 즉시 현금이나 유가 증권으로 표현할 수 있다. 다른 기업간 거래 업체들과 마찬가지로, 온타임오디터닷컴도 서비스를 통해 창출한 금전적 가치에 그 기반을 두고 있다. 이 회사는 실제로 고객들에게 그들이 절약하게 되는 돈을 추적해 계산할 수 있는 온라인 계산기를 제공하고 있다.

그러나 이런 서비스는 금전 외에 다른 가치를 창출할 수도 있다. 맨 처음 마이클 해리스가 그 소프트웨어를 개발하려고 했을 때의 동기를 기억해 보라. 만일 당신이 화물주라면 당신에게로 보내진 상품이 늦게 배달됐다는 것을 알았을 때 최소한 어떤 조치를 취할 것이다. 그래서 어떤 고객들에겐, 온타임오디터닷컴이 단순한 금전적 가치를 넘어 더 나은 고객 관리라는 훨씬 더 큰 가치를 창출할 수 있도록 해주는 곳으로 여겨질 것이다. 그런 가치를 구체적으로 수치화하지 못한다고 해서 현실성이 없다고 할 수 없는 것이다.

미국 경제의 3분의 2를 차지하고 있는 소비재 시장에서는 상품 혹은 서비스와 그것들이 창출해 낸 가치 사이에 계산하기 힘든 격차가 존재한다. 화장품 회사 경영자인 찰스 레브슨은 언젠가 화장품업이란 '병 안에 희망을 담아' 파는 것이라고 자조적으로 말한 적이 있다. 가치란 때로는 소비자들에게 그렇게 보이지 않는 형태로 만들어지는 것이다. 예를 들면 예쁜 색깔의 매킨토시 iMac 컴퓨터나 조르지오 아르마니의 디자인에서 느끼는 것처럼 상품의 외양과 느낌에도 있고 향수병과 같은 정서에도 그리고 최고의 위치나 명성에도 존재한다. 불이 났을 때 딱 한 가지만 들고 나온다면 무엇을 들고 나올 것이냐는 질문에 가장 값비싼 물건을 들고 나오겠다고 답하는 경우는 거의 없다. 사람들은 보통 가족 사진을 들고 나오겠다고 한다. 가치란 것이 무엇을 의미하느냐가 문제시되지 않는 가족 사진에서도 가치의 가장 중요한 구성 요소를 뽑아낼 수 있다.

1880년대 조지 이스트먼이 모든 사람들이 사진을 찍을 수 있도록 만들기 전까지는 사진은 전문가들의 영역이었다. 사진 촬영은 복잡하고 성가신 일이었다. 화학 용액을 유리판에 뿌려야 했고 피사체인 사람들은 영원이라고 느껴질 만큼 오랫동안 움직이지 않고 서 있어야 했다. 젖은 유리판을 빛에 상당 시간 노출시켜야 했기 때문이다.

이스트먼은 어떻게 하면 이 작업을 쉽게 만들까 고민했다. 마침내 그는 모든 화학 용품을 가벼운 종이 필름에 집어넣고 누구라도 쉽게 사용할 수 있는 카메라를 디자인했다. 그러나 문제는 가격이었다. 1888년 당시 3개월치 급여에 해당하는 25달러짜리 코닥 카메라는 대부분의 사람들에게는 그림의 떡이었다. 그래서 이스트먼은 다시 연구하기 시작했다. 그리고 12년이 지난 뒤 브라우니를 내놓았다. 사용하기가 쉽고 제조하기도 쉬운 이 제품을 이스트먼은 1달러에 팔 수 있었다. 마침내 이스트먼은 대중들이 원하는 가치의 모든 구성 요소를 충족시킨 것이었다. 사용하기 쉽고 비싸지 않아야 하며 사람들이 소중하게 생각하는 가족 사진을 제공해 주는 그런 가치 말이다. 젊은 기업가 이스트먼은 산업 자본가 이스트먼으로 바뀌게 됐다. 그가 세운 회사 코닥은 이후 1세기 넘게 영화를 누렸다.

가치는 고객이 정한다

 이처럼 가치란 여러 형태로 표현될 뿐만 아니라 여러 원천에서 나온다고 할 수 있다. 예를 들면 제품의 유용성과 품질, 품질과 연계된 광고나 판촉의 결과로 생긴 이미지, 얼마나 쉽게 얻을 수 있으며 어디서 팔고 어디서 공급되는지에 따라 결정되는 사용 가능성, 상품에 딸린 서비스 등이 모두 가치의 원천이다. 그런 가치가 유형이 아니라 무형에 가깝다면 고객 한 사람 한 사람이 정의하는 가치가 무엇인지를 파악하는 것은 더욱 중요하다. 많은 사람들이 패스트푸드를 좋아하지만 마찬가지로 적잖은 사람들이 싫어하기도 한다. 어떤 이들은 휴대폰에 대고 사랑의 맹세를 하는가 하면 어떤 이들은 공중 장소에서 휴대폰을 사용하는 사람들에게 욕설을 퍼붓는다. 원시미를 간직한 자연 보호 구역을 2주간 여행하는 것도 어떤 이에게는 천국이지만 다른 이에겐 지옥이 될 수 있다.
 심지어 온타임오디터닷컴이 창출한 가치 역시 고객 한 사람 한 사람마다 다를 수밖에 없다. 똑같은 서비스도 한 달에 100개의 상품을 보내는 고객보다 한 달에 1,000개의 상품을 보내는 고객에게 훨씬 많은 가치를 창출해 줄 것이다. 특히 배달 시간과 안정성에 민감한 사람들을 상대해야 하는 고객들에게 제공하는 가치가 훨씬 더 크다. 쉽게 느낄 수 없는 것이지만 가장 확실하고도 중요한 포인트는 가치란 것이 한 회사가 하는 일에 의해서가 아니라 그 회사의 상품이나 서비스를 사는 고객에 의해서 정의된다는 점이다.
 경영진들이 회사의 목적을 소프트웨어의 판매나 필름의 제조가 아닌 고객을 위한 가치 창조라고 정의할 때, 그 단어는 이 회사의 기본적인 원칙을 상기시켜 준다. 또 회사나 조직은 목적을 달성하기 위한 수단이지 그 자체가 목적일 수 없음을 말해 주는 것이기도 하다. 회사는 회사 밖에 있는 다른 사람들의 필요를 충족시키기 위해 존재하는 것이다. 이런 점이 회사를 각종 동아리나 사교 클럽, 가족 등을 포함해 그 구성원들의 복지에 초점을 맞추는 다른 모임과 구별되는 요소다. 그래서 경영진이 가져야 할 책임 중 하나는 이러한 외부 지향성을 잊지 않도록 임직원들에게 끊임없이 상기시켜 주는 일이다.

끊임없이 상기시켜 주는 것은 반드시 필요한 일이다. 왜냐하면 회사 내부에 있는 사람들은 그들이 하고 있는 일에 얽매여 그들이 만드는 것과 그 기술에만 집중하는 경향이 있기 때문이다. 물론 회사 내부의 사람들이 경제학자들이 말하는 투입, 즉 어떤 일을 제대로 하기 위해 집어넣어야 할 것에 치중하는 것은 자연스러운 일이다. 그러나 현대 경영학이 발견한 가장 중요한 통찰은 어떤 일이 제대로 됐느냐를 결정 짓는 테스트는 오직 하나라는 사실이다. 바로 고객들이 그것을 돈을 내고 살 것이냐 말 것이냐 하는 점이다.

고객들은 상품을 디자인하는 데 회사가 얼마나 열심히 노력하고 창의성을 발휘했는지에 대해서는 전혀 관심이 없다. 그뿐 아니라 모든 세대의 기업가들이 찾기 위해 끊임없이 노력해 마침내 이룬 천재적인 발견에 대해서도 별 관심이 없다. 예를 들어 보자. 1990년대에 실리콘 그래픽스는 실리콘밸리 지역에서도 최고로 꼽히는 엔지니어들을 많이 거느리고 있었다. 회사는 엔지니어들이 앞으로 새로운 표준 기술이 될 것으로 내다본 쌍방향 TV에 수백만 달러를 쏟아부었다. 그러나 이렇게 만들어진 쌍방향 TV는 결국 당시로서는 사려는 고객이 없는 상품임이 드러났다. 선임 엔지니어인 키투 콜리리는 이 엄청난 실패를 이렇게 설명했다. "우리는 이 기술에 열중하고 있었다. 모두 '이 기술은 너무나 훌륭해. 누군가에게서 반드시 가치를 창출해 줄 거야'라고 생각했다." 그러나 그들의 생각과 달리 가치 창출은 일어나지 않았다. 막연하게 누군가에게는 가치를 창출해 줄 수 있을 것이란 믿음만으로는 결코 충분하지 않다. 오직 실제로 살 고객만이 돈을 치르는 법이다. 고객이 자신에게 필요하다고 생각하는 것을 만들어낼 수 있을 때에야 회사는 성과를 볼 수 있는 것이다.

제조업자식 사고방식 : 효율성으로서의 가치

요즘에는 고객 중심이라는 말이 너무 흔해서 마치 고객 중심적 시각이 자명한 공식처럼, 그래서 어떤 사람도 고객 중심을 벗어나면 비즈니스를 하지 못하는 것처럼 여기기 쉽다. 그러나 제조업자가 아니라 고객이 가치를 결정한다는 통찰은 최근에 나온 사고방식이다. 역사적으로 볼 때 비즈니스는 회사가 무엇을 만드느냐로 결정됐다. 예를 들면 철강 회사, 커피 회사, 자동차 회사 하는 식이다. 이런 상황에서 성공의 지름길은 적은 재료를 갖고 더 많은 철강이나 커피, 자동차를 만드는 방법을 찾아내는 것이었다.

다른 말로 하면 회사의 과제는 생산성을 높이는 것이었고 그 방법은 생산 공정을 최대한 효율적으로 만드는 일이었다. 효율성에 대한 이런 집중은 수요가 공급을 훨씬 앞질렀던 산업 경제 시대에는 아주 중요한 의미가 있었다. 경영진의 사명은 더 많은 물건을 더 싸게 만드는 것이었다. 조지 이스트먼이 1888년에 25달러짜리 코닥 카메라를 처음 내놓았을 때 겨우 1만 3,000대가 팔렸다. 그러나 그가 더 간편하고 싼 1달러짜리 브라우니 카메라를 내놓았던 1900년에는 한 해 동안 무려 15만 대가 팔렸다. 고객들이 살 만한 가격으로 물건을 만들어냄으로써 거대한 새 시장을 창출한 것이다.

효율성의 선지자는 프레드릭 윈슬로 테일러다. 1856년 부유한 펜실베이니아 가정에서 태어난 테일러는 하버드 대학에도 진학할 수 있었지만 노동자의 길을 택했다. 패턴 제작공과 기능공으로서 견습 생활을 마친 뒤 그는 당시 잘 나가던 철강 회사인 미드베일 철강에 근로자로 입사했다. 6년간 근무하면서 테일러는 사업장 내의 거의 모든 직책을 거치며 승진해 선임 엔지니어가 됐다.

테일러는 효율성을 높이는 과제를 과학자와 같은 규율을 갖고 풀어갔다. 즉 관찰하고 측정하고 기록했는데 아주 당연하고 일상적인 작업까지 자세히 적을 정도였다. 1898년 그는 베들레헴 철강에 컨설턴트로 고용됐다. 이 회사 창업자 중 한 사람이자 미국 최초의 비즈니스 스쿨인 펜실베이니아 대학 와튼스쿨의 설립자인 조셉 와튼이 그를 추천했다. 그 회사에서 테일러는 나중에 그가 『과학적 관리의 원칙The Principles of Scientific Management』에 기술한 여러 가지 실험을 시도했다. 테일러의 주장은 간단했다. 단순해 보이는 작업이라도 '가장 잘하는 방법'을 결정하기 위해서는 체계적으로 연구할 필요가 있다는 것이 그의 생각이었다.

100여 년 전 베들레헴 철강 공장. 일하는 사람들을 관찰하는 테일러의 눈에 600여 명의 남자가 아주 자연스러운 동작으로 삽을 사용하고 있는 모습이 들어왔다. 노동자들은 같은 삽으로 광석과 석탄을 뜨고 있었다. 한 번에 담는 양은 광석은 30파운드 정도, 분탄 粉炭은 4파운드가 채 못 되었다. 테일러에게 삽질의 과학은 '최상급의 노동자' 즉 삽을 사용할 의지가 있고 그럴 능력도 있는 사람이 하루에 최고의 성과를 낼 수 있으려면 한 번에 얼만큼의 분량을 떠내는 게 가장 좋은지를 결정하는 데 달려 있었다. 세심한 연구 끝에 테일러는 답을 찾아냈다. 바로 21파운드였다. 그 관찰 결과에 따라 회사는 노동자들에게 크기를 새로 맞춘 삽을 주고 작업 방식을 구체적으로 알려주었다.

"광석은 작은 삽을, 석탄재는 큰 삽을 사용하시오."

이렇게 바꾼 결과 테일러는 생산성은 치솟았고 노동자들의 임금을 올려주고도 비용은 뚝 떨어졌다고 주장했다. 생산성과 비용은 테일러 시대에 가치를 가늠하는 기준이었다. 가치가 공장벽 안에 갇혀 있던 셈이다. 측정과 분석에 특히 중점을 둔 이 과학적 관리는 최초의 진정한 경영 규율이었다. 지금까지 항상 그래 왔던 그 방법이 최선의 방법이라고 절대 가정하지 말아야 한다. 또한 지금 하고 있는 일을 당연한 것으로 절대 여기지 말아야 한다.

그러나 테일러 자신도 그리고 과학적 관리론도 오늘날 좋은 평판을 듣지 못하기는 마찬가지다. 각 회사들이 최상의 성공 사례를 찾아다니는 이 유행 자체가 바로 테일러가 남긴 직업적인 유산인데도 말이다. 테일러는 당시 노동계로부터 적대시되었으며 테일러주의도 기능말살주의, 작업장에서의 비인간화와 동의어로 취급됐다. 그렇지만 선진국들은 그들이 이만큼 잘살게 된 것이 테일러와 그의 추종자들 덕분임을 알아야 한다. 사람들은 20세기의 100년 동안 높아진 효율성 덕분에 가능해진 풍족함에 빠져 흥청망청하면서도 효율성 전문가들을 비웃었고 효율성 추구를 저주했다. 테일러주의는 근대성과 마찬가지로 어쩌면 괴테의 파우스트같이 영혼을 파는 거래인지도 모르지만 그것이 없었다면 오늘날 우리의 삶이 가능했을까 싶을 정도로 중요한 것이었다.

하지만 테일러식 접근법의 한계는 제조업적 효율성에만 집착한 편협한 집중에 있었다. 그는 가치란 것은 무엇을 만들든 효율적으로 만드는 것을 뜻한다고 가정했다. 잘못된 것은 아니지만 그는 관리자의 사명이란 무엇인가에 대해 지나치게 좁은 시야를 가졌던 셈이다. 그에게는 애초부터 올바른 것을 만들고 있는지에 대한 의문이나, 좀더 넓은 사명을 추구함으로써 더 많은 가치를 창출할 수 있지 않을까 하는 물음은 없었다고 할 수 있다.

테일러의 가정은 20세기 초 즉 생산되는 상품의 가짓수가 적고 경영이 해결해야 할 가장 심각한 과제라 해봤자 어떻게 하면 적은 비용을 들여 많이 만들 수 있는가 하는 문제였던 시기에는 합리적인 것이었다. 그러나 20세기 중반에 접어들면서 미국에서는 희소성이 사라지고 대량 소비 시대가 열렸다. 그래서 가치란 무엇인가 하는 질문도 새로운 답변이 필요하게 됐다.

고객이 가치를 두는 것은 무엇인가? : 마케팅적 사고방식

비엔나 출신의 피터 드러커가 1943년 GM 내부에 들어가 2년간 이 회사를 연구하기로 했을 때 그는 직업을 건 모험을 한 셈이었

다. 당시만 해도 돈 버는 것이 목표인 회사를 연구한다는 것은 학문적으로 별 존경을 받지 못하는 일로 여겨졌다. 옥스퍼드같이 보수적인 대학도 비즈니스 스쿨을 갖고 있는 요즘에는 이런 말이 믿어지지 않을지도 모를 일이다. 그러나 제2차 세계대전이 끝날 무렵만 해도 기업이란 미지의 땅이었고 관리자들이 하는 일은 대부분 연구되지 않았었다.

피터 드러커는 경영학의 이정표가 되는 『경영의 실제』에서 가치를 완전히 새롭게 정의했다. 효율성이란 필요한 것이지만 그것으로 충분하지는 않다는 것이 그의 생각이었다. 고객들은 상품을 사는 것이 아니라 특별한 필요에 대한 만족을 산다는 것이 그의 관찰 결과였다. 이것은 고객들이 가치 있다고 여겨서 사는 것들이 때때로 제조업자들이 판매하는 것과는 다르다는 것을 뜻한다.

테일러처럼 가치를 효율성으로 정의한다면 회사 내부에 주안점을 두게 된다. 즉 회사가 무엇을 만들 것이냐 또 어떻게 만들것이냐에 초점을 두게 되는 것이다. 이것은 소위 제조업자적 사고방식 manufacturing mind-set으로 알려져온 것들이다. 이 방식에서는 물건을 만드는 데서 시작해 비용을 기준으로 가격을 정하고 그것을 고객에게 파는 것이 고작이다. 비즈니스가 작동되는 방식 가운데 '만들고 파는make-and-sell' 모델인 것이다.

그러나 드러커는 전혀 다른 사고방식을 강조했다. 가치를 제대로 알려면 쌍방향 TV를 개발하던 엔지니어들이 실패했듯이 회사 내부에서 회사가 만드는 것에 대해 초점을 맞춰서는 안 된다. 고객들의 눈으로 바깥에서 안을 봐야 가치를 알아낼 수 있다. 드러커와 몇몇이 강조한 새로운 시각은 마케팅적 사고방식으로 알려졌다.

이 모델은 고객들이 부족하다고 여기는 것이 무엇인지 그리고 그들이 얼마를 내고 살 것인지의 문제에서 시작하는 '느끼고 반응하는sense-and-respond' 모델이다. 이를 통해 회사는 무엇을 만들 것이며 얼마를 들여 만들 것인지 결정할 수 있게 된다. 이런 시각의 변화는 아주 근본적인 것으로 경영의 세계에서는 지구가 더 이상 평평하지 않다는 발견을 한 것과 마찬가지로 중요한 의미를 갖는다.

이를 통해 회사는 자사가 만드는 물건이면 무엇이든 고객에게 사야 한다고 강조하는 판매와, 고객이 무엇을 가치 있게 생각하는지를 이해하고 그들이 필요로 하는 것을 만족시키기 위해 노력해야 하는 마케팅 사이의 명확한 차이를 알게 됐다. 경영자들이 이런 바깥으로부터 안으로 보는 시각을 발전시킬 수 있도록 하기 위해 드러커는 너무 간단해 오히려 어려워 보이는 몇 가지 질문을 스스로에게 해볼 것을 제안했다. 예를 들면 "우리의 비즈니스는 무엇인가?" "고객이란 누구인가?" "고객이 가치 있다고 생각하는 것은 무엇인가?" 등이다. 이 질문은 이후 전 세계의 많은 경영자들이 마치 교리 문답처럼 반복해서 사용해 온 것으로 어떤 종류의 회사든 간에 경영자들이 자신들이 하는 일을 고객의 눈으로 볼 수 있게 한 규율이 됐다.

오늘날에는 이런 질문들이 단지 경영자뿐만 아니라 직장인이라면 누구나 곱씹어 봐야 할 것들로 여겨진다. 이런 질문은 특히 지식 노동을 하는 사람, 예를 들면 투자 분석가나 시스템 엔지니어, 물류 전문가처럼 최종 상품에 그들의 노동이 잘 나타나지 않는 사람들에게 특히 유용하다. 이들을 위해 질문을 좀 바꿔 보면 이렇게 될 수 있다. "내가 하는 일에 의존하고 있는 사람은 누구인가?" "나의 일을 그들은 어떻게 이용하고 있는가?" "내 일이 왜 그들에게 가치 있을까?" 등이다. 이런 질문을 해봄으로써 외부 고객들과 직접적인 접촉 관계가 없는 사람들도 내부 고객을 잘 알 수 있고 그들에게 어떻게 더 나은 가치를 줄 수 있을지를 명확하게 알 수 있게 된다.

독립적인 직업을 가진 전문가에게도 똑같은 종류의 사고방식이 적용된다. 변호사나 컨설턴트 역시 역사적으로 그들 나름의 제조업적 사고방식에 빠져 있었다. 예를 들면 그들이 자신들의 상품을 '몇 시간짜리 조언', '관계 유지' 혹은 '연구' 등으로 정의하는 것이 그렇다. 그러나 이런 것들이 과연 그들의 고객들이 가치 있다고 생각하는 것일까? 경영 컨설팅 업체인 베인 앤 컴퍼니는 10명이 채 안 되는 사람들이 만든 것이다. 그들은 이 질문에 대해 많은 고민을 했고 결론을 내렸다. 우리의 고객들은 컨설팅을 받아 사업이 나아지기를 원한다. 보고서를 원하는 것이 아니다. 그들은 몇 시간짜리 충고가 아니라 더 좋은 수익성과 이익을 줄 수 있는, 그것도 이왕이면 적은 돈을 들여 컨설팅을 받으려는 것이다.

성공한 기업가들은 항상 고객들을 위한 가치를 창조한다. 비록 처음부터 의식적으로 기획한 것이 아니라 본능적으로 혹은 우연히 그렇게 된 경우가 더 많지만 말이다. 그러나 세월이 지나면서 회사들은 그 중 특히 대기업들은 스스로의 방식대로 살아가는 경향이 있다. 그러면서 시장과 접촉해야 하는 일의 중요성을 놀라울 정도로 빠르게 잊는다. 그래서 드러커의 이 규율은 의미가 있는 것이다. 자신들이 하는 일에만 관심을 갖고 내부를 더 신경 쓰는 회사들의 자연스러운 경향에 드러커의 규율은 경종을 울렸다.

사실 아주 쉽고 명확해 보이는 이 질문에 제대로 대답하는 것은 실제로는 쉽지도 명확하지도 않다. 대부분의 회사들은 여러 방식으로 자사의 비즈니스를 정의할 수 있을 것이다. 예를 들어 만일 맥도널드 사가 회사의 중심을 햄버거 사업으로 정했다면 세계에서 가장 좋은 햄버거를 만드는 데 온 신경을 집중했을 것이다. 그렇다면 아마도 더 맛있고 더 비싼 햄버거를 만드는 회사가 될 수도 있었을 것이다. 그러나 지금처럼 빠르고 싼 햄버거를 파는 회사가 되지는 못했을 것이다. 자신의 비즈니스를 제대로 정의하는 경영자들은 고객들이 원하는 진정한 가치를 찾아 전달하는 데 체계적으로 초점을 맞춘다. 맥도널드의 경우 그것은 빠른 서비스라고 할 수 있다. 만일 맥도널드 사가 초창기에 더 맛있고 값비싼 햄버거 비즈니스를 자신들의 사업으로 정의했다면 우리는 지금 어쩌면 맥도널드라는 이름을 알지 못했을 것이다.

마찬가지로 누가 고객이냐의 문제도 항상 명확한 것은 아니다. 조지 이스트먼의 뒷이야기를 들어보면 아주 중요한 전환이 있었다는 것을 알 수 있다. 그는 결국 이제까지 찾아볼 수 없을 정도로 넓고도 대중적인 비즈니스를 창조할 수 있었지만 그것이 그가 원래 목표로 정한 고객 집단은 아니었다.

이스트먼의 첫 회사는 건판, 즉 감광유를 덧칠한 유리판을 만드는 업체였다. 이 제품은 당시로서는 아주 혁신적인 것으로 직업적인 사진 작가들이 이 제품 덕분에 더 이상 화학 제품을 섞고 뿌릴 필요가 없게 됐다. 사진 작가들의 일은 쉬워졌고 쉽게 이리저리 이동할 수 있게 됐다. 그러나 유리판은 들고 다니기에는 여전히 무거웠다. 1880년대 들어 건판 사업에서 경쟁이 더욱 심해지자 이스트먼은 완전히 새로운 해결책을 찾으려 골몰했다. 그는 무거운 유리판을 가벼운 종이에 감광액을 코팅한 다음 둥근 홀더로 싼 필름으로 대체했다. 1885년께 그는 혁신적인 신제품을 시장에 내놓을 준비를 마쳤다.

그러나 결과는 엄청난 실패였다. 간편해졌지만 더 나빠진 것이 있었다. 사진의 선명도가 직업 사진사들이 원하는 수준에 미치지 못했다. 사진사들이 이스트먼의 혁신적인 제품을 거부하자 회사가 망할 지경에까지 몰렸다. 역사를 바꾼 통찰이 나온 것은 바로 그때였다. 이스트먼은 제품은 좋은데 고객을 잘못 만났을 뿐이라는 생각을 하게 됐다. 직업 사진사들은 이스트먼이 만든 필름으로 찍은 사진이 가치가 있다고 생각하지 않았지만 보통 사람들은 아주 좋아할지도 모를 일이었다. 만일 누구라도 사용할 수 있는 간편한 카메라를 만들 수 있다면 말이다.

검은 상자에 셔터 버튼과 필름을 감는 고리만 있는 새 카메라는 너무나 간편한 것이었다. 사람들이 100번 사진을 찍고 나서 카메라째 로체스터로 보내면 카메라는 다시 사용할 수 있도록 새 필름이 넣어져 완성된 사진 프린트와 함께 돌아왔다. 보통 사람들을 위한 가치를 창조하는 과정에서 이스트먼은 단지 카메라와 필름을 만들어 제조업을 발전시킨 데에 그치지 않았다. 그는 거기에 부수적인 서비스 비즈니스, 즉 네거티브 필름을 인화하는 일도 더했다. 그가 만든 코닥 사의 모토와 마케팅 슬로건은 "당신은 버튼만 누르세요. 나머지는 우리에게 맡기세요"였다.

조지 이스트먼은 건판을 만드는 작은 비즈니스를 시대를 통틀어 세상에서 가장 거대하고 성공적인 소비재 비즈니스 가운데 하나로 키웠다. 그가 그럴 수 있었던 것은 누가 고객이고, 고객이 무엇을 가치 있게 여기는지를 생각해 보았기 때문이다.

주주 가치의 극대화 : 새로운 주문呪文

제2차 세계대전 후의 번영 속에서 마케팅은 경영학 분야에서 떠오르는 별이었다. 효율성, 즉 일을 제대로 하는 것도 여전히 중요성을 인정받았다. 그러나 효과성, 즉 올바른 일, 다시 말해 고객들이 가치 있다고 생각하는 일을 하는 것이 성과를 올리는 데 있어 훨씬 더 중요해졌다. 그러나 이는 이론상의 이야기일 뿐 실제 마케팅은 겉치레만 그럴듯하게 해서 물건을 파는 수단이 되기 일쑤였다. 그래서 각 업체마다 새롭게 나타난 직업인 마케터들은 '거짓 설득'의 대가들이었다. 광고는 사람들이 필요로 하지 않는 물건을 사도록 설득하기 위해 고안된 조작이라는 냉소적인 게임으로 취급받았다.

1960년 후반에서 1970년대에 이르자 경영자들은 점점 외부에 벽을 쌓고 거만해지고 있다는 인식이 퍼져갔다. 메인스트리트에 있는 고객들이나 월스트리트에 있는 주주들에게 가치를 전해주기보다는 자신들의 힘을 키우는 데 더 관심이 있다는 지적이 나오기 시작했다. 특히 1970년대와 1980년대 초반에 날렵하고 공격적인 아시아의 경쟁자들이 나타나면서 이 문제는 더 심각해졌다. 미국의 대표적인 산업들, 예를 들면 자동차 산업은 당시 5년여 전까지만 해도 전혀 알려지지 않았던 도요타나 닛산, 혼다 등과 같은 회사에 빠른 속도로 시장을 잃어갔다. 미국의 자동차 도시 디트로이트는 사람들이 작고 연비가 좋은 차를 원하고 있는데도 아랑곳하지 않은 채 크고 연료만 많이 먹는 차를 생산함으로써 고객들과의 친밀한 관계를 이미 잃은 상태였다.

그러나 진정한 가치 혁명을 불러온 것은 일본의 탁월한 제조 기술이었다. 자동차 부문에서의 일본의 성공은 휘발유를 사기 위해 길게 줄을 섰던 1970년대 오일 쇼크의 기억이 아련해진 한참 후에도 계속됐다. 디트로이트의 미국 차와 달리, 일본 차는 단단하고 믿을 만하고 오래 탈 수 있도록 만들어졌다. 고객들은 일본 차가 높은 품질과 낮은 가격을 한꺼번에 제공하고 있다는 단순한 사실 때문에 일본 차를 택했다. 다시 말해 일본 차가 미국 고객들에게 더 나은 가치를 제공했던 것이다. 그리고 고객들은 호주머니 사정에 맞게 선택한 것이다.

자동차 산업은 단지 그 뿌리까지 흔들린 여러 산업 중 하나에 불과했다. 과장을 좀 하자면 거의 하룻밤 사이에 일본은 미국 철강 산업의 20%를 삼켜버렸다. 전체 제조업의 거의 대부분 업종에서 수백만이 넘는 일자리가 사라졌다. 남은 것은 대공황과 황폐한 황진黃塵 지대를 떠올리게 하는, 주식 산업 공장들이 남아 있는 거대한 러스트 지대Rust Belt 뿐이었다.

경영자들은 1950년대와 1960년대에는 미국의 번영을 이끈 사람들로 평가받았다. 그들은 자신들의 성공에 대해 스스로 아주 멋지게 보상해 주었다. 급여 등에서의 각종 보상은 물론 전용 제트기 같은 혜택도 엄청나게 늘렸다. 하지만 수년간 순조로운 항해를 한 것이 경영진의 공이라면 배가 침몰하고 있을 때 그들은 무엇을 했는가? 회사 실적은 죽을 쑤고 있는데도 최고 경영진들은 잘 먹고 잘사는 일이 도대체 왜 생기는가?

새로운 주주 집단과 금융계 사람들 그리고 기업 사냥꾼과 매수 전문가들이 이런 질문들을 제기했다. 그들은 경영진들이 회사 내에 관료 집단을 만들어 키우느라 여념이 없어 회사 소유주들의 이익을 대변하는 본연의 임무를 충실히 수행하지 않았다고 비판했다. 이익을 주주들에게 돌려주지 않고 회사 내에 경영진 제국을 건설하는 데 허비했다는 지적이었다. 잭 웰치는 훗날 특유의 퉁명스런 어조로 이 당시의 격변적인 상황을 설명했는데, 자기 만족에 빠진 멍청한 경영자들이 적대적인 기업 사냥꾼들과 데이트를 즐겼다는 것이 그의 지적이다.

마침내 1980년대 들어 이전에는 소유주와 경영진 사이에 전혀 없었던 '기업 지배권 전투'라고 부르는 것이 벌어졌다. 신문들은 이 전쟁을 무자비한 상어가 죄 없는 희생자를 물어뜯어 조각을 낸 뒤에 그 조각을 몇 푼 안 되는 돈을 받고 파는 모습으로 그렸다. 그러나 가만히 생각해 보라. 나눠진 조각들이 전체보다 더 가치 있다는 것은 그 전체가 아주 엉터리로 디자인됐거나 잘못 경영됐다는 뜻 아닌가? 잭 웰치가 언급한 그 적대적인 기업 사냥꾼들은 당시 제대로 성과를 올리지 못하는 기업 내부에 갇힌 가치를 해방시키는 방법을 알아냈던 것이다. 그리고 그 방법으로 나비스코의 CEO인 로스 존슨 같은 사람들과 기업 지배권을 놓고 다툼을 벌였다. 존슨은 회사 비행기가 26대나 돼 '로스 공군'을 거느리고 있다는 비난까지 들었던 사람이다. 결국 주주 가치는 당시 새로운 주문으로 등장했을 뿐만 아니라 경영의 기본 원칙 그리고 생존 법칙으로서 자리잡게 되었고 이후에도 그렇게 되었다. 주주 가치를 극대화하지 않으면 자본 시장의 비정한 논리에 의해 쫓겨나게 되는 것이다.

이런 싸움의 결과 경영자들은 소유주들의 이익에 아주 민감하게 반응했다. 또 고객에게 가치를 전달하는 것과 주주를 위해 가치를 창조하는 것 사이의 밀접한 관계에 대해서도 더 잘 알게 됐다. 사실 그전에는 몇몇 산업에서 어느 정도의 수준에서 만족하고 고만고만한 성과를 내는 것이 일종의 신사 협정 같은 것이었다. 이제 그런 날들은 사라졌다. 이제는 주주들이 목표를 정하고 자본 시장이 성과를 평가하게 됐다. 더 많은 이익을 내라는 이런 거센 압박은 기업의 목표에 대한 격렬한 논쟁을 촉발시켰다. 이 논쟁은 요즘도 심심찮게 재연되고 있다. 밀턴 프리드먼 같은 경제학자는 언제나 주주가 가장 중요하고 경영진의 목적은 더도 덜도 없이 주주의 가치를 극대화하는 것이라고 주장한다. 유럽을 중심으로 한 다른 쪽은 경영진에게 사회 전체에 대해 더 많은 의무가 있다고 주장한다. 예를 들면 고용을 창출하고 지역 사회의 안정을 도모해야 한다는 것이다.

경영자마다 갖고 있는 사회철학이 모두 다르겠지만 현대의 CEO라면 누구도 자본 시장을 별것 아닌 것으로 보고 그 규율을 무시하는 바보짓은 하지 않을 것이다. 1980년대 이전까지만 해도 비용을 회수할 정도로 가치를 창출한 기업들은 잠재력에 못 미치는 성과를 내면서도 걱정도 않았고 마음도 편했다. 그 정도면 가치 창조가 충분한 것으로 여겼던 것이다. 그러나 1980년대 이후엔 가치를 극대화하지 않는 공개 기업은 새로운 주인에게 경영권을 뺏길 위험이 높아졌다. 이것이 바로 사람들이 말하는 자본 시장의 규율이다.

이 새로운 규율은 경영진이 하는 일을 영원히 바꿔놓았다. 비영리 조직이나 가족 회사들은 성과에 대한 이런 압박과는 아직까지 다소 먼 거리에 있지만 그런 조직 역시 이런 변화의 잔물결 정도는 느끼고 있다. 이렇게 가치 창조의 과정과 우수한 성과를 내는 동인을 제대로 이해하는 것이 최고경영진들에게 가장 중요한 과제로 부여된 것이다.

가치는 어떻게 창조되는가?

1980년대와 1990년대에 경쟁자와 고객, 주주 등 사방에서 밀려오는 압박이 계속 거세지자 경영자들은 그들이 해온 모든 일을 재점검하지 않을 수 없게 됐다. 그 결과로 많은 경영자들은 경영적인 사고로 풀어낸 새로운 경제 개념에 많은 관심을 보이게 됐다. 그 개념은 비즈니스 전략이라는 새로운 영역을 혼자 힘으로 개척한 마이클 포터의 기념비적인 저작인 『경쟁 전략Competitive Strategy』에 소개됐다. 바로 가치 사슬value chain이다. 가치 사슬은 회사와 공급업체들이 상품을 디자인, 생산, 판매, 배달하고 사후수리하기 위해 반드시 해야 하는 노동 전반에 걸친 행위와 정보의 흐름을 뜻한다.

가치 사슬이란 사고방식이 경영 측면에서 보여준 성과는 놀라운 것이었다. 첫 번째 성과는 사람들이 각 단계에서 이루어지는 일을 단지 비용으로서뿐만 아니라 최종 상품에 가치를 하나씩 더해가는 각각의 과정으로 보기 시작했다는 점이다. 이후 이 시각은 많은 회사들이 자기들의 비즈니스를 정의하는 방식을 혁명적으로 바꾸었다. 예를 들어 25년 전만 해도 주식 거래를 하려면 중개인에게 꽤 많은 돈을 수수료로 지불해야 했다. 중개인 사무소에는 주식에 대한 연구 및 분석에서부터, 거래를 하고 나중에 매달 거래 명세표를 보내주는 일까지 일련의 행위들이 있었다. 그러니까 그 모든 행위에 필요한 비용들이 수수료 가격에 숨어 있는 것이었다.

찰스 슈왑은 할인 중개라는 새 영역에 자신의 이름을 딴 회사를 만들면서 전혀 다른 가치 사슬에 주목했다. 주식에 대한 조언을 원하지 않는 고객들이 왜 조언과 관련된 돈까지 내야 하는가? 조언을 해주기 위해 필요한 모든 활동을 버리고 그 대신 주식 거래를 하는 데만 집중하면 전혀 새로운 가치를 창출할 수 있었다. 그것은 훨씬 많은 잠재 고객을 잡을 수 있는 저수수료 거래라는 가치였다. 회사 안에 있는 가치 사슬을 회사 밖에 있는 고객들이 생각하는 가치와 일치시키는 이러한 사고방식은 20년 전에는 아주 새로운 것이었다. 물론 오늘날에는 일반적인 통념이 되어버렸지만 말이다.

가치 사슬 사고의 두 번째 중요한 결과는 누가 어떤 각각의 행위를 하건 간에 경제적 과정 전체를 볼 수 있게 해준다는 점이다. 만일 당신이 맥도널드처럼 맛이 한결같고 완벽한 프렌치프라이를 파는 패스트푸드점을 만들고 싶다면, 당신이 거래하는 감자 농장 주인이 적절한 저장 설비를 갖추지 않았다고 해서 고객들에게 질 책임을 면제받지는 못한다. 고객들은 누구의 잘못인지 자세히 따지지 않기 때문이다. 고객은 프렌치프라이의 질만 따지는 것이다. 그래서 맥도널드는 어떤 방식으로든 감자 공급업자들이 일정한 수준에 도달할 수 있도록 책임을 져야 한다.

이런 상호 의존성이 주는 의미는 제법 심오하다. 회사 바깥의 문제를 경영하는 것은 회사와 고객의 관계든, 회사와 공급자나 다른 비즈니스 파트와의 관계든 간에 회사 내부의 일을 경영하는 것 못지않게 중요하기 때문이다.

지난 2000년은 자동차 타이어 뉴스가 엄청나게 많았던 해였다. 톱뉴스는 단연 파이어스톤의 대량 리콜에 대한 소식이었다. 창립 100주년을 맞은 이 회사는 기념식을 즐기기는커녕 기사와 뉴스에 관련된 악몽에 시달려야 했다. 불량 타이어 때문에 수십 명이 죽었고 수백 명이 다쳤다. 파이어스톤은 수백만 개의 타이어 대량 리콜과 홍수처럼 넘치는 비판 기사와 갈수록 늘어나는 소송에 파묻혔다.

그런데 파이어스톤만 고통을 겪은 게 아니었다. 자동차 회사인 포드도 마찬가지로 악몽에 시달렸다. 왜냐하면 대부분의 불량 타이어들이 포드가 만든 익스플로러 자동차에 장착돼 있었기 때문이다. 포드가 불량 타이어를 만들지 않았다는 사실은 성난 익스플로러 소유자들에게 도무지 먹혀들지 않았다. 파이어스톤은 포드의 가치 사슬에 있어 아주 중요한 연결 고리였고, 2000년 여름에 파이어스톤은 포드 사의 고객 및 주주들의 가치를 파괴해버린 것이다.

그다지 요란한 주목을 받지 않은 사례도 있는데 이 역시 타이어에 관한 얘기다. 이번에는 위기에 관한 것이 아니라 평상시의 비즈니스와 관련된 것이다. 도요타 자동차는 일본의 한 중소기업에서 타이어에 대한 새로운 접근법을 발견하고는 대형 타이어 업체들에게 같이 참여하자고 로비했다. 「월스트리트 저널」톱 기사가 전한 바에 의하면, 도요타 자동차는 제작 비용과 차량 무게를 줄이기 위해 타이어 회사들에게 새로운 디자인을 적용하도록 요구했다. 도요타가 신경 써야 할 사람은 누구인가? 도요타는 고객들이 값이 싸면서도 연비가 좋은 차를 원한다는 것을 잘 알고 있었다. 공급업자들로 하여금 새로운 기술을 적용하도록 해 고객들에게 더 많은 가치를 제공할 수 있다면, 그것 역시 도요타가 한 일이다. 사실 도요타가 자동차 메이커로서 성공할 수 있었던 것은 크게 볼 때 그 회사가 공급업자들을 관리할 수 있는 능력을 갖고 있었기 때문이다.

지난 20여 년 동안 경영은 가치가 어떻게 창조되는지, 그래서 회사 안팎을 어떤 식으로 관리해야 하는지에 대한 이런 통찰 덕분에 새롭게 바뀌었다. 10년 전만 하더라도 구매는 별로 중요하지 않은 직종이었다. 이미 사려는 아이템들이 정해진 상태에서 가장 낮은 가격을 확보하면 그만이었다. 하지만 오늘날 구매는 공급 사슬 관리로 진화했다. 이는 이름만 그럴듯하게 바꾼 것이 아닌 실제로 획기적인 변화다. 공급 사슬 관리는 회사가 어떻게 고객들을 위해 가치를 창출하느냐에 대한 아주 체계적인 사고방식이다. 공급 사슬 관리를 통해 회사들은 얼마나 싸게 구매하느냐가 아니라 무엇을 사야 하는가를 생각하게 됐고, 단지 비용 절감뿐 아니라 원자재 공급의 속도와 유연성을 확보해 새로 얻는 것들도 많았다. 또 단순히 구매하는 상품뿐 아니라 공급업자들의 노하우와 혁신 역량도 배울 수 있게 됐다. 이런 것들을 통해 고객들에게 새로운 가치를 창출할 수 있게 된 것이다.

지금까지 논의한 가치 혁명은 기업들이 하는 모든 분야로 퍼져 왔다. 회사가 회사 밖의 입장에서 내부를 보게 되면 혁신적인 제안들이 가득한 용감한 신세계를 볼 가능성이 높다. 혁신적인 제안들이란 고객들에게 그저 물건을 파는 것만이 아니라 고객들의 요구에 맞추는 것을 목표로 하는 해결 방식이나 부가가치 서비스의 형태로 나타난다. 이런 관점이 얼마나 극적으로 회사를 탈바꿈시킬 수 있는지에 대해 느끼려면 GE가 잭 웰치의 리더십 아래에서 얼마나 많이 변했는가를 생각해 보라. 한때 세계 최고의 제조업 기업 집단이었던 GE는 지금 순익의 80%를 서비스 업종에서 거두고 있다.

GE의 가장 오랜 사업 중 하나인 철도 차량이 이런 전환의 대표적인 예다. 1895년부터 GE의 엔지니어들은 산업 시대의 원동력인 기관차를 만들어왔다. 잭 웰치는 "그때부터 최근까지 고효율의 최신 제품인 이걸 만드네 또 저걸 만드네 하는데 이런 건 어깨에 계급장을 달기 위한 과정에 불과하다"고 지적했다. 그것은 제조업적 사고방식인 것이다. 그러나 회사의 입장이 아닌 고객의 눈을 통해 철도 차량 사업을 다시 보고 나서 GE는 완전히 달라졌다. 그들은 철도에는 더 크고 더 힘센 기차가 필요한 것이 아니라는 것을 깨달았다. 필요한 것은 더 많은 짐을 가장 적은 비용으로 실어 나를 수 있는 능력이었다. 즉 더 생산적인 서비스를 할 수 있는 기차가 필요했던 것이다. 이제 GE에게 필요한 것은 기차 시간표를 짜임새 있게 계획하여 짜고, 운행이 중단됐을 때 더 빨리 고치는 등의 방법이었다. 이런 문제를 해결하면 철도 서비스는 향상될 것이고 그것은 결국 고객들이 원하는 바였다.

투입보다는 결과, 생산보다는 해결 방식 중심으로 사고방식을 바꾼 것은 GE 철도 차량 사업부로서는 획기적인 변화였다. 방식을 바꾸자 GE는 철도 회사들이 차량을 효율적으로 관리할 수 있는 컴퓨터 기반 급송 시스템과 같은 새로운 서비스를 훨씬 더 많이 제공할 수 있게 되었다. 기차에 새로운 장비를 장착한 뒤 철도 회사와 GE는 어떤 기차가 현재 어디에 있는지 금방 찾을 수 있게 되었다. 기차가 갑자기 정지해도 GE에 전화를 걸어 도움을 요청할 필요가 없었다. 대신 GE가 곧바로 현장으로 출동해서 고치고 다시 운행하게 만들었다.

제조 제품이 날로 범용화되어 고객들에게 별 가치를 주지 못하게 되면서, GE를 비롯한 많은 기업들이 때로는 제품 자체보다 제품과 관련된 서비스로부터 더 많은 돈을 벌 수 있다는 사실을 알게 됐다. 당신이 새 TV나 컴퓨터를 살 때 받는 서비스 계약서나 차를 사거나 리스할 때 자동차 대리점이 당신에게 제시하는 할부 조건들을 생각해 보면 이는 자명해질 것이다. 1990년대 IBM이 성공한 가장 큰 이유도 하드웨어를 파는 데서 솔루션을 파는 것으로 전략을 바꾼 덕분이었다.

똑같은 논리가 가장 세속적인 소비재 산업에서도 똑같이 적용되고 있다. 마사 스튜어트의 웹사이트는 모든 종류의 가정용품을 아주 비싼 가격에 팔고 있다. 그곳에서 125달러에 팔리는 다리미는 다른 곳에서 90달러면 살 수 있다. 그 차이점에 대해 회사 대변인은 "사용법 같은 것을 제공함으로써 고객들에게 가치를 더해주고 있다"고 말했다. 다리미 그림을 클릭하면 셔츠를 다리는 방법을 배울 수 있다는 설명이다. 고객들이 왜 이 비싼 다리미를 살까? 사용법이 필요해서? 아니면 인터넷을 통해 주문하기가 쉬워서? 그것도 아니면 스튜어트라는 상표가 주는 신뢰성 때문에? 이유는 아마 이 가운데 하나거나 아니면 전부일 수도 있다. 신경제에서 가치는 점점 더 그렇게 보이지 않는 것들로 옮겨가고 있다.

시장보다는 사명 : 비영리 조직에 맞는 올바른 규율

오늘날 미국에는 100만 개가 넘는 비영리 조직이 있다. 미국 경제에서 이들이 차지하는 비중은 10%가 넘는다. 비영리 기관들의 자산은 약 2조 달러에 달하는 것으로 추산되고 있다. 그러나 이 분야는 그 규모 때문이 아니라 복지의 핵심이 되는 일들의 상당 부분이 이루어지기 때문에 중요한 것이다.

하나의 조직이든 전체 비영리 부분이든 간에 비영리 조직이 어떤 성과를 내느냐 하는 것은 사회 전체로 볼 때 매우 중요하다. 비영리 조직이 있기 때문에 교육과 의료가 이루어지고 있다. 비영리 조직들이 예술을 진흥시키고 환경을 보존한다. 비영리 기관들 덕분에 사회의 도움이 필요한 사람들을 위한 봉사활동이 가능하다. 그러나 비영리 부문에서 오래 근무한 간부들이나 자원 봉사자들에게 물어보면 비영리 조직을 경영하는 것은 고양이 떼를 모으는 것이나 마찬가지란 옛날 농담 그대로라고들 한다.

비영리 조직들의 경영이 왜 그렇게 악명 높을 정도로 어려운가? 어떤 의미에서는 영리 법인의 경영자들이 더 쉬운 일을 하고 있다고 할 수도 있다. 그들이 창조하기 위해 일하는 경제적 가치라는 것은 사회 복지에 비해 정의하거나 측정하기가 훨씬 쉽기 때문이다. 1976년 창립된 이래 전 세계 50만 이상의 사람들을 위해 집을 지어 준 휴머니티 인터내셔널의 해비타트Habitat가 창조한 가치를 생각해 보자. 해비타트의 사명은 가난한 사람들이 소박하면서도 그럴듯하고 값싼 집을 짓는 것을 도와줌으로써 빈곤 가옥을 없애는 것이다. 이들 자원 봉사자들은 노련한 전문가와 함께 미래의 집 주인을 도와가며 집을 짓는다. 그리고 지역 상인들은 필요한 자재를 기부한다. 작업은 대부분 토요일에 이루어지는데 이런 방식으로 해나가면 각각의 프로젝트는 수개월이 걸려야 끝난다. 물론 효율적인 방법이 아님은 분명하다.

그러나 휴머니티 인터내셔널의 해비타트가 창조한 가치는 지어놓은 집뿐만이 아니다. 해비타트의 사명은 경제적으로 효율적인 건축자가 되는 것이 절대 아니다. 만일 그것이 사명이었다면 아마도 돈을 많이 걷어서 전문가들이 지은 집을 사는 것이 나았을 것이다. 해비타트의 중요한 부분 중의 하나는 바로 동반자 정신partnership이다. 해비타트가 창조한 가치는 집 이상의 것으로 개인들이 그들의 지역 사회와 다른 이들의 복지에 공헌하면서 쌓여가는 사회적 자본인 것이다.

이것이 집 짓는 것 못지않게 중요한 해비타트의 사명이다. 이 모임의 한 회원은 이렇게 말했다. "우리의 최종적인 목표는 집이 아니라 그 집을 짓는 데 참여한 사람들, 그 집에 살게 될 가족, 그들 모두가 속해 있는 사회 그리고 여러 방식으로 참여한 자원 봉사자들이다."

해비타트를 구성하고 있는 요소들, 예를 들면 자원 봉사자, 기부자, 집에 살게 될 사람들은 이 조직의 성과를 평가하는 지표가 될 것이다. 이들 중 누군가가 이 조직이 가치를 창조하지 못한다고 생각한다면 그 사람은 떠날 것이다. 하지만 핵심은 그런 경고가 기업이 가치 창조를 극대화하도록 규율하는 시장의 힘처럼 비영리 조직에까지 강력하게 작용하지 않는다는 데 있다. 제대로 운영되고 있는 비영리 조직에게는 사명이라는 규율을 스스로에게 부과해야 하는 어려운 과제가 있다는 얘기다.

비영리 조직도 마찬가지로 너무 쉽게 보이지만 사실은 이런 까다로운 질문들을 스스로 해봐야 한다. "우리의 사명은 무엇인가?" "우리가 일하면서 창조하려는 독창적인 가치란 무엇인가?" "우리가 사명을 완수하는 데 누가 도와줄 것이며, 어떻게 하면 그들의 이해 관계를 우리의 사명과 조화시킬 수 있는가?" '고객'이 아니라 사명이 운전대를 잡아야 한다는 얘기다. 비영리 조직에서 '고객'은 사명감에 투철한 조직을 자칫 잘못된 길로 인도할 수 있다. 뉴욕 시 브롱크스 동물원의 팬더 정책을 예로 들어보자.

사랑스런 팬더만큼 많은 사람들을 동물원으로 불러들일 만한 동물이 있을까? 그러나 세계에서 가장 좋은 동물원 중의 하나라는 뉴욕의 브롱크스 동물원에는 팬더가 한 마리도 없었다. 이 사실이 브롱크스가 제대로 가치를 창조하지 못하고 있다는 것을 의미하는가? 이에 대한 대답은 동물원이 창조하려는 가치가 무엇인지 그리고 동물원의 사명이 무엇인지에 달려 있다.

1895년에 동물원을 만들고, 동물학에 대해 연구하며 야생동물을 보호하고 대중들을 교육하기 위해 뉴욕 동물학협회가 창립됐다. 만약 동물원의 고객을 재정적 지원을 하는 사람으로만 정의한다면 뉴욕 시는 아주 중요한 고객이라고 할 수 있다. 1980년대 요란스런 정치인이었던 에드 코흐 뉴욕 시장은 동물원에 팬더를 데려오면 자신의 인기에 보탬이 될 것으로 생각했다. 그는 수년간 공들여 베이징의 관료들에게 예쁜 팬더 한 쌍을 보내달라고 로비했다. 그가 들인 공이 성과를 거두어 동물원은 할 수 없이 팬더를 받아야 했다.

그때 과학 클럽과 정부 단체 일각으로부터 이 동물원의 팬더 정책에 대해 다시 생각해야 한다는 논의가 나왔다. 팬더는 전 세계적으로 그 수가 겨우 1,000마리 정도에 지나지 않고 암컷이 1년에 한 번밖에 배란하지 않기 때문에 그 숫자가 늘어나기가 어렵다. 에드 코흐가 데려온 한 쌍 중 암컷이 배란했을 때 수컷은 아직 번식할 수 있는 나이가 아니어서 아무 일도 일어나지 않았다. 팬더 수를 늘릴 수 있는 아주 중요한 기회를 잃어버린 셈이었다.

1993년에 브롱크스 동물원의 후견인들은 뉴욕 동물학 협회의 이름을 야생동물 보존회로 바꾸었다. 이 개명은 보존이 무엇보다 가장 중요하다는 것을 일깨워주는 데 큰 역할을 했다. 조직의 목적과 사명은 생존을 위협받는 종을 구하기 위해 대중의 지원과 과학자의 전문 지식을 모으는 것이었다. 팬더는 위협받는 대표적인 종 가운데 하나다. 조직의 지도자들은 아주 어려운 선택을 놓고 저울질을 해야 했다. 동물원에 팬더를 전시하는 것은 대중들의 지원을 이끌어낼 수 있는 아주 효과적인 방법이다. 사람들은 자신이 관심을 갖는 것만 보호하려 하기 때문에 전시하는 것 자체가 아주 중요한 보존 방법이라는 주장도 있었다. 그러나 과학자들이 중국 팬더를 미국 동물원에서 키우는 것이 팬더 종에 오히려 해가 된다고 믿는 한 브롱크스 동물원은 팬더 없이 운영돼야 했다. 이런 어려운 선택을 해야 할 때 경영진이 제대로 결정을 내릴 수 있는 유일한 길은 조직의 사명에 충실하는 것이다.

비영리 조직을 경영하기 힘든 이유는 고객들이 영리 회사에 대해 보이는 것과 같은 명백한 반응을 잘 나타내지 않는다는 데 있다. 대부분의 비영리 조직에서는 그 조직에 돈을 대는 사람과 그 조직으로부터 혜택을 입는 사람 사이에 아무런 관련이 없다. 비영리 조직에서도 고객을 중요한 요소로 생각하는 것이 경영에 도움이 되긴 한다. 특히 악명 높게 관료적인 조직을 손님들에게 제대로 응대하는 기관으로 만들려고 할 때는 유용하다. 그러나 이것 역시 비영리 조직으로서는 올바른 방향은 아니라고 하겠다.

미국 내 혈액 공급의 절반 이상을 책임지고 있는 미국 적십자 사를 보자. 누가 적십자 사의 고객인가? 혈액을 사용하는 병원인가, 아니면 소매를 걷어붙이고 헌혈을 한 사람들인가? 1980년대까지만 해도 이 질문은 별로 중요하지 않았다. 기증자의 관대함에 의지하고 있는 다른 모든 비영리 조직과 마찬가지로 적십자 사도 중요한 이해 관계자, 수혜자, 기부자, 자원 봉사자 모두를 고객으로 대했다. 기부자들이 즐겁게 연례 헌혈 행사에 참여할 수 있도록 많은 신경을 쓰고 재원을 투입했다. 그것은 모든 사람들을 기분 좋게 하는 공동체 행사였다.

그러나 세상은 바뀌었다. 1980년대 이후 에이즈가 퍼지면서 혈액의 안전성이 가장 중요해졌기 때문에 혈액 기증자들을 엄격하게 검사하는 과정이 불가피해졌다. 안전하지 않다고 판단되는 기증자들은 돌려보내야 했다. 거의 같은 시기에 병원들은 비용을 절감해야 한다는 강한 압박에 시달렸는데, 혈액 확보 비용은 병원 예산의 가장 중요한 부분이었다. 이런 변화의 여파로 적십자 사도 비용에 신경을 쓰지 않을 수 없었다. 그래서 헌혈 행사도 예산을 줄여 소규모로 치르게 되어 사람들도 별로 오지 않았다. 모든 기증자들이 이런 변화를 좋아했던 것은 아니다.

물론 한 가지 사실은 분명했다. 바뀐 환경에서 그 사명을 달성하기 위해 적십자 사는 고객과 혈액 기증자 사이에 적절하고 명확한 선을 그어야 했다. 그 결과 적십자 사는 아주 어려운 변화를 시도했다. 적십자 사는 혈액 기증자들의 역할을 마치 공급 사슬 관리자가 공급업체들을 대하듯 다시 생각하게 됐다. 이런 변화가 불가피했던 데는 시장의 힘이 작용한 것이나 마찬가지였다. 규제 당국은 혈액 관리에 엄격한 표준을 제시했고 병원들은 비용을 절감해야 한다며 영리 회사들이 대하는 고객처럼 행동하기 시작했다. 적십자 사는 할 수 없이 그들의 가치를 '밖으로부터 안으로의' 방식으로 새롭게 정의할 수밖에 없었다.

사명 중심의 조직들의 대부분은 이같이 강한 외부의 힘에 직면하지는 않는다. 그러나 요즘은 기부자들이 더 많은 신뢰성을 요구하고 정부 지원금도 성과 기준으로 지급되는 방식으로 바뀌고 있다. 시장 규율이 없는 분야지만 경영자들은 사명의 규율을 그 조직 나름의 '밖으로부터 안으로의 사고방식'으로 삼아야 할 것이다.

가치는 시스템이다

우리는 이 장을 경영진의 가장 중요한 책임은 가치를 창조하는 것이란 주장으로 시작했다. 그러나 그 책임을 다했느냐 여부를 판단하는 것은 경영자가 할 일이 아니다. 그것은 외부 즉 매일 그리고 해마다 그 조직을 지원할지 말지 마음대로 선택할 수 있는 외부 사람들이 결정할 일이다.

그래서 누가 적절한 외부 사람인지를 결정하는 것이 아마도 경영진들이 해야 할 가장 중요한 선택일 것이다. 이미 살펴봤듯이 이 결정은 비영리 분야보다는 영리 분야에서 내리기가 훨씬 쉽다. 그러나 심지어 비즈니스 세계에서도 고객은 경영자가 만족시키기 위해 노력해야 할 가장 중요한 구성 요소는 아니다. 실제로 모든 성공적인 회사들은 각각 다른 방식으로 가치를 정의하고 있는 다양한 참여자들과 관계를 맺고 있다.

주주들이나 자본을 투자한 사람들은 가치를 측량하기 쉬운 재무적인 용어로 정의한다. 종업원들이라면 계산 방식이 더 복잡해진다. 그들은 오늘의 임금과 의료 혜택 등을 가치 있다고 여기지만 동시에 미래에 가치가 생길 교육 훈련이나 스톡옵션 등도 중요하게 생각한다. 종업원들의 가치는 또 직업 만족도나 직위 아니면 자부심과 같은 비경제적 요소들과도 연결되어 있다. 공급업체들은 가격도 중요시하지만 장기적으로 관계를 유지하는 것과 첨단 기술을 공동 개발하는 기회도 가치 있게 여길 것이다.

현대 경영자들의 과제는 참여자 모두를 위한 가치를 창조할 수 있는 시스템에 이들 주요 참여자들을 동참시키도록 하는 것이다. 가치 창조란 용어는 이렇게 성과에 대한 보다 넓고 체계적인 이해를 가져다준다. 이것은 성과에 대한 이전의 정의들이 해내지 못한 것이다. 가치 창조는 산업 시대의 중점인 효율성을 포함하는 것은 물론 소비자 시대의 중점인 고객과 품질, 선택 등도 포함한다. 뿐만 아니다. 가치 창조는 현대적 경영에 필요한 모든 구성 요소를 포함할 수 있을 정도로 범위가 넓다. 그것이 앞에서 이 용어가 아주 유용하면서도 추상적이라고 말한 이유다.

다음 장에서는 가치를 창조하는 체계를 이해하고 관리하는 데 비즈니스 모델이 어떻게 도움이 되는지 살펴보겠다. 비즈니스 모델이 통찰력으로 얻은 아이디어를 사업으로 바꾸는 체계로 어떻게 작동하는지 알아보자.

2 비즈니스 모델
-통찰을 사업화하기

'비즈니스 모델'은 인터넷 붐의 중심에 있던 예술적 용어 가운데 하나로 채 무르익지 않은 계획을 갖가지 방식으로 미화하는 데 쓰였다. 그러나 비즈니스 모델은 한마디로 돈을 버는 방법을 뜻한다. 예를 들어 마이크로소프트의 비즈니스 모델은 만드는 데 하나에 50센트밖에 들지 않는 소프트웨어를 120달러로 뻥튀기해 파는 것이다. 헬시온의 '비즈니스 모델'은 병원에서 나오는 모든 계산서나 주문서, 의뢰서 등에 이문을 약간 덧붙여 이득을 보는 것이다. 넷스케이프의 비즈니스 모델은 만들어지는 중이었다. 누구도 넷스케이프가 어떻게 돈을 벌지 알아내지 못했다. 시장에 출현했던 그 짧은 기간 동안 넷스케이프는 돈을 한 푼도 벌지 못했다. 대부분 인터넷 회사들의 '비즈니스 모델'은 인터넷 웹 사이트에 많은 사람들을 모여들게 하고 그들을 상대로 광고할 기회를 다른 사람들에게 팔겠다는 것이다. 이 모델이 성공할지에 대해선 여전히 불투명한 상태다.

― 마이클 루이스,
『뉴뉴씽 : 세상을 변화시키는 힘 *The New New Thing*』 중에서

가치 창조와 마찬가지로 '비즈니스 모델'이란 용어도 인터넷 경제에서 현학적인 단어가 돼버렸다. 사람들이 멋대로 쓰는 바람에 원래 갖고 있던 중요한 의미를 많이 잃었다. 하지만 가치 창조와 마찬가

지로 비즈니스 모델은 여전히 유용하고 중요한 개념이다. 이 장에서는 무엇이 비즈니스 모델인지 그리고 좋고 나쁜 비즈니스 모델은 어떻게 다른지 설명해 보려 한다. 용어 자체는 새로운 것이지만 아이디어는 새삼스러운 것이 아니다. 신경제든 아니든, 영리 회사든 비영리 기관이든 모든 조직에는 실현성 있는 비즈니스 모델이 필요하다.

정의부터 해보자. 비즈니스 모델이란 회사나 조직이 고객과 모든 이해 관계자들을 위해 어떻게 가치를 창출하고 어떻게 성과를 낼 수 있을지 그 방법을 담은 가정들을 모아놓은 것이라고 할 수 있다. 본질적으로 비즈니스 모델은 시장에서 끊임없이 테스트되어야 하는 이론이다. 지난 1992년 유로디즈니EuroDisney가 파리 테마파크에서 문을 열었을 때 생긴 일을 살펴보자. 이 회사는 유로디즈니도 미국의 테마파크와 비슷한 방식으로 운영될 수 있을 것이라고 생각했다. 즉 경영진은 유럽 사람들도 테마파크에 한 번 놀러 올 때마다 미국 사람들과 거의 비슷한 시간을 소비하며 놀고 기념품을 사는 데도 엇비슷한 돈을 쓸 것이라 판단했다.

그러나 이런 가정들은 모두 잘못된 것으로 드러났다. 예를 들면 유럽 사람들은 하루 종일 놀이 공원 안의 여러 레스토랑을 돌아다니며 이것저것 사 먹는 미국 사람들과는 달랐다. 유럽 사람들은 평소 점심이나 저녁을 먹을 때와 마찬가지로 한 군데 자리를 잡고 앉아 느긋하게 시간을 보내려 했다. 자연히 모든 식당마다 사람들로 넘쳤고 테마파크를 좋아하는 사람들도 너무 긴 줄 앞에서 황당해했다. 애초에 이런 잘못된 계산 때문에 유로디즈니는 사업 초기에 거의 망할 지경에까지 이르렀다. 결국 비즈니스 모델 가운데 10여

개의 핵심적인 중요 사안들을 하나씩 바꾸고 난 다음에야 겨우 성공할 수 있었다.

경영의 규율은 그 비즈니스에 맞는 이론과 전체 시스템이 운영되는 방법인 모델을 통해서 실현되는 것이다. 중요한 결정과 실행들을 통해 모델을 현실에서 실험한다. 수익은 그 자체가 중요하기도 하지만 이 모델이 제대로 작동하는지 여부를 결정 짓는 기준도 된다. 만일 기대한 결과를 얻지 못했다면 유로디즈니가 그랬던 것처럼 비즈니스 모델을 다시 점검해 봐야 한다. 이는 과학적 방법을 경영에 응용하는 것이라 할 수 있다. 즉 가설을 세우고 현실에서 그 가설대로 실험해 보고 필요한 경우에는 가설을 수정하는 식이다.

비즈니스 모델이란 용어가 스프레드시트의 유행과 함께 널리 쓰이게 된 것은 결코 우연이 아니다. 예전에는 품이 많이 들었던 작업, 그러니까 사업 계획을 짜기 위해 미래의 매출과 예상 비용 등을 계산하는 일이 스프레드시트 덕분에 아주 쉬워졌기 때문이다. 이에 더해 스프레드시트의 한 칸 한 칸을 채워가는 과정에서 각 사업 부분들이 전체에서 차지하는 역할을 분명하게 규정하는 효과도 얻을 수 있게 됐다. 스프레드시트를 완성해 놓은 뒤에는 조건을 쉽게 바꿀 수 있다. 예를 들어 만일 시장이 1년에 25%씩 성장하는 것으로 조건을 바꾸면 해당되는 칸에 숫자를 바꿔 넣는 것만으로 전체 가운데 어떤 부분에 영향을 끼칠지를 쉽게 볼 수 있다. 스프레트시트 덕분에 우리는 사업의 변화를 모델화할 수 있게 된 것이다.

이런 수단이 없었던 시절에는 알프레드 챈들러나 피터 드러커 같은 비즈니스 역사가들도 이러한 모든 것들을 말로 설명했다. 그들이 택한 분야는 일반 경영학이라고 불렸는데 이들은 사례 연구 또는 해당 회사에서 있었던 실화 등을 통해 시어스나 GM 같은 회사들이 어떻게 고객과 주주를 위한 가치를 창출하면서 회사를 일관된 전체로 만들어냈는지 설명했다. 사례 연구를 통해 독자들은 매우 중요한 통찰들을 볼 수 있게 된다. 성공적인 회사에는 그 회사 경영자들이 알고 있든 모르고 있든 간에 보통 사람 누구나 사실 관계만을 보고 알아낼 수 있는 비즈니스 모델이 있다. 이 점을 특히 강조하고 싶다. 왜냐하면 역사상 위대한 비즈니스 모델을 만들어낸 사람 중 누구도 분석적인 전망에 입각해 축약한 모델 같은 것을 내놓았던 적이 없었기 때문이다.

그렇다면 왜 이 용어가 최근 몇 년 동안 그렇게 유행했는가? 대부분의 경우 그 대답은 예전과는 다른 방식으로 회사가 운영될 수 있다는 것을 실감하게 한 인터넷에 힘입어 새로운 벤처 기업들이 폭발적으로 성장한 데서 찾을 수 있다. 역사적으로 볼 때 창업자들은 실제로 성공한 사례를 보여줌으로써 사업 초기에 다른 사람들을 설득해 투자를 이끌어냈다. 그러니까 가족이나 친구들을 뺀 다른 사람들의 투자를 이끌어내기 위해선 투자를 유도할 만한 수익을 이미 내고 있어야 했다는 얘기다. 그러나 1990년대 후반 들어서는 새 사업에 투자하는 이 같은 예전의 방식들이 잠시 유예됐다. 창업자들은 사업의 초기 단계, 그것도 아주 초기 단계에서 투자를 이끌어내야 했다. 다만 현재로선 수익이 전혀 없기 때문에 회사의 비즈니스 모델을 이용해 아직 검증되지 않은 아이디어들을 앞으로 이렇게 저렇게 실현하겠다고 설명한 것이다. 그러니까 비즈니스 모델이란 "우리를 믿어 달라. 우리는 우리가 하는 일을 잘 알고 있고 그래서 언젠가는 돈을 벌 것이다"라고 부탁하는 수단에 진배없는 것이다.

그러나 좋은 비즈니스 모델은 창업자들이 자금 유치를 정당화하는 것은 물론 회사가 돈을 버는 방법 이상의 것을 담고 있다. 즉 비즈니스 모델은 경영에 가장 핵심이 되는 체계적인 사고를 반영하고 있는 것이어야 한다.

좋은 모델은 좋은 이야기다

모델이란 난해한 수학 공식으로 가득 찬 칠판을 떠오르게 할 정도로 함축적인 단어 가운데 하나다. 그러나 비즈니스 모델은 어려워서는 안 된다. 비즈니스 모델이란 한 회사가 어떻게 돌아가는가에 대한 이야기다. 모든 좋은 이야기들이 그렇듯 비즈니스 모델도 인물과 동기, 구성 등이 좋아야 한다. 비즈니스에서 구성은 어떻게 돈을 벌 것이냐의 문제와 관련되어 있다. 사회 단체일 경우 구성은 어떻게 세상을 바꿀 것이냐의 방법을 다룬다. 영리 회사나 사회 단체나 모두, 등장 인물은 반드시 구체적으로 묘사돼야 하고, 그들의 동기는 그럴듯해야 하며 그리고 구성은 반드시 가치란 무엇이냐에 대한 통찰을 담고 있어야 한다.

여기에 역사상 가장 성공적인 비즈니스 모델 가운데 하나로, 100년이나 됐지만 오늘날까지도 여러 사람들이 모방하는 실례가 하나 있다. 다른 위대한 비즈니스 모델들과 마찬가지로, 이것도 한 회사 기획 위원회가 분석 제시한 보고서로부터가 아니라 한 사람의 실패 경험에서 비롯됐다. 위대한 선견지명이 늘 그렇듯 이 경우도 우연한 발견과 실험, 행운이 더해져 이루어졌다. 바로 아메리칸 익스프레스가 운 좋게도 여행자 수표를 창안하게 된 얘기다.

아메리칸 익스프레스는 1850년에 지역 특급화물 수송업체로 창업했다. 1892년에 유럽 여행을 간 이 회사 J. C. 파고 사장은 신용장을 현금으로 바꾸는 데 적잖은 어려움을 겪었다. 여행에서 돌아온 파고는 "여행에서 신용장은 그저 젖은 포장지에 불과했다. 아메리칸 익스프레스 사장이 그런 어려움을 겪는다면 보통의 여행자들은 훨씬 더 어려운 경우를 당했을 것이다. 뭔가 조치가 있어야 한다는 생각이 들었다"고 말했다. 그래서 아메리칸 익스프레스는 여행자 수표를 만들기로 했고 그것을 사업화하는 과정에서 지난 100년의 역사에서 가장 가치 있는 비즈니스 모델을 창안하게 된 것이다. 이 이야기가 말해주는 것은 무엇인가? 누가 핵심 인물이고 그들이 자신의 역할을 맡게 된 동기는 무엇인가?

고객의 입장에서 볼 때 이 이야기는 간단하다. 얼마 안 되는 비용만 내면 여행자들은 분실이나 도난의 경우 보험 혜택도 받을 수 있는 마음의 평화를 살 수 있었을 뿐만 아니라 여행자 수표를 대부분 받아주었기 때문에 편리함까지 얻을 수 있었다. 실제로 신용카드가 나오기 전까지 여행자 수표는 여행, 특히 해외 여행의 경우에 현금 문제를 해결하는 거의 유일한 방법이었다.

상인들도 이 이야기에서 중요한 인물들이다. 그들이 여행자 수표를 받은 이유는 전 세계에서 통하는 신용장과 같은 아메리칸 익스프레스라는 이름을 믿었기 때문이다. 여기다 여행자 수표를 받음으로써 더 많은 손님을 불러들일 수 있었다. 여행자 수표를 취급하는 상점들이 늘면 늘어날수록 이 게임에서 혼자 남게 되지 않으려는 상점들의 동기는 더 강해졌다.

아메리칸 익스프레스로서는 위험이 전혀 없는 비즈니스를 발견한 셈이었다. 왜냐하면 고객들은 언제 어디서건 쓰고 싶을 때 사용할 수 있는 여행자 수표를 사기 위해 미리 현금을 냈기 때문이다. 여기에 또 이 이야기의 특별한 변주적 구성이 있다. 파고 사장이나 아메리칸 익스프레스가 예상치 못했던, 그리고 묻혀버릴 수도 있었던 비즈니스를 돈 버는 기계로 바꾼 경제 논리가 드러났다.

그 구성에 있어 뜻하지 않게 나타난 변주는 바로 플로트float라는 것이었다. 정상적인 경우 우리가 아는 모든 사업에서는 기업들이 상품에 들어가는 인건비나 원재료비 등의 모든 비용을 먼저 지급하고 나중에 상품을 팔아 그 비용을 회수한다. 자본을 마련해야 하고 때로는 빌리기도 해서 물건을 만들고, 팔려고 시장에 내놓을 때쯤에는 빌린 돈도 갚고 이익도 낼 수 있도록 행운을 빌어야 한다.

아메리칸 익스프레스의 여행자 수표는 부채와 위험의 이 정상적인 비즈니스 사이클을 뒤집어놓았다. 사람들이 수표를 사용하기 전에 현금을 냈기 때문에 아메리칸 익스프레스는 은행들이 오랫동안 즐겨왔던, 고객들로부터 이자 없는 대부의 권리를 누릴 수 있었다. 그것이 플로트다. 게다가 여행자 수표 가운데 일부는 아예 현금화되지 않았기 때문에 아멕스는 플로트에서도 돈을 벌었을 뿐만 아니라 사용되지 않는 수표에서도 많은 돈을 벌었다. 찬란한 비즈니스 모델이 한 번의 우연한 여행에서 탄생했고 다른 이벤트와 합쳐진 것이다.

파고 사장이 처음 이 비즈니스를 생각했을 때만 해도 이후 이야기가 어떻게 전개될 것인지 전혀 몰랐다는 사실은 별로 중요하지 않다. 그 사실만 빼고 이 이야기는 아주 명쾌하고 또 시사적이다. 우리는 누가 주인공인지, 왜 그들이 그런 식으로 행동했는지 그리고 극적 구성에 속도를 더하고 마침내 시스템 전체를 스스로 지속적으로 돌아가게 만든 경제 논리를 알고 있다.

이 이야기가 알려졌기 때문에 다른 사람들은 그 원칙들을 여러 가지 비즈니스에서 응용할 수 있다. 상품권이 대표적인 예다. 이제 소매점들은 매출 증대를 위해서뿐만 아니라 플로트를 얻으려고 상품권을 많이 사용하고 있다.

무엇이 좋은 이야기를 더 나은 이야기로 만드는가?

앞에서 살펴본 대로 성공적인 회사나 조직 뒤에는 누구나 이해할 수 있는 쉬운 비즈니스 모델이 반드시 있다. 이제 한 단계 더 깊이 나가보자. 모든 성공적인 회사 뒤에는 만들어질 당시에는 혁명적이었던 비즈니스 모델이 있다. 그런데 비즈니스 모델이라 하면 전자 상거래 모델을 떠올리는 경향 때문에 잊기 쉬운 사실이 있다. 사실 새로운 비즈니스 모델이라는 것은 애덤 스미스가 『국부론』에서 혁명적으로 특수 노동을 사용한 예로 자세히 설명한 핀 공장 만큼이나 오래됐다. GM의 비즈니스 모델도 당시에는 지금의 e베이가 그렇듯 놀랍도록 새롭고 흥미로운 것이었다.

정의대로 설명하자면 성공적인 비즈니스 모델이란 지금 있는 다른 대안들에 비해 훨씬 좋은 방법을 제시하는 것이다. 특정한 고객 집단에만 좋은 것일 수도 있고 예전의 방식을 완전히 뒤바꾸는 것일 수도 있다. 그래서 다음 세대의 기업가들이 넘어서기 위해 도전하는 표준이 되기도 한다. 오늘날에는 어느 누구도 가방에 신용장을 가득 채운 채 여행을 떠나지 않는다. 여행자 수표는 당시 존재하던 기술을 비약적으로 뛰어넘는 진보였다. 파고 사장의 비즈니스 모델은 만족되지 않는 필요에 대한 통찰로부터 시작됐다. 그의 새로운 상품은 게임의 규칙, 이 경우에는 여행의 경제학을 바꾼 것이다. 여행자 수표가 없애준 비용 여기에 강도를 당할 걱정이나 낯선 도시에서 현지 화폐로 바꾸느라 허비하는 시간 등은 어쩌면 금전적으로 별것 아닐 수도 있다. 그러나 그렇다고 해서 그 가치가 떨어지는 것은 절대 아니다. 여행자 수표는 여행을 방해하는 큰 장애 요인을 제거함으로써 많은 사람들이 더 많은 여행을 할 수 있게 해준 것이다.

새 비즈니스 모델을 만드는 것은 새 이야기를 쓰는 것이나 마찬가지다. 이는 어떤 기준에서 보면 모든 새 이야기는 옛 이야기들의 변형이거나 인간의 경험 밑바탕에 깔린 보편적인 테마에 대한 재구성이라고 할 수 있다. 마찬가지로 새 비즈니스 모델은 모두 비즈니스의 근저에 깔려 있는 보편적 가치 사슬의 변형인 것이다. 대체로 보아 이 사슬은 두 가지 부분으로 이루어진다.

첫 번째는 무엇인가를 만드는 것과 관련된다. 예를 들면 디자인과 원재료 구매, 제조, 서비스, 배달 등이다. 두 번째는 제품을 파는 것과 관련된다. 고객을 찾아 가까이 다가가는 것, 판매를 성사시키는 것, 제품을 유통시키거나 서비스를 제공하는 것 등이다. 좋은 소설이 그러하듯, 모든 비즈니스 모델의 구체적인 부분들은 독창적이다. 그러나 어떤 면에서는 모든 비즈니스 모델은 만들고 파는 것 등 기본적인 인간 행동에 대한 하나의 이야기일 뿐이다. 그 구성은 여행자 수표의 예에서 보았듯 충족되지 않은 필요를 만족시키기 위해 새로운 제품을 기획하는 것을 주제로 할 수도 있다. 또는 이미 검증받은 제품이나 서비스를 더 잘 만들거나 팔거나 유통시키는 방법으로써 프로세스를 혁신시키는 방법을 주제로 할 수도 있다. 새로운 비즈니스 모델은 그러니까 언제나 지금 있는 가치 사슬의 특정 부분을 변형한 것이다.

이 장에서 우리는 여러 가지 비즈니스 모델에 대한 이야기를 해볼 것이다. 모두 당시에 있던 방법보다 새롭고 더 나은 방법을 발견해 낸 기업가들의 이야기로 시작된다. 모든 이야기에는 또 제조하고 판매하는 데 있어 해묵은 문제들에 대한 독창적인 해결책도 제시돼 있다. 이런 이야기를 통해 독자들은 어떤 것이 좋은 비즈니스 모델인지 가늠해 볼 수 있을 것이다.

마이클 브로너와 이스턴 익스클루시브

마이클 브로너는 관계 마케팅relationship marketing의 개척자 가운데 한 사람이다. 그가 창립했던 브로너 슬로스버그 험프리BSH는, 지금은 디지타스에 합병됐지만 미국 최초이자 가장 성공적인 직접 마케팅direct marketing 회사 가운데 하나였다. BSH는 정보 기술의 힘을 이용해 의뢰 회사들이 고객에 대한 더 나은 정보를 모을 수 있게 했고, 고객 지향적이고 효과적인 마케팅 프로그램을 만들도록 도와주었다. 관계 마케팅은 기업의 영원한 숙제, 즉 고객에게 어떻게 다가갈 것인가의 문제에 대해 새로운 해결책을 제시했다.

이 세련된 신경제 회사는 1980년도에 이미 그 싹을 틔우기 시작했다. 당시 마이클 브로너는 보스턴 대학교 3학년에 재학 중이었다. 당시 그는 다른 친구들과 마찬가지로 학교 근처의 가게나 레스토랑에서 할인 혜택을 받을 수 있는 쿠폰북을 가끔씩 샀다. 학생들은 쿠폰북을 액면 가격을 주고 사서 가게나 레스토랑에서 할인 혜택을 받는 데 사용했다. 그러나 브로너는 그 과정을 생각하면 할수록 이해할 수가 없었다. 쿠폰북이 학생들에게 가치를 창출해 주는 것은 분명했다. 그러나 가만히 기다리면서 피자 매출 혹은 이발 손님이 늘어나는 혜택을 누리는 상인들에게 훨씬 더 많은 가치를 창출해 줄 잠재력이 높아 보였다. 어떻게 하면 그 잠재력을 극대화할 수 있을까? 이것이 브로너가 풀려는 문제였다. 그는 결국 해결책을 찾아냈다. 모든 학생들의 가방마다 꼭 한 개는 있을 정도로 쿠폰북을 훨씬 더 많이 유통시키는 것이었다.

브로너는 이 일을 어떻게 성사시켰을까? 먼저 브로너는 학생의 입장에서 생각했는데 그 자신이 학생이었기 때문에 그건 어렵지 않았다. 그는 학생들이 현금이 모자라 곤궁해질 때가 종종 있다는 사실을 잘 알고 있었다. 그래서 쿠폰북을 공짜로 주기로 결정했다. 공짜로 준다는데야 안 받을 사람이 있을까?

두 번째로 브로너는 어떻게 나누어 줄지를 해결해야 했다. 그의 해결책은 아주 독창적인 것이었다. 그는 학교 기숙사 담당 학장에게 쿠폰북을 제작해 줄 테니 교내 모든 기숙사에 공짜로 나누어 주면 어떻겠냐고 제의했다. 당연히 기숙사 담당 부서는 좀처럼 만족시키기 어려운 집단인 대학생들에게 호감을 살 기회를 놓치지 않았다. 학장은 브로너의 제안을 받아들였다.

다음으로 브로너는 학교 근처 상점 주인들에게 훨씬 재미있는 제안을 했다. 그는 돈을 조금만 내고 새 쿠폰북에 상점 이름을 올리면 보스턴 대학 기숙사의 1만 4,000명이 그 상점의 이름을 알게 될 것이라고 설명했다. 얼마 지나지 않아 그는 이 개념을 다른 대학에도 적용했고 그리고 시내에 위치한 회사 빌딩들에까지 확장했다. 그의 첫 회사인 이스턴 익스클루시브는 이렇게 해서 태어났다.

브로너가 이룬 혁신은 쿠폰북이 아니라 유통 시스템이었다. 또 쿠폰의 진짜 고객은 학생들이 아니라 상인들이라는 단순한 통찰을 기초로 창조해 낸 비즈니스 모델이었다. 브로너의 서비스에 돈을 낼 동기가 강했던 사람은 바로 상점 주인들이었다. 브로너가 학생들에게 더 많은 쿠폰을 나누어 주면 줄수록 상인들의 매출은 더 늘어나므로 상인들이 기꺼이 내려는 돈도 점점 더 많아졌다. 매출 측면에서의 이 모델로 브로너는 돈을 벌었다.

이 모델은 비용 측면에서도 아주 독창적이었다. 쿠폰 비즈니스를 하기 위해 필요한 모든 활동들과 자원, 다시 말해 가치 사슬 가운데 만들고 파는 요소들을 생각해 보자. 우선 누군가는 상인들에게 이름을 홍보하라고 설득하고 다녀야 한다. 다음으로 책으로 만드는 데 드는 인쇄 비용이 있다. 끝으로 가장 중요한 것으로 이 쿠폰북을 배포하고 사용자의 손에 쥐여 주는 데 드는 유통 비용이 있다. 학교 기숙사 직원들로 하여금 쿠폰북을 나누어 주도록 한 것은 대량 유통된 쿠폰북을 통해 더 많은 학생들과 접촉할 수 있게 됐으므로 상점 주인들에게 돌아가는 가치를 높였을 뿐만 아니라 브로너에게는 유통 비용이 하나도 들지 않게 만들어주었다. 요약하면 이 모델은 좋은 이야기가 될 만한 모든 구성 요소를 갖추고 있다. 의미 있는 동기를 가진 주인공, 가치를 가려낸 통찰력에 의해 속속 해결되는 문제들, 매출을 올리고 비용을 낮추는 경제적인 변주를 갖춘 최고의 구성 등이 그것이다.

브로너의 쿠폰은 새로운 고객들을 찾아야 했던 작은 가게 주인들에게는 값싸면서도 효과적인 마케팅 도구였다. 고도의 기술이 필요 없는 해결책이었지만 결과적으로 지역 시장에서 그 지역 상인들이 성장할 수 있도록 도와준 역할도 했다.

피에르 오미드야와 e베이

브로너 모델과는 규모와 초점, 기술적인 정교함 등에서 완전히 다른 쪽으로 e베이를 들 수 있다. e베이는 인터넷 영역에서 등장한 최초의 개인 대 개인 거래 커뮤니티이며 지금까지 가장 성공적인 모델이다. 브로너의 비즈니스 모델은 처음엔 작은 가게 주인 수십 명이 수천 명의 새로운 고객과 만나는 가장 효율적인 방법을 제공했다. 그에 비해 e베이는 큰 규모의 주문들로 단위를 키웠고 인터넷의 힘을 활용해 사고 팔려는 수백만 명의 사람을 모두 온라인상으로 끌어모았다.

다른 모든 혁신적인 기업들처럼 e베이도 이전보다 더 좋은 방식을 발견한 누군가에 의해 시작됐다. 피에르 오미드야는 스스로를

'반反상업적 인물'이라고 평하는 전직 소프트웨어 개발자였다. 그의 여자 친구는 캐릭터가 그려진 통이 귀여워 수집품으로 인기가 높은 펜즈 디스페서라는 과자의 통을 수집하고 있었는데 인터넷을 통해 다른 사람들과 수집품을 교환하는 방법이 있었으면 좋겠다고 말했다. 오미드야는 여자 친구를 위해 옥션웹이라는 작은 온라인 거래소를 만들었다. 그때가 1995년으로 사람들이 아직 인터넷의 가능성을 제대로 이해하기 훨씬 이전이었다.

사이트에 관한 소문이 퍼지면서 많은 수집가들이 여러 가지 다양한 물건들을 리스트에 올리기 시작했다. 처음에는 공짜였지만 오미드야는 사이트 유지 비용을 감당하기 위해서 아이템 하나에 25센트씩을 받았다. 1996년 재미로 시작했던 이 일은 그의 직업이 됐고 1년 뒤에는 수익성 높은 벤처 기업으로 변했다. 오미드야는 브랜드 제작에 대한 경험이 있는 CEO가 필요했고 1998년 초에는 스카우트를 위해 메그 휘트먼을 만났다.

휘트먼은 e베이가 아주 성공적인 비즈니스 모델이 될 수 있는 요소를 많이 갖고 있음을 곧바로 알아차렸다. 그녀의 말에 따르면 "첫 번째 요소는 다른 초기 인터넷 벤처들과는 달리 e베이는 오프라인에서는 불가능한 것을 창조한 것이었다. 그것이 가장 흥미를 돋우는 일이었다. 두 번째로 인상적인 것은 e베이 사용자들과 사이트 사이의 정서적 유대감이었다." 휘트먼은 1998년 3월에 오미드야와 손잡게 된다. 그리고 6개월 후 그들은 e베이를 주식 시장에 공개했다. 공개한 첫날 e베이의 시가 총액은 거의 20억 달러에 달했다. 2000년 여름을 기준으로 할 때 e베이는 1,500만 명의 등록 회원을 갖고 온라인 경매 시장의 90%를 장악했다. 그리고 한 해 뒤에는 등록 회원의 숫자가 2배로 늘었다.

e베이의 비즈니스 모델은 어떻게 작동하는가? 본질적으로 볼 때 이 회사는 경매라는 흥미있는 가치가 더해진 야드세일yard sale을 끊임없이 하고 있는 것과 마찬가지다. 그러나 야드세일과는 달리 e베이의 가상 시장은 너무나 크고 또 너무나 효율적이다. 인터넷을 통해 가능해진 이 엄청난 규모가 바로 이 이야기의 핵심인 것이다.

구매자들이 사고 싶은 물건을 찾을 수 있고 판매자들이 가장 좋은 가격을 지불하려는 고객들을 만날 수 있는 효율적인 시장을 만드는 데 왜 시장의 규모가 중요한지는 경제학자가 아니어도 쉽게 알 수 있다. 야드세일을 한 번이라도 해본 사람이라면, 그러니까 별로 값나가지 않는 집안 물건을 처분하려고 해본 사람이라면, 아니면 집을 한 번이라도 사본 사람이라면 이 문제를 쉽게 이해할 수 있을 것이다. 사려는 사람이 단 한 명이 아닐 경우에는 그 중 누군가는 다른 사람들보다 더 많은 돈을 내고 사려는 사람이 있게 마련이다. 경제학자들의 용어를 빌리자면 사려는 물건이 그런 구매자들에게 더 큰 효용을 주기 때문에, 달리 말하면 가치 있기 때문에 지급하고자 하는 가격이 더 높은 것이다. 시장이 아주 커서 효율적이라면, 서로 경쟁하는 구매자들 때문에 가격은 그 상품이 주는 효용성을 가장 높게 평가하는 구매자가 지급하는 수준까지 올라간다.

그러나 많은 숫자의 구매자들을 끌어들이는 일에는 돈이 많이 든다. 야드세일을 한다는 안내문을 집 앞 어귀에 압정으로 박아놓아 보라. 이는 아주 좁은 지역에서 일어나는 일이므로 구매자는 마침 지나치다 그것을 본 몇 안 되는 잠재 고객들로 제한된다. 이번에는 지역 신문에 광고를 내보라. 좀더 많은 구매자를 불러 모을 수 있겠지만 돈은 더 많이 들게 된다. 나중에 당신은 결국 지역이라는 제한 요인에 부딪히게 될 것이다. 결국 당신의 낡은 흔들의자를 사려고 오는 사람은 당신의 집에 올 만한 거리에 사는 사람들뿐이라는 이야기다.

이 시나리오에서 당신은 판매자로서 생각하기에 정당한 가격을 매길 힘이 별로 없다. 왜냐하면 별다른 대안을 갖고 있지 않기 때문이다. 흔들의자가 안 팔리면 당신은 그걸 다락에 처박아 놓거나 쓰레기더미에 던져놓는 수밖에 없다. 물론 거래가 이루어질 수도 있다. 그러나 그것은 그걸 필요로 하는 구매자가 다행히 의자를 발견할 때나 가능한 일이다. 구매자도 거의 없고 팔릴 만한 물건도 별로 없는 야드세일은 대표적인 비효율적 시장이다. 어떤 사람들은 야드세일이 시간을 보내기엔 재미있는 방법이라고 여길 수도 있겠지만 어쨌든 사업과는 거리가 멀다.

소매 비즈니스 모델이라는 것도 결국 이 잘못된 이야기에 나타나는 경제 논리를 고치려는 시도의 변형일 뿐이다. 중고 판매상은 구매자와 판매자의 중간에 서서 야드세일을 돈 되는 비즈니스로 바꾸려는 사람이다. 그들은 그들의 시장 지식을 이용해 고객들이 원할 만한 상품을 고르고 여러 가지 다양한 물품들을 한 지붕 아래 전시함으로써 고객들에게 새로운 가치를 제공한다.

그러나 이 중고상도 늘어난 비용을 감당해야 한다. 예를 들어 그는 물건을 사느라 시간을 써야 하고 가게 임대료도 내야 하며 어떤 경우는 아무도 안 사 남겨진 재고를 떠안는 부담을 질지도 모른다.

그래서 이 중개상들은 이런 늘어난 비용을 보전해 줄 만한 가격을 지급하고자 하는 고객이 없으면 살아가기 어렵다. 위탁 판매상은 이 모델의 변형이다. 상품이 팔린 뒤에 맡긴 사람에게 돈을 주면 되기 때문에 위탁 판매상들은 재고를 떠안을 위험을 피할 수 있다.

e베이는 이런 비효율적인 지역 시장의 문제를 수백만 명을 가상 공간에 불러들임으로써 해결했다. e베이가 더 많은 구매자를 끌어 모을수록 더 많은 판매자들을 불러 모을 수 있었고 그 반대도 그대로 통했다. 이것이 소위 말하는 네트워크 효과로 e베이 이야기에도 경제적 변주가 생긴다. 거대한 규모는 판매자와 구매자들이 왜 e베이에 몰려 들었는지는 물론 e베이가 어떻게 비즈니스로 기능하는지도 설명해 주는 부분이다. e베이는 리스트에 올릴 때마다 25센트 내지 2달러라는 적은 이용료를 받는다. 강조 마크 등 특별하게 표시해 주는 부가서비스에 대해서는 2달러 내지 49.95달러 정도의 더 많은 이용료를 받으며 거래가 실제 성사되면 판매가격의 1.25% 내지 5% 내외의 제법 많은 이용료를 받는다. 다시 말해 e베이는 여러 가지 방식으로 돈을 번다. 리스트 및 거래 건수에 따라 돈을 벌고 판매자에게 추가 서비스를 제공하면서 돈을 받고 아이템이 더 높은 가격에 팔리도록 독려해 더 많은 이용료를 벌게 되는 것이다.

바로 매출 분야의 이야기다. e베이의 비즈니스 모델은 구매자와 판매자들이 그런 매출 요인들을 지원하는 방식으로 움직이게 만들고 있다. 규모가 중요하기 때문에 e베이의 기본 리스트 이용료는 누구라도 이 게임을 할 수 있도록 만들기 위해 매우 저렴하다. e베이의 경매 방식은 단순히 구매자들만을 즐겁게 하는 데 그치는 것이 아니라 높은 가격에 팔리도록 짜여져 판매자들에게도 혜택을 준다. 구매자들이 경매가 끝나기 직전에 뛰어들어 입찰 경쟁에 불을 붙이기 때문이다.

e베이 비즈니스 모델의 비용 부분은 어떤가? 이 이야기는 수많은 사람들이 접촉하는 비용을 극적으로 낮춰준 인터넷으로부터 시작한다. e베이의 비즈니스 모델은 인터넷이 없으면 돌아가지 않는다. 그러나 그것은 이야기의 일부일 뿐이다. 낙찰이 되면 e베이는 판매자와 구매자 양쪽에 이메일을 보내 대금지급과 배달 등에 대해 서로 일을 마무리짓도록 알려준다. 이 회사는 절대로 상품을 갖고 있지도 않고 재고를 안고 있지도 않는다. 그래서 운송비도 들지 않는다. 신용 위험도 없다. 그런 일련의 활동에 대해 회사 측에서 부담해야 할 간접 비용도 없다.

물론 경매 참가자들이 정직한 거래와 올바른 행동을 하도록 만들어야 한다는 부담은 다른 대부분의 커뮤니티와 비슷하다. e베이는 구매자들에게 물건을 살 때마다 피드백을 제출해 달라고 요청한다. 이 피드백은 판매자의 신상 정보에 더해져 인터넷 사이트에 게시된다. 좋은 평을 받는 참가자들은 색깔이 들어간 별표를 받게 되고 지나치게 부정적인 평을 받는 판매자는 추방된다. e베이는 이런 커뮤니티 윤리를 초기부터 매우 중시해 이 부분이 취약하면 회사가 망할 수도 있다고 여기고 있을 정도다. 그래서 관리자들은 신용을 높이는 서비스들, 예를 들면 제3자 기탁 계좌 등과 같은 것에 계속 투자해 오고 있다.

판매자들에게 e베이는 적은 비용으로 손쉽게 수많은 구매자 집단에 접근할 수 있는 놀랍도록 저렴한 마케팅 채널이다. 사실은 나라 전체를 대상으로 한 야드세일이라는 e베이의 인기 높은 이미지에도 불구하고 e베이 사업의 중요한 부분은 이제 그 이미지와는 맞지 않게 됐다. e베이는 수천의 소규모 상인들을 위한 마케팅 및 유통 수단으로 바뀌었다. 그들이 물건을 내놓으면 e베이가 적은 거래 이용료를 받은 뒤 고객들에게 공급하는 셈이다. 이것이 e베이의 비즈니스 모델을 이끌어가는 저변에 깔린 경제 논리다. e베이는 고객들에게 다가가는 비용을 아주 낮게 들임으로써 이전에는 대기업만이 갖고 있었던 규모의 경제 효과를 수천의 소규모 상인들에게 가능하게 해준 것이다. e베이라는 중간자를 끼워 넣음으로써 수천의 소규모 상인들의 비즈니스도 처음으로 성장 가능한 것이 됐다.

판매자들이 이렇게 새로운 사업 형태를 보이자 새 회사들이 배달이나 결제 등 이 사업에 필요한 서비스를 해주겠다고 몰려들었다. 이런 제3자 회사들은 e베이를 보완해 주는 역할을 했고 e베이는 소규모 상인들에게 더 인기를 끌게 됐다. 사실 e베이가 다른 모든 벤처 캐피털들을 합친 것만큼의 벤처 기업가를 거느리고 있다고 해도 틀린 말이 아닐 것이다. e베이의 서비스에 만족한 한 사용자의 말대로 "e베이는 우리들을 위한 자본주의"인 것이다.

회사나 조직은 항상 전진한다. 여기가 비즈니스 모델을 이야기에 빗댄 우리의 비유가 더 이상 소용없는 지점이다. 어떤 비즈니스 모델도 지금 그 자리에 영원히 고정될 수는 없다. 이야기는 계속 나아가고 진화하며 변화하는 것이다. e베이는 초기 5년간 놀라운 성공을 거두었다. 이 회사는 광고 수입이 아닌 돈을 내려는 사람들을 위한 서비스를 제공함으로써 인터넷에서 성장 가능한 모델을 개발한 초기 회사 중의 하나였다. 실제로 아주 초기에는 사이트에 광고를 하지 않겠다는 방침이 e베이 이야기의 핵심적인 부분이었다. 왜냐하면 설립자들이 회사 성장의 추진력이 되어온 공동체 의식이 위태로워질 수도 있다고 느꼈기 때문이다.

그것이 영원히 옳을 수도 있지만 회사가 진화하면서 e베이의 방침이 바뀔 수도 있다. 의심할 것도 없이 e베이는 이런 것과 비즈니스 모델의 다른 요소들을 계속 시험해 나갈 것이다. 그리고 그런 과정을 통해 계속 변해갈 것도 확실하다. 모든 회사가 그러하듯이 e베이가 어떻게 바뀔 것인가는 대부분 시장의 힘과 그 시장의 움직임 저변에 깔려 있는 심리 및 경제라는 변수에 달려 있다. 이것이 무슨 뜻인지는 다음 섹션에서 설명하겠다.

시장이 움직이는 방식

회사가 아주 성공적이었거나 반대로 실패하고 난 뒤에는 비즈니스 모델이 무엇이었고 어떻게 작동해 성공했는지 실패를 초래한 잘못된 가정이 무엇이었는지를 찾아내는 것이 어렵지 않다. 그러나 성공이나 실패라는 사실이 일어나기 전에는 오직 불확실성으로 가득 차 있을 뿐이다. 그러나 불확실하다고 해서 합리적인 가정을 할 수 있는 기반조차 없다는 얘기는 아니다. 비즈니스 모델의 성공 여부를 궁극적으로 결정하는 것은 대부분 시장에서 사람들과 회사들이 움직이는 방식이다.

마이클 브로너는 학생과 지역 상인, 대학 직원들이 어떻게 움직여 그의 가격과 비용 책정에 영향을 미칠지를 잘 알고 있었다. 이 참여자들은 저마다 적정한 가격에 나름의 가치를 얻었다. 브로너는 이들 참여자들이 각각 무엇을 가치있게 생각하는지 알았기 때문에 그 모든 것을 하나의 시스템으로 만들 수 있었다. 지역 상인은 브로너라는 새로운 주인공을 마케팅 대행자로 기용함으로써 훨씬 적은 비용으로 마케팅 문제를 해결할 수 있었다. e베이도 마찬가지로 수집가와 저가 물건 사냥꾼, 공동체 탐색가, 소규모 상인들을 사이트로 끌어들이는 심리학과 경제 논리에 대한 통찰력을 갖고 있었다. e베이의 모델이 성공적이었던 것은 모든 중요한 플레이어들이 각자의 개인 이익을 추구했고 일정한 가치를 얻어 갔기 때문이다.

이처럼 성공적인 비즈니스 모델에는 그들의 행동이 필연적인 것은 아닐지라도 어느 정도 개연성이 있는 주인공들이 명확하게 정의되어 있다. 실패하는 모델은 분명치 않은 주인공들과 실현 가능성이 없는 행동들을 전제로 하고 있는 경우가 많다. 잠시 떴다가 금방 사라진 프라이스라인 웹하우스 클럽의 경우를 보자. 이 회사는 비행기표를 '당신이 원하는 가격'으로 사 주겠다는 개념을 도입한 프라이스라인닷컴Priceline.com의 자회사였다. 인터넷 붐 초기 월스트리트의 열정적 분위기에 도취된 CEO 제이 워커는 사업 아이디어를 야채와 휘발유 분야로까지 넓히기로 하고 웹하우스를 세웠다.

웹하우스의 의도는 이런 내용이다. 수백만 명의 고객이 인터넷을 통해 그에게 땅콩 버터 한 통을 얼마에 사고 싶은지 말한다. 소비자들은 사고 싶은 가격만 말할 수 있고 특정 회사 상표를 명시할 수는 없다. 그러니까 소비자들이 땅콩 버터를 사겠다고 했으면 지프 버터를 받을 수도 있고 스키피 브랜드를 사게 될 수도 있는 것이다. 웹하우스는 소비자들이 낸 가격 주문을 모두 모아서 피앤지나 베스트푸즈로 가서 협상을 한다. 예를 들면 땅콩 버터를 1달러 싸게 팔면 이번 주에 100만 통을 주문하겠다고 하는 식이었다.

웹하우스의 아이디어는 고객들의 수요를 끌어 모아 그들이 고객 각각을 위해 아주 힘 있는 중개인 역할을 하겠다는 것이다. 땅콩 버터나 기저귀, 휘발유 등을 사려는 수백만 명을 대리해 거대 소비재 회사나 휘발유 업체들과 거래를 하고 그것을 통해 낮춘 가격에서 자기 회사의 이용료를 떼고 소비자들에게 돌려주겠다는 것이다.

이 이야기에서 잘못된 것은 무엇인가? 웹하우스는 피앤지, 킴벌리클라크, 엑슨 등이 이 게임을 하고 싶어할 것이라고 잘못 판단했다. 잠시만 생각해 보자. 이들 소비재 대기업들은 수십 년간 수십억 달러를 써가면서 그들의 브랜드가 다른 회사 것보다 더 낫다고 선전해 왔다. 그들에게 중요한 것이 바로 '상표 충성도'인 것이다. 이것 때문에 소비재 회사들은 할인을 할 때도 자사 물건을 살 수 있는 할인 쿠폰 방식을 주로 사용하는 것이다. 그런데 웹하우스의 비즈니스 모델은 고객들에게 상표 따위는 잊고 싼 값에 사면 다 좋다고 가르치고 있는 것이다. 그러니 그 회사들이 가격까지 포기하면서 또 이제껏 그렇게 열심히 키워온 상표 인지도까지 떨어뜨리는 웹하우스와 거래하고 싶어하겠는가? 이 이야기는 자신의 배역과 맞지 않는 연기를 하는, 즉 자신의 이익을 버리겠다고 나서는 어리석은 주인공이 있었어야 실현 가능했다고 하겠다.

시장에서의 관계는 힘의 관계

모든 비즈니스 모델에는 세계가 어떻게 움직일 것인가에 대한 전제가 담겨 있다. 처음에는 누가 고객이고 그들이 어떻게 움직일지에 대한 생각에서 출발하지만 그 모델과 관련된 나머지 반응과도 밀접한 관련을 맺게 된다. 그 모델은 한 회사가 필요로 하는 인재와 자금, 공급업자들을 왜 그리고 어떻게 끌어들일 수 있을지에 대해 전체적으로 설명해야 한다. 이런 자원들이 어떻게 조합되건 어떤 수준이건 이런 자원들을 갖고 있지 못한 회사는 오래 갈 수 없다. 경영자적 입장에서 생각한다는 것은 이런 자원들을 시장의 렌즈로 본다는 것을 뜻한다. 다시 말해 세상을 인재와 자원과 공급업자들이 모인 하나의 세트로 본다는 것이다.

소비자에게 가장 익숙한 시장은 상품 시장이다. 우리는 한 번에 한 상품에만 관심을 쏟고 '내가 원하는 것을 살 수 있을까?' 라는 선택의 문제와 '이 가격에 사면 손해 보는 건 아닐까?' 라는 공평성의 문제에 집중하는 경향이 있다. 우리는 가격이라는 것을 가치의 표현 즉 '이 물건은 이 가격이 매겨질 가치가 있는가?' 로 보는 경향이 있다. 그러나 경영자들은 그들이 참여해야 하는 시장에 대해 좀 다른 시각을 갖는다. 그들은 회사가 성과를 올릴 수 있는 능력을 제한하는 역학 관계의 그물망을 본다. 이 그물망의 구성이 한 회사의 비용과 가격을 최종적으로 결정하는 제한 요인이 되기 때문이다.

기업체로서는 가격을 정하는 일이 생존을 좌우한다. 가격은 상품을 만들기 위해 드는 비용과 고객에게 주는 가치 사이에서 정해져야 한다. 만일 가격이 비용보다 낮으면 그 회사는 망한다. 가격이 고객이 생각하는 가치보다 높으면 제품을 사려는 고객이 한 명도 없을 것이다. 시장 구조에 따라 경영자들이 그들의 생존 지대 내에 가격을 매길 수 있을지 그리고 그 생존 지대 내 어느 정도에 그들의 자리를 잡을 수 있을지가 결정된다. 다시 말해 그들이 제약 회사처럼 비교적 많은 마진을 즐길 수 있을지 아니면 슈퍼마켓처럼 아주 박한 마진에 만족해야 할지 말이다.

한 회사의 비용은 그 회사가 가장 좋은 조건으로 물건을 사려고 하는 구매자로서 참여해 있는 시장에서 결정된다. 회사는 필요한 원재료와 부속품을 공급자 시장에서 사며 노동 시장에서 필요한 종업원들을 '산다.' 자본 시장에서는 그들의 사업에 연료로 작용하는 즉 공급업자들에게 지급하거나 공장 설비를 짓는 데 들어가는 자금을 산다. 보편적인 상품과 원재료 값, 종업원들에게 주는 임금, 자본에 대한 이자와 같은 시장 가격은 구매자와 판매자 사이의 힘의 균형을 반영하는 것이다.

어떤 수준에서는 이런 힘의 관계가 단순히 수요와 공급의 문제일 수도 있다. 최근 들어 소프트웨어 엔지니어와 웹디자이너의 몸값이 엄청나게 치솟았는데, 그들이 갖고 있는 기술에 대한 수요가 공급보다 훨씬 많기 때문이다. 이들을 고용하려는 회사들은 다른 대안이 없기 때문에 필요한 자리를 메워줄 인재를 잡으려고 이전에는 생각하기 힘들었던 높은 가격을 제시하게 되는 것이다. 재능을 파는 사람들이 운전대에 앉은 셈이 됐고 그 결과 이른바 '파는 사람의 시장seller's market'이 되는 것이다.

그러나 이 역학 관계는 한편으로 산업 구조 현상을 반영한다. 산업 구조에서 가장 중요한 것이 한 산업에 있어서의 구매자 및 판매자의 상대적인 집중도이다. 빅3로 불리는 포드, GM, 다임러크라이슬러가 수천의 공급업체들로부터 부품과 조립품을 구입하는 미국의 자동차 시장을 보자. 또 이와 비슷하게 3개의 큰 업체, 즉 월마트와 K마트, 타깃이 과점하고 있는 대형 할인점 시장도 예가 될 수 있다. 이렇게 몇 안 되는 메이저 회사들이 수많은 공급업체로부터 구매를 할 때는 구매자들이 시장을 지배할 가능성이 높다. 공급되는 제품이 아주 독점적인 것이거나 희귀한 것일 경우를 제외하고는 대부분의 경우 구매자가 거래 조건을 정하게 되며 당연히 판매자의 이익은 별로 허용되지 않는 가격에서 결정된다.

대형 구매자에게 힘을 실어주는 것은 무엇인가? 각각의 판매자들이 구매자가 필요한 것의 아주 작은 부분만 공급하기 때문에, 대형 구매자는 여의치 않을 경우 다른 곳에서 사겠다고 협박할 수 있다. 판매자의 입장에서 이것은 재앙이다. 왜냐하면 이 3개 대형사 각자가 자기 회사의 매출에서 매우 큰 부분을 차지하기 때문이다. 그래서 이 구조에서는 판매자가 구매자에게 의존할 수밖에 없는 것이다.

몇 안 되는 공급자가 여러 분야로 나뉘어 있는 구매업체에 물건을 공급할 때나 판매자가 구매자보다 상대적으로 클 때는 이러한 힘의 균형이 역전된다. 소매업자들이 가게에서 옷을 걸어둘 때 사용하는 플라스틱 옷걸이 시장을 보자. 몇 해 전만 해도 아주 많은 공급업자들이 이 빅3 대형 할인점에 옷걸이를 공급해 왔다. K마트 같은 회사는 1년에 4,000만 달러어치나 사기 때문에 공급업체들과 아주 좋은 가격, 즉 K마트에 좋은 가격에 협상할 수 있었다.

그런데 기업 인수를 통해 시장 지배력을 길러온 문어발형 기업 타이코 인터내셔널이 나타나 공급 부문을 병합하기 시작했다. 타이코는 K마트에 플라스틱 옷걸이를 납품하던 업체들을 하나씩 사기 시작한 지 4년이 채 못 된 2000년의 경우 4억 달러 규모로 추산되는 미국 플라스틱 옷걸이 시장의 70~80%를 장악했다. 이는 K마트가 구매하는 물량의 10배인 수이다. 말하자면 이제 신발은 다른 이의 발에 가 있었다. 타이코는 옷걸이 가격을 올렸다. 「월스트리트 저널」에 따르면 구매 업체들이 타이코가 규칙을 위반해 시장 지배력을 남용하고 있다고 비난할 때까지 타이코는 가격을 올렸다. 공급업자들이 뭉칠 경우에 구매업체는 다른 곳으로 돌아갈 곳이 없다. 특히 단기적으로는 더 그렇다. 타이코는 이런 초대형 소매상들의 힘을 이기는 방법을 알았던 것이다.

프라이스라인닷컴이나 e베이는 타이코와 마찬가지로 기존의 시장 구조를 바꿈으로써 힘의 균형을 변화시키려고 시도했다. e베이의 성공과 프라이스라인의 실패를 통해 시장 지배력이 얼마나 중요한지를 알 수 있다. 시장 지배력은 인터넷 시대인 지금도 여전히 유효하고 닭이 먼저냐 달걀이 먼저냐 하는 옛날 얘기를 연상시키는 면이 있다. e베이는 고객들이 돈을 내려고 하는 서비스를 창조함으로써 성장했다. e베이가 3,000만 명의 사용자를 끌어 모으고 수많은 상인의 유통 채널이 되면서 힘의 균형은 확실하게 e베이 쪽으로 기울었다. 이런 사실이 e베이가 앞으로 웹 사이트에 광고를 유치할 것이냐 하지 않을 것이냐의 문제를 결정하는 데 많은 영향을 미칠 것이다.

웹하우스는 다른 방식을 택했다. 다른 많은 인터넷 기반 사업체들과 마찬가지로 이 회사는 이미 자리를 잡고 있는 주도 업체들과 맞상대를 하려고 했다. 비즈니스 모델에 따르면 웹하우스는 힘 있는 중개자였다. 그러나 힘 있는 중개자가 되려면 회사는 충성도 높은 고객이라는 거대한 기반이 있어야 했다. 그런 고객 기반을 얻기 위해 회사는 먼저 고객들에게 할인 서비스를 해주어야 했다. 대형 소비재 업체들이 호응을 해주지 않았기 때문에 웹하우스는 그들의 호주머니에서 꺼낸 돈으로 소비자들에게 할인 혜택을 주었다. 수억 달러를 쓰고 난 뒤인 2000년 8월 현금은 바닥났고 그들의 이야기를 믿어주던 투자가들도 떠났다.

중간자를 없애다 : 델 컴퓨터

지난 20년간 최고의 비즈니스 모델 이야기 가운데 하나는 델 컴퓨터에 관한 것이다. 컴퓨터 천재로 대학교를 중퇴하고 PC 제조 회사를 차려 돈을 번 마이클 델은 우리 시대의 모범적인 기업가 중 하나로 비즈니스 미디어의 조명을 받았다. 그러나 마이클 델의 놀라운 통찰력은 기술적인 것이 아니라 오히려 비즈니스적인 통찰력이었다. 1980년대 초 그는 개인용 컴퓨터 시장에서 좀더 나은 방식을 발견했다. 그는 불필요한 비용을 판매 시스템에서 없애면 사람들이 좀더 싼 가격에 원하는 컴퓨터를 살 수 있을 거라 생각했다.

더 좋은 방식이란 당시에 PC 판매의 관행이었던 대리점 채널을 건너뛰고 직접 소비자들에게 판매하는 방법이었다. 델은 고객으로부터 직접 주문을 받아 필요한 부품을 사고 조립해 고객에게 직접 팔기로 했다. 그 방식이면 부품을 만들 공장과 설비는 물론 연구개발R&D투자도 할 필요가 없었다. 고객들은 자기가 원하는 사양대로 제품을 받을 수 있었고 델은 중간 상인들에게 주는 마진을 없앨 수 있었다.

그것은 정말 대단한 비즈니스 아이디어였다. 델은 중간자를 없앰으로써 줄인 돈을 고객들과 함께 나눌 수 있었다. 고객들은 더 싼 가격에 원하는 수준의 컴퓨터를 샀고 델은 다른 PC 제조 회사보다 더 많은 수익을 올렸다. 델의 직거래 모델은 '간단히' 말해 현재의 가치 사슬에서 불필요하고 돈 드는 단계 하나를 없애버린 것이다. 경제학적 용어로는 이를 무중개disintermediation라고 부르는데, 고객 입장에서는 이러한 새로운 가치 사슬에서 더 나은 가치를 얻게 되는 것이다.

델이 대학교를 그만두고 경영에 전념하려고 했을 때 중간자를 없애는 과정에는 기대하지 못했던 여러 이점이 있는 것으로 드러났다. 이야기의 전체 구성에서 아주 재미난 변주는 바로 이런 것들이다. 살 물건을 미리 주문하게 함으로써 델은 완성된 상품의 재고를 떠안는 비용과 위험을 완전히 피할 수 있었다. 재고가 없다는 것은 어떤 비즈니스 환경에서나 좋은 일이다. 특히 혁신적 분위기로 열렬했던 1990년대의 경제에선 델의 비즈니스 모델이야말로 정말 대단한 것으로 판명났다.

신경제에서 거의 자동적으로 암송되는 주문은 가치가 사물에서 아이디어로, 상품에서 서비스로 이동하고 있다는 것이다. 델의 비즈니스 모델이 성공을 거둔 것은 상품마저 점점 더 서비스처럼 움직이게 됐다는 것을 의미한다. 이는 과연 무슨 뜻이며 왜 중요한가?

재고는 서비스 비즈니스에서도 아주 핵심적인 이슈다. 항공 회사를 예로 들면 비행기가 한 번 날 때마다 엄청난 비용이 들어간다. 비행기와 연료, 승무원 등에 들어가는 비용이 있는데 이것은 300명을 태우든 30명을 태우든 변하지 않기 때문에 고정 비용이라고 부른다. 그래서 돈을 벌려면 반드시 비행기를 손님으로 꽉 채워야 한다. 항공 산업에서 일컫는 대로 '만석滿席'을 관리해야 하는 것이다. 왜냐하면 비행기의 빈 좌석은 재고이며 나중에 쓰기 위해 저장해 놓을 수도 없기 때문이다. 비행기 좌석은 금방 상하는 딸기 한 상자나 마찬가지로 못 채우면 사라지는 것이다. 병원에도 같은 종류의 문제가 있다. 침대와 각종 장비 그리고 잘 훈련된 병원 스태프들을 나중에 쓸 재고로 쌓아둘 수는 없다. 변호사나 의사, 컨설턴트 등 모든 전문가들 또한 자신들의 시간이 결코 재고로 저장될 수 없다는 사실을 잘 알고 있다. 그래서 고정 비용이 높은 대부분의 서비스 비즈니스에서 가장 중요한 경영 과제는 바로 이 문제를 해결하는 것이다.

제품을 만드는 회사는 이와는 다른 경제학에 따라 움직여왔다. 만일 당신이 부품을 만든다면 당신은 고객이 사려고 할 때까지 특정한 장소에 재고를 쌓아두면 됐다. 그러나 고객들의 취향이 급격하게 변하는 급변화fast-moving 상품 사업에서는 제품 역시 서비스와 마찬가지로 금방 쇠락하게 됐다. 델의 부사장인 케빈 롤린스는 "우리는 야채 사업을 하고 있다"고 말할 정도다. 그의 의도는 기술이 너무나 빨리 변해 컴퓨터를 만드는 회사가 만들자 마자 팔지 못하면 못 쓰게 된 기계더미에 같이 쌓아놓을 수밖에 없다는 얘기다. 재고와 스피드에 대한 이런 통찰이 지난 10여 년 동안 델이 놀라운 성과를 올린 비결이다. 그리고 이것이 요즘 들어 어떤 업종의 CEO든 간에 스피드가 최우선이라고 말하게 된 이유이기도 하다.

고객에게 직접 파는 모델을 채용함으로써 델은 10여 년간 경쟁자들을 숨도 못 쉬게 하는 속도로 회사를 운영할 수 있었다. 델은 고객과 직접적인 관계를 맺었고 이를 통해 고객들이 무엇을 언제 원하는지 등에 관한 더 나은 정보도 확보할 수 있었다. 이 정보를 이용해 델은 공급업자들에게 적시에 부품을 만들어 공급하게 함으로써 그들과의 협력 관계도 공고히 할 수 있었다. 마이클 델은 "우리는 재고를 정보로 바꾸었다"는 말로 이러한 점을 설명했다. 델 컴퓨터에 납품하는 업자들은 부속품을 훨씬 더 안정된 흐름으로 제조할 수 있어 좋았고 그 결과 델도 혜택을 보았다.

다른 PC 제조 업체들은 처음에는 델을 무시했다. 그러나 15년의 시간이 흐르면서 하나씩 차례차례로 델에 조건부 항복을 하며 직접 판매로 바꾸어갔다. 한때 PC 비즈니스를 좌지우지했고 2000년에는 750억 달러의 시장을 형성했던 컴퓨터 유통업체들의 시장 전체가 사라져버렸다. CHS 일렉트로닉스, 마이크로에이지, 아이나컴 등 3대 업체는 2000년에 미국연방파산법 11조에 따른 기업 정리 절차를 밟게 됐다.

어떤 점에서 이 이야기의 정신은 단순하다. 고객에게 좋은 조건을 제시하면 사업이 잘될 것이라는 얘기다. 그러나 다른 면에서 보면 좀더 복잡해진다. 고객에게 제시할 좋은 조건이란 가치에 대한 통찰을 기반으로 한 비즈니스 모델이라는 시스템을 통해서 만들어질 수 있다. 그 시스템을 통해서 '좋은 조건'도 경제적 의미를 갖는 것이다. 델 컴퓨터는 비용 구조, 즉 회사 내의 모든 활동들의 구성에서 다른 회사보다 훨씬 비용을 낮출 수 있었기 때문에 더 싼 가격에 더 좋은 컴퓨터를 고객들에게 제공할 수 있었다.

델은 그 다음에 어떻게 했을까? PC 판매량이 줄어들기 시작하자 델은 서버와 같은 다른 제품으로 재빨리 옮겨가 직접 판매 사업 영역을 새롭게 개척했다. 모든 경영자와 관리자들이 똑같이 이해할 수 있을 정도로 명확한 비즈니스 모델을 갖고 있기 때문에 델 컴퓨터는 변화에 대한 적응력이 빠르다. 그렇다고 해서 델의 원래 비즈니스 모델이 영원히 견뎌갈 것이란 뜻은 절대 아니다. 다음 장의 주제가 될 전략의 역할이 바로 그런 현실을 헤쳐가야 할 경영자를 돕는 일이다.

세상을 바꾼 이야기들

비영리 조직도 비즈니스 모델이 필요할까? 물론이다. 비영리 조직은 그들의 시스템을 가치를 창조한다는 식으로 표현하지는 않는다. 실제로 그들이 하는 일이 가치를 창조하는 것은 아니다. 그러나 비즈니스와 마찬가지로 사회 단체들 역시 가치를 창조하기 위한 시스템이다. 좋은 비즈니스 모델이란 이제껏 우리가 살펴본 대로 조직을 운영하고 있는 사람들이 그 시스템을 서로 연결되는 여러 부분의 일관된 전체로 볼 수 있도록 해준다. 공공 부문에서도 비즈니스 모델은 같은 기능을 한다.

성공적인 비영리 조직이나 정부 기관을 보면 좋은 비즈니스 모델이 갖춰야 할 중요한 요소들을 쉽게 발견할 수 있다. 다시 말해 자세히 역할이 명시된 주인공들이 실현성 높은 동기를 갖고 의미 있는 구성을 이루어간다. 이야기는 항상 이 조직이 어떻게 세상을, 적어도 이 조직이 목표로 삼고 있는 특정한 분야를 어떻게 바꿀 것이냐의 문제와 연관돼 있다. 여기에 이 구성의 주요한 변주, 즉 가치에 대한 중요한 통찰이 있는데 이것이 바로 조직의 변화 이론이라고 불리는 것이다.

1994년 뉴욕 시 경찰 국장으로 취임한 윌리엄 브래튼은 그 나름의 매우 명쾌한 변화 이론을 갖고 있었다. 그는 공중 화장실에 가서 일상적인 삶의 질을 저해하는 낙서나 회전문 뛰어넘기 등 경범죄를 감시하면 강력한 범죄를 단속할 수 있다고 주장했다. 범죄 연구 단체 등에서는 이것을 '깨진 유리broken window' 이론이라고 부른다. 즉 어떤 건물에 깨진 창문이 즉시 새것으로 바뀌지 않으면 사람들은 누구도 그것에 신경 쓰지 않는다고 생각하고 그래서 얼마 지나지 않아 건물의 유리창이 모두 깨지고 만다는 것이다. 브래튼 국장 재임시 뉴욕 경찰국은 사소한 일에도 신경 쓴다는 것을 보여주었고 일상 생활을 침해하는 경범죄 단속 과정에서 더 큰 범죄에 쓰였을 수도 있는 수백 가지의 무기를 압수할 수 있었다. 이렇게 단순하고 이해하기 쉬운 변화 이론으로 브래튼은 뉴욕 경찰국의 일을 새롭게 정립할 수 있었고 그 결과 뉴욕의 범죄율을 극적으로 떨어뜨렸다.

이용료에 기반한 모델: 엘더호스텔

비영리 조직에서의 변화 이론이란 어떻게 사명을 완수할 것이며 어떻게 사회적 가치를 창조할 것인가에 대한 통찰이다. 그와 동시에 그 모델은 필요한 재원을 어떻게 끌어 모을 것인가를 설명할 수 있어야 한다. 이용료를 받을 것이냐 기금을 조성할 것이냐 그것도 아니면 자원 봉사자를 끌어 모을 것이냐를 정해야 한다. 지난 25년 간 노인들의 삶을 변화시킨 비영리 조직 엘더호스텔의 예를 보자.

1970년대 들어 미국 사회에서는 늘어나는 노령 인구 문제가 서서히 부각되기 시작했다. '미국의 노령화'라는 전망은 국민들에게 유쾌하지 않은 것이었다. 엘더호스텔의 창업자 마티 놀튼의 말을 빌리면 미국의 노령화는 '참여가 줄어드는 소비적이고 비극적인 과정'이었다. 그는 이 과정을 바꾸는 유일한 방법이 노인들 스스로 "그들의 가치를 깨닫고 그들 스스로 변화하는 주체가 되는 것"이라 믿었다.

놀튼이 동료인 데이비드 비안코와 1975년에 설립한 엘더호스텔이 그런 변화의 견인차가 됐다. 엘더호스텔의 사명은 품질이 높으면서도 비싸지 않은 교육 프로그램을 통해 노인들이 새로운 재미와 열정을 찾는 작업을 돕는 데 있었다. 설립자들은 단순한 숙박 설비를 갖춘 네트워크를 통해 모험적인 젊은이들이 여행하고 함께 모이기 쉽게 한 유럽의 유스호스텔youth hostel 운동에서 자극을 받았다. 그들은 1년 중 특정 기간 동안은 텅빈 채 남게 되는 대학 기숙사를 이용해 유스호스텔 비슷한 형태로 노인들을 위한 가치 있는 것을 만들면 안 될까라는 질문을 하게 되었다.

엘더호스텔의 비즈니스 모델은 지극히 단순한 것이다. 그들의 '고객'은 시간이 많고 어떤 스케줄도 소화할 수 있으며 배우는 것을 좋아하는 은퇴자들이다. 그들의 '상품'은 대학이나 박물관과 같은 다른 비영리 조직에서 제공하는 단기 과정이었다. 엘더호스텔에 소속된 사람들에게 가치란, 교육 과정과 활동적이며 참여적인 자신과 같은 사람들이 꾸미는 공동체에 속하는 소속감 등이었다. 그것이 엘더호스텔 변화 이론의 핵심이다.

그렇다면 엘더호스텔은 어떻게 운영됐는가? 대부분의 프로그램 비용은 회원들이 내는 수업료와 시설 사용료 등 적정한 요금으로 해결했다. 그 요금을 회원들이 감당할 수 있는 수준으로 맞추는 것이 엘더호스텔의 가장 중요한 일이었고 그래서 이 조직은 비용을 줄이는 데 모든 활동의 초점을 맞췄다. 대학 등 프로그램을 제공하는 곳들도 이를 잘 알고 있었다. 사실 그것은 그들에게도 마찬가지로 적용되는 얘기였다. 왜냐하면 엘더호스텔은 그들이 공공 서비스를 제공할 수 있는 기회였을 뿐만 아니라 시설을 운용시키고 적으나마 추가적인 수입을 제공하고 있었기 때문이다. 시간이 흐르면서 많은 대학들이 이 프로그램에 흥미를 느끼고 더 많은 지원을 해주기 시작했다.

엘더호스텔은 빠른 속도로 성장했다. 뉴햄프셔 주에서 220명이 참가한 여름 프로그램으로 시작한 것이 세계 50개국에서 매년 20만 명이 참가하는 전 세계적인 운동으로 발전했다. 이 같은 성장세는 프로그램에 만족한 고객들의 입에서 입으로 전하는 추천으로 속도를 더해갔다. 엘더호스텔이 광고를 할 필요가 없었다는 사실은 적은 비용과 검소한 활동 방식에 있어 아주 중요한 요소였다. 이 조직

의 마케팅 비용의 대부분은 코스 소개를 담은 흑백 책자를 만드는
데 쓰였는데 그 책의 이름은 향수를 느끼게 하는 『전 세계 카탈로그
The Whole Earth Catalog』다.

한 세대가 지난 지금 엘더호스텔은 새로운 회원 즉 예전과 비교
할 때 훨씬 정력적이고 훨씬 잘사는 사람들과 함께 교육만이 아닌
여행이라는 새롭게 떠오르는 시장을 발전시켜 나가고 있다. 많은
회원 수를 자랑하는 매력적인 조직을 유지하기 위해 엘더호스텔은
더 좋은 시설과 여행을 기반으로 한 국제적 프로그램을 더 많이 제
공하고 있다. 비즈니스 모델을 명백하게 정의함으로써 엘더호스텔
은 사명을 잃지 않고도 변화를 수용하고 있는 것이다. 그럼 엘더호
스텔이 두 가지 중요한 사안인 가격 책정과 시설 문제를 어떻게 다
루었는지 보자.

1980년대에는 모든 코스가 하나의 낮은 요금으로 책정됐었다.
그리고 이 조직의 많은 사람들은 모든 프로그램에 같은 요금을 매
기는 것이 엘더호스텔의 사명에 부합된다고 믿었다. 그러나 이 정
책 때문에 엘더호스텔은 회원들이 원하고 또 값을 낼 용의도 있는
더 고급스런 여러 가지 프로그램을 만들 수 없었다. 여러 차례의
토론 끝에 수업료의 상한선을 폐지했다. 정해진 낮은 가격을 고집
하기보다는 더 나은 가치를 강조하는 새로운 가격 정책을 채택한
것이다. 그래서 비용에 따라 값이 다른 여러 가지 프로그램이 만들
어졌다. 엘더호스텔의 경영진은 이 변화가 원래의 정신을 벗어난
것이 아니라고 느꼈다.

시설을 고급화하는 문제는 약간 더 복잡했다. 패키지 여행을 제
공하는 대부분의 회사들이 고객들에게 가격에 따라 수준 차이가

나는 시설 선택권을 제공하고 있었다. 엘더호스텔은 그 대신 시설 수준을 전체적으로 높이기로 결정했다. 그래서 이 조직의 이름에서 호스텔hostel이란 부분은 이제는 빛이 바랬다. 대부분의 프로그램이 진행되는 시설은 이제 더 이상 기숙사나 공동 목욕탕 같은 초기 시설이 아니다.

그러나 엘더호스텔은 한 가지는 절대 바꾸지 않음으로써 비즈니스 모델 혹은 변화 이론을 유지하고 있다. 그것은 서로 다른 지역에서 온 회원들을 같은 건물에서 숙박하게 함으로써 공동체로서의 소속감을 갖게 하는 일이다. 공동체로서의 소속감을 없애는 것은 엘더호스텔 이야기의 기본 구성을 깨는 일이 됐을 것이다.

기부자와 자원 봉사자 모으기: 시티이어

거의 자체적으로 재원을 마련하는 엘더호스텔과 같은 프로그램이 늘어가고는 있지만 대부분의 비영리 단체들은 필요한 기금과 재원을 기부자와 자원 봉사자의 네트워크를 통해 조달하고 있다. 하버드 대학을 졸업한 두 젊은이 마이클 브라운과 앨런 카제이가 지난 1988년 보스턴에서 만든 시티이어의 비즈니스 모델을 보자. 시티이어는 지역 사회 봉사를 청소년 교육의 수단으로 활용했다. 이 단체는 청소년들이 그들과 전혀 다른 삶을 살다가 온 다른 인종의 사람들과 함께 일하게 함으로써 시티이어가 강조하는 '민주주의의 가장 높은 단계의' 시민 정신을 가질 수 있도록 훈련시킨다. 다양한 인종의 청소년들이 같은 목표의 일을 함께 하도록 만드는 것이 시티이어의 변화 이론인 것이다. 봉사를 하면서 보낸 1년이라는 시간 동안 아이들은 책임감과 사회적 의무감을 배울 수 있다. 그리고 팀을 이룬 경험을 통해 다양성의 소중함을 느낄 수 있다.

올림픽에서 아이디어를 얻은 이 시티이어는 자연스럽게 각 팀을 후원하는 지역 회사들과 연계를 맺었다. 이렇게 함으로써 기업들은 지역 사회에 눈에 띄는 방식으로 기여할 수 있었다. 단지 돈으로서만이 아니라 시민들이 시티이어 단원들과 함께 공공 장소와 건물을 청소하고 재단장하는 시가지 청소 행사 등에 참여함으로써 말이다. 참여하는 시민 정신이라는 사명에 걸맞게 시티이어의 예산 가운데 51% 이상은 개인들이 내는 기금으로 조성됐다.

명쾌한 변화 이론에 입각해 활동함으로써, 또 그 모델에서 가장 중요한 것이 무엇인지를 제대로 이해하고 있었기 때문에 시티이어는 나중에 첫 시험 장소인 보스턴 이외의 다른 지역으로 뻗어갈 때 바른 방향을 잡을 수 있었다. 시티이어 하면 사람들은 회원들이 입는 빨간 재킷을 떠올릴 것이다. 이 재킷은 어린이들에게 이 단체의 규율을 떠올리게 하는 상징이다. 그런데 시티이어가 한 지역에서는 이 빨간 재킷을 포기한 적이 있었다. 하필 그 지역 범죄 조직이 빨간 재킷을 유니폼으로 입고 있는 도시로 시티이어가 활동 범위를 넓혀 가고 있었기 때문이다. 시티이어의 원래 이론은 빨간 재킷은 반드시 입어야 한다는 것이었다. 그러나 설문 조사를 해본 결과 같은 재킷을 입는 것이 팀원을 하나로 묶는 데 중요하지만 색깔은 큰 문제가 될 것이 없다는 결론을 내렸다.

그러나 인종적 다양성을 유지해야 한다는 조건에 대해서는 절대 굽히지 않을 것이다. 새로 시작한 어떤 지역에서 도저히 기준을 맞출 수 없다며 임시로 예외를 적용해 달라는 요청을 한 적이 있다. 시티이어는 예외를 인정해 주지 않고 대신 회원들을 가입시키는 데 도움을 줄 경험 많은 모집인들을 파견했다. 모든 인종적·민족적 그룹을 망라하며 고등학교 중퇴자는 물론 대학교 졸업자까지 모든 젊은이를 함께하도록 하는 것은 참가자들이 자기 자신과 서로에 대해서 그리고 세상이 돌아가는 방식에 대해서 배우는 데 직접적인 영향을 미친다. 그것이 시티이어의 변화 이론이고, 가치를 창조하는 데 가장 중요한 통찰인 것이다. 다양성이 보장되지 않는다면 그 다음이란 건 있을 수 없다. 왜냐하면 시티이어의 이야기에서는 그럴 방법이 없기 때문이다.

3 전략

—탁월한 성과를 내는 논리

전략의 요체는 무엇을 하지 않을지를 선택하는 것이다.

—마이클 E. 포터

경영 용어 가운데 전략만큼 매력적인 동시에 논쟁적인 개념도 없다. 전략이 중요하다는 사실에는 대부분의 사람이 동의한다. 그러나 전략의 정의에 대해서는 저마다 생각이 다르다. 전략이란 개념이 기업 분야에 쓰이기 시작한 건 지난 1970년대 후반부터다. 그때 이후로 나름의 방식으로 전략을 정의하고 어떻게 전략을 발전시켜야 하는지를 구체적으로 논한 수많은 책과 논문들이 쏟아져나왔다. 어떤 이들은 전략을 정교한 분석 훈련이나 '5개년 전략 계획' 등으로 정의했다. 단순하게 전 사원들이 모여 브레인스토밍하는 것을 전략으로 보는 이들도 있었고, 회사의 사명 선언서 한 장을 전략과 동일시하는 사람도 있었다. 이러니 경영에서 전략이 별 필요 없는 것이라고 믿고 있는 사람이 많은 것도 놀랄 일이 못 된다.

그러나 전략을 아예 무시하는 것도 위험하다. 전략은 어떤 조직에서든 성과를 내느냐 마느냐를 좌우하는 핵심 요인이기 때문이다. 전략적인 사고는 그 조직의 특정한 목적을 달성하는 데 필수 불가결한 경제적 관계들을 하나의 시스템처럼 잘 설명해 주는 좋은 비즈니스 모델이 있어야 시작될 수 있다. 그러나 전략은 비즈니스 모델보다는 더 멀리 나아가야 한다. 비즈니스 모델만 갖고는 상대할 수 없는, 상업적 세계라면 어디에나 있고 또 사회 각 분야에서도 빠른 속도로 성장하고 있는 바로 '경쟁'을 다루기 위해서다. 곧 모든 기업들은 경쟁자와 맞붙게 될 것이다. 이 장에선 전략이 그런 현실을 어떻게 다루는지 그리고 조직이 어떻게 하면 경쟁 우위를 얻고 유지할 수 있는지에 대해 설명하겠다.

우리는 소비자로서 항상 서로 경쟁하는 여러 가지 대안 가운데 하나를 선택한다. 그런 선택은 도요타 자동차 대신 포드 자동차를 산다든가 또는 뱅가드가 아니라 피델리티의 뮤추얼펀드에 투자하기로 결정하는 등 명백하고 직접적인 것일 수 있다. 또는 500달러짜리 팜파일럿PalmPilot PDA와 5달러어치 공책과 연필처럼 잘 드러나지 않는 부분에서도 경쟁이 이루어진다. 대안이란 언제든 존재하는 것으로 이런 사실은 투자할 자본과 투입할 재능을 가진 사람들에게도 똑같이 적용된다. 한 회사가 그들에게 아주 많은 이득이나 더 나은 기회를 제공할 것을 약속하지 않는다면 회사를 발전시키는 데 도움이 될 돈과 인재는 다른 곳으로 가고 말 것이다. 여러 명으로 기부자의 돈이나 자원 봉사자의 시간을 놓고 경쟁하는 사회 부분에도 같은 논리가 그대로 적용된다.

경쟁 세계에서 제대로 가치를 창조하는 것은 탁월한 성과를 올리기 위해 필요한 첫 번째 단계일 뿐이다. 경쟁이 치열하기 때문에 고객들이 선택할 수 있는 다른 대안들에 비해 월등하지 못하면 가치 창조도 소용없다는 이야기다. 더 잘한다는 것은 정의대로 하자면 남과는 다른 것 즉 차별화이다. 다른 회사가 흉내낼 수 없는 독창적인 방식으로 아무도 하지 않는 것을 할 때 남보다 뛰어난 성과를 올릴 수 있다. 전문 용어를 쓰지 않고 말하자면 전략이란 바로 남과 다르게 어떻게 잘할 것이냐의 방법이라고 할 수 있다.

차별화함으로써 더 잘할 수 있다는 사고의 기본적인 전제는 우리가 여러 대안이 있는 세상에 살고 있다는 사실이다. 뚜렷이 드러나든 그렇지 않든 간에 기업들은 전략적 선택을 통해 여러 가지 선택 가능한 대안 가운데 무엇을 목표로 할 것인지 어떻게 조직을 구성할 것인지 등을 결정하게 된다. 간단히 얘기하자면 전략적 선택이란 어떤 고객과 시장을 상대할 것인지 어떤 상품과 서비스를 제공할 것인지 그리고 어떤 가치를 창출할 것인지를 택하는 것이다. 이런 전략적인 선택이 잘 이루어지면 기업은 다른 경쟁자들보다 훨씬 나은 성과를 올릴 수 있다.

차별화로 더 잘하기

1962년 벤 프랭클린 잡화점 체인의 한 운영자가 인구 4,500명의 아칸소 주 로저스에 첫 번째 월마트를 열었다. 샘 월튼이 창업한 이 회사는 20세기가 끝날 무렵엔 4,000여 점포에, 고객은 1억 명에 달하는 거대 기업으로 탈바꿈했다. 종업원 수도 100만 명이나 됐고

「포춘」지의 세계 500대 기업 순위에서 GM을 누르고 1위 자리를 차지할 준비를 하고 있었다. 창업자 샘이 1992년에 죽기 전까지 20년 동안 월마트는 매년 평균 자산이익률ROE이 33%, 연평균 복합 매출 성장률도 35%에 달했다. 이 기간 동안 수많은 관리자와 시간제 종업원들이, 주 20시간 이상 일하는 사원 가운데 근속 기간이 1년이 넘으면 혜택이 주어지는 이익 공유profit-sharing 제도 덕분에 백만장자가 되어 은퇴했다. 누가 봐도 탁월한 성과였는데 월튼과 그의 직원들은 어떻게 이것을 이루어냈을까?

할인 소매업은 1950년대. 지금은 잊혀진 지 오래된 중반 업계의 많은 선구자들이 일반 상품에 슈퍼마켓 논리를 적용하면서 새로운 비즈니스 모델로 떠올랐다. 1930년대 이후 서비스를 적게 받는 대신 싼 가격에 식료품을 살 수 있는 가치를 고객에게 가르쳐오고 있었다. 이제 이런 소비자들이 새로운 혁신 비즈니스 이야기의 중심에 선 주인공이 될 수 있었다.

새로운 소매 업자들은 슈퍼마켓 모델을 옷과 생활용품 그리고 다른 소비재 상품들에도 적용할 수 있다고 생각했다. 즉 비용을 절감함으로써 백화점보다 훨씬 낮은 가격에 판매한다는 것이었다. 이렇게 할인 소매점의 기본적인 비즈니스 모델이 생겨났다. 첫째, 백화점에 있는 카펫이나 상들리에 같은 각종 시설들을 없앨 것, 둘째, 많은 양을 효율적으로 처리할 수 있도록 매장 구성을 바꿀 것, 셋째, 판매원을 최대한 줄이고 고객이 스스로 알아서 고르고 사게 만들 것 등이다. 이런 요소들을 잘만 구성하면 싼 가격에 팔면서도 돈을 벌 수 있다는 아이디어였다.

새로운 할인점 모델에 대해 들은 월튼은 직접 여러 매장을 둘러

보고 나서 그 잠재력에 매료되었다. 1962년 그는 이전에 거래했던 K마트 등에서 아이디어를 얻어 자신의 할인점을 만들기로 결정했다. 그러나 그는 그만의 고유한 방식을 비즈니스 모델에 남들과는 다르게 담아내기를 선택했다. 그래서 월마트는 전설처럼 성공할 수 있었고 마침내 경쟁자들에게 경종을 울릴 수 있었다.

그러면 샘의 월마트는 어떻게 다른 할인점들과 다르게 자리매김할 수 있었을까? 아주 초기부터 월튼은 경쟁자들과는 다른 시장에서 전혀 다른 그룹의 고객들을 상대하기로 결정했다. 지금은 모두 사라졌지만 1962년 당시의 10대 할인점은 뉴욕과 같은 대형 도시에 초점을 맞추었다. 월마트의 핵심 전략은 샘의 말대로 "다른 업자들이 아무도 신경을 쓰지 않는 작은 시골 마을에 괜찮은 크기의 가게를 여는 것"이었다. 그는 인구가 5,000명에서 2만 5,000명 사이인 고립된 시골 마을에 주목했다. 여기에 비즈니스 모델과 전략의 차이점이 있다. 그의 모델 즉 소매 할인은 K마트와 똑같았다. 그러나 그의 전략은 독창적이었다.

샘은 그 자신이 작은 시골 마을 출신이라 이런 것의 특징을 잘 알고 있었다. 이런 마을은 가장 가까운 큰 도시라고 해도 4시간은 차를 타고 가야 할 정도다. 샘은 큰 도시의 할인점보다 싸게 팔기만 한다면 사람들이 멀리 차를 타고 나가지 않고 마을에서 물건을 살 것이란 데 확신을 가졌다. 게다가 월마트가 택한 지역은 대부분 대형 업체가 하나 더 들어오기에는 너무 작았다. 이렇게 먼저 진출함으로써 샘은 경쟁자보다 먼저 자리를 차지했고 경쟁자가 월마트의 영역으로 들어오는 것을 포기하게 만들 수 있었던 것이다. 전략 연구가들은 이것을 선점자 이점first-mover advantage이라고 부른다. 가

상공간에서 이와 유사하게 그들만의 영역을 먼저 차지하려고 했던 많은 e비즈니스 기업가들에게 이 전략은 예수의 성배와도 같았다. 그런데 중요한 점은 선점자 이점이란 다른 업체들이 따라 들어오지 못할 정도로 실제적인 진입 장벽이 있을 때만 얻어진다는 사실이다. 이와 동시에 월마트는 그 마을의 유일한 할인점으로서의 지위를 남용하지 않았다. 다시 말해 월마트는 고객들을 달리 갈 곳이 없어 자기네 할인점으로만 찾아오는 사람들로 당연시하는 함정에 빠지지 않았던 것이다. 월마트는 정기적으로 새롭게 단장하고 오래 된 가게를 개선하는 실천을 계속해 고객들이 경쟁자의 유혹에 넘어가지 않도록 그들의 마음을 사로잡았다.

월마트는 이와 함께 상품을 취급하고 가격을 매기는 데도 남과는 다른 전략을 썼다. 이 회사는 고객들에게 전혀 다른 종류의 가치를 약속했다. 다른 경쟁자들이 일반 업자 제품이나 이류 브랜드를 취급하며 가끔씩 가격 할인 이벤트를 하는 방식에 중점을 둔 반면 월마트는 전국적인 지명도를 가진 브랜드를 매일 낮은 가격에 판매하겠다고 약속했다. 월마트는 효율성과 저비용을 체계적으로 추구함으로써 이 약속을 마케팅 슬로건에만 그치지 않게 만들었다.

월마트가 하는 일은 모두 이런 가치에 대한 약속을 지키는 데 집중하고 있다. 예를 들어 매일 낮은 가격이란 정책을 지키기 위해 월마트는 경쟁자들에 비해 광고 전단을 만드는 데 훨씬 적은 돈을 써야 했다. 그에 비해 경쟁자들은 특별 할인 행사를 할 때마다 광고 전단을 자주 만들어야 했다. 비교 연구 결과에 따르면 경쟁자들이 1년에 50 내지 100건의 전단을 찍은 데 비해 월마트는 10 내지

15건을 내는 데 그쳤다고 한다. 이런 종류의 비용 절감이 월마트의 가치 사슬 전체에 걸쳐 그리고 매장과 상품을 구입해 각 매장까지 옮겨놓는 과정인 공급 사슬supply chain을 관리하는 데 필요한 모든 활동에서 나타나고 있다. 일본 업체들이 구매와 제조를 새롭게 디자인함으로써 낮은 비용과 높은 품질을 동시에 가능하게 했던 것과 마찬가지로 월마트는 소매업에서 나름의 품질 혁명을 일으킨 것이다.

이 혁명의 대부분은 샘 월튼 자신의 삶에서도 그대로 구현됐다. 그는 매처럼 날카로운 눈으로 비용 낭비 요인을 찾아 다녔고 검소와 끊임없는 비용 절감을 일상화했다. 그는 구매를 위해 여행을 할 때도 비용이 구매하는 아이템에 소비되는 돈의 1%를 넘으면 안 된다고 믿었다. 그래서 세계 최고 부자 중 하나였지만 그는 택시를 타는 대신에 걸었고 예산 안에서 움직이기 위해 호텔에서도 1인실을 쓰지 않았다. 이런 이야기들은 월마트에서는 전설이 됐고 전 조직을 통해 행동의 기준이 됐다. 그래서 월마트 사람들은 한 푼이라도 아끼는 절약 정신으로도 유명한데 심지어 공급업체에 연락할 때도 수신자 부담 전화를 사용할 정도였다. 월마트가 공급업자들과 벌이는 협상도 악명이 높다. 우선 아칸소 주 벤톤빌에 있는 본사의 칸막이 방이 협상 장소라는 것이 그렇고 심하게 압박하는 월마트의 협상력도 마찬가지다.

엄격한 사람답게 샘은 회사 전반에 정보가 빠르게 흘러가는 시스템을 만들기 위해 초기부터 많은 투자를 했다. 정보 기술은 아마 월마트가 역사적으로 경쟁자들보다 더 많이 돈을 투입한 유일한 분야일 것이다. 그가 이렇게 한 이유는 소매업에서 적절한 정보는 판매를 극대화하고 비용을 최소화해 주는 핵심이기 때문이다. 어느 매장에서 무엇이 잘 팔리는지를 알면 알수록 소매점의 두 극단, 즉 너무 적은 재고나 너무 많은 재고를 피할 수 있다. 사람들이 사고 싶어하는 물건이 매장에 없다면 팔 기회를 잃는다. 반대로 너무 많은 상품을 쌓아놓고 있다면 그걸 처리하기 위해 가격을 낮출 수밖에 없어 수익 구조를 해치게 된다.

월마트는 소매 업계의 정보 기술 발전을 이끌었다고 할 수 있다. 월마트에선 이미 1983년에 손에 들고 다니는 스캐너로 각 매장의 일일 정보를 본사에 보내며 가격을 정하고 재고를 추적했고, 인터넷 시대 훨씬 이전에 피앤지와 같은 주요 공급업체를 전자상으로 연결해 실시간 판매 정보를 주고받으며 매장과 창고에 물건을 곧바로 채울 수 있게 했다. 그 결과 월마트와 공급업체 모두 적은 재고와 더 많은 판매의 혜택을 누릴 수 있었다.

물류도 월마트가 낮은 가격에 물건을 팔 수 있는 주요한 요소였다. 애초에 택한 벽지 중소 도시를 노리는 전략도 부분적으로는 힘이 됐다. 그러나 점점 성장해 가면서 월마트는 이 중심에서 외부로 확장하는 전략을 추진했는데, 각 매장들을 여러 단위로 묶어 모든 점포들이 각 단위 중심에서 운영되는 저장 창고에서 쉽게 배달되는 거리에 두었다. 이 대도시 터미널 집중 방식hub-and-spoke 시스템 덕분에 월마트는 각 매장에 물건을 자주 때때로 한 주에서도 대여섯 번씩 물건을 댈 수 있었고 그 결과 재고 비용을 떠안거나 없어서 못 파는 일을 줄일 수 있었다. 대부분의 경우 회사 트럭이 물건을 가득 싣고 움직였기 때문에 배달 비용도 줄일 수 있었다.

월마트가 효율적인 방식을 계속 찾아내면서 창고에 저장한다는 개념도 전혀 새로운 의미를 갖게 되어 이제 저장은 유통 센터를 통해 상품을 계속 움직인다는 뜻으로 바뀌었다. 이 변화의 가장 중요한 발견은 월마트가 개척한 교차 하역cross-docking이라는 과정이다. 공급업체 트럭이 싣고 온 물건은 하역장에서 곧바로 매장으로 향하는 트럭으로 옮겨졌다. 이 작업의 목표는 이름 그대로다. 상품을 풀지 않은 상태에서 곧바로 매장으로 옮기는 것이다. 내려서 저장하지 않는 것은 말할 것도 없다.

사실 더 낮은 가격에 품질 좋은 상품을 공급한다는 월마트의 전략은 말로 하기는 참 쉽다. 그러나 그것을 실행하는 것은 훨씬 어렵다. 다른 장에서 살펴보겠지만 실행은 성과를 결정짓는 데 엄청나게 중요하다. 그리고 월마트는 이제까지 있었던 회사 중 최고의 실행자다. 이런 최고 성과의 핵심은 전략이었다. 다른 업체들과 차별화함으로써 월마트는 고객을 위해 더 많은 가치를 창조할 수 있었고 동시에 주주들을 위한 중요한 가치도 확보할 수 있었다. 왜 그렇게 봐야 하는지는 다음 섹션에서 살펴보자.

전략과 성과와의 관계

전략이라는 말이 자주 그리고 지나치게 많이 쓰이지만 경영학 용어로서 사용되기 시작한 것은 최근의 일이다. 피터 드러커가 1964년에 쓴 『성과 경영Management for Result』은 원래 제목이 『비즈니스 전략Business Strategies』이었다. 그러나 저자와 출판사는 비공식적인 사전 마케팅 테스트를 해보고 난 뒤 이 제목을 버렸다. 나중에

이 책 개정판의 서문에서 드러커는 그 이유를 설명했다. "사람들이 '전략'은 '군대나 정치판 선거에서 쓰이는 말이지 비즈니스에는 어울리지 않는다'고들 말했다."

전쟁과 정치에서 전략의 목표는 확실하다. 전투에서, 선거에서 이기는 방법이 바로 전략이다. 한쪽 편이, 반드시 한쪽 편만이 이기게 된다. 반대편은 지는 것이다. 이것이 전략론자들이 말하는 제로섬 게임이다. A가 이기면 B는 반드시 지는 것이다.

경영에서의 전략도 이기는 방법에 관한 것이다. 그러나 전쟁이나 선거와 달리 경영에서의 경쟁은 항상 제로섬 게임은 아니다. 비즈니스와 공공 부문에서는 하나 이상의 승자가 있을 여지가 얼마든지 있다. 한 회사나 조직이 탁월한 성과를 올렸다고 해서 경쟁자가 반드시 패망하는 것은 아니다. 예를 들어 월마트는 할인 소매 게임에서 승자이지만 스타일과 패션에 집중해 고객들을 위한 가치를 창조한 타깃 역시 승자라고 할 수 있다. 이 산업에서 패자는 1990년대 내내 성과가 좋지 않았던 K마트와 같이 모든 사람에게 모든 것을 해주려고 했던 업체들이다. 그들은 경쟁을 할 확실한 방법을 찾지 못했기 때문에 졌다.

전략이란 어떤 의미에선 과학적이며 기술적인 것이다. 왜 전략이 어려운지는 뒤에서 살필 것이다. 그러나 비즈니스 전략의 밑바탕에 깔린 논리는 아주 간단하다. 한 회사의 이익이란 매출에서 비용을 뺀 나머지다. 그렇다면 한 회사가 다른 회사보다 나은 성과를 내는 방법은 두 가지다. 고객들이 더 비싼 값을 치르게 하든가 아니면 더 적은 비용으로 사업을 운영하는 것이다. 이런 두 가지 중 하나를 하려면 다른 기업과 다르게 해야 한다. 그렇지 않다면 어떻게 더 비싼 값을 매기거나 아니면 더 적은 자원으로 운영할 수 있겠는가? 이것이 탁월한 성과를 가능케 하는 기초적인 산수인 것이다.

어떤 면에서는 독창적인 전략 없이도 많은 가치를 창출할 수 있다. 그러나 경쟁자가 당신이 높은 가격을 매길 수 없도록 방해하기 때문에 창출해 낸 그 가치를 상당 부분 높은 값을 매기지 못하고 고객들에게 그냥 줄 수밖에 없다. 다시 말해 가치를 창출할 수는 있지만 그 가치를 수익으로 남기지는 못한다는 얘기다. 그런 일은 우유 생산량을 20% 늘릴 수 있는 '젖소 성장제'라는 호르몬제를 사용했던 낙농가에서 일어났다. 초기 사용자들은 처음엔 예전보다 많은 돈을 벌었다. 왜냐하면 한동안 가격은 그대로였는데 그들이 1갤런당 들인 비용이 줄어들었기 때문이다. 그러나 많은 낙농가가 잇달아 이를 사용하게 되면서 늘어난 공급 때문에 우유값이 떨어지게 됐다. 소비자들에겐 좋은 일이었지만 낙농가들에게는 나쁜 소식이었다.

비슷하지만 좀더 복잡한 이야기가 가전 제품 산업에서도 일어났었다. 1980년대 일본으로부터 밀려들어 온 전자 제품과의 경쟁은 서구 CEO들에게 최악의 악몽이었다. TV든 VCR이든 팩시밀리든 낮은 가격에 높은 품질의 상품을 만들 수 있는 일본의 능력 때문에 미국과 유럽의 경쟁자들은 시장에서 밀려났다. 그러나 그 이후엔 일본이 10년 넘게 고생해야 했다. 왜 그랬을까? 그 답은 한마디로 엉터리 전략 때문이었다. 너무나 많은 일본 업체들이 모든 분야에서 서로를 모방해 가며 같은 제품으로 같은 고객을 놓고 경쟁을 했다. 그들이 얻은 것은 막대한 희생을 치른 보람 없는 승리뿐이었다. 하나의 그룹으로 볼 때 그들은 가전 제품 시장에서 벌어진 전투의 승자였다. 그러나 그것은 돈을 벌 수 있는 능력을 망가뜨려가며 얻은 승리에 불과했다.

가전 제품 시장의 경쟁은 아주 치열하다. 경제학자들이 얘기하는 완전 경쟁에 가까울 정도다. 완전 경쟁에서는 호적수들끼리 머리를 맞대고 사사건건 다투게 된다. 완전 경쟁의 조건에서는 전환 비용switching cost이 낮아서 A제품을 쓰는 고객이 더 좋은 조건을 제시하는 B로 옮겨가는 것을 막을 방법이 거의 없다. 진입 장벽 역시 낮아서 새로운 경쟁자가 사업에 참여하기도 쉽다. 비꼬는 것같이 느껴지겠지만 경제학자들이 말하는 완전이란 오직 고객들에게만 완전이라는 의미다. 경영자들이나 종업원들에겐 악몽인 것이다. 그들은 이런 형태의 경쟁을 살인적이라 부르고 싶어할 것이다. 많은 경쟁자들이 서로 겨루고 그 과정에서 공급은 늘어나 가격과 임금은 계속 떨어지게 된다.

완전 경쟁하에서는 한 회사가 새롭고 향상된 방법을 개발하거나 가격을 낮추면 나머지 모든 회사들이 재빠르게 따라잡거나 아니면 반대로 포기하고 뒤처진다. 그것은 누구도 이길 수 없는 끝없는 달리기와 같은 것이다. 낙농가의 경우가 그랬고 전자 상거래 초기에도 같은 일이 있었다. 예를 들어 한 전자 소매업자가 무료 배달을 선언하면 나머지도 똑같은 조건을 내걸었다. 시장에 참여하는 인터넷 서비스 제공업체ISP가 늘어갈수록, 한 달 서비스 이용료도 20달러에서 15달러, 10달러 그리고 0달러까지 점진적으로 떨어졌다. 이것이 경제학자들이 완전 경쟁하에서는 이익이라는 것이 '사라져' 버리는 경향이 있다고 말하는 이유다. 완전 경쟁에서는 제품은 더 좋아지고 가격은 더 낮아져 구매자에겐 천국이다. 반면 생산자들은 남들과의 차별화가 불가능하기 때문에 이익을 내는 사업을 계속하기 위해선 각고의 노력을 기울여야 한다.

완전 경쟁과 반대되는 개념은 독점이다. 독점 상태를 즐기는 회사는 다른 회사와 완전한 차별화를 이루었을 뿐 아니라 특정 상품이나 서비스를 완전히 장악해 소비자에게 다른 대안이 없게 만든 업체들이다. 가정에 여러 가지 여건상 하나의 전화선 외에 다른 전화선이 들어올 수 없던 시절 전화 서비스는 독점이었다. 전기나 수도 같은 공공 설비들도 마찬가지였다. 정부 당국이 규제를 하지 않는다면 독점 업체들은 들어간 비용보다 훨씬 높은 가격을 매길 수 있을 정도로 엄청난 힘을 갖는다. 정부가 간섭해 이런 권한 남용을 미리 막고 때로는 가격을 정해주거나 독점 체제를 무너뜨림으로써 권한의 불균형을 시정하는 이유가 여기에 있다.

아주 성공적인 업체가 있을 때 그 회사가 규칙을 제대로 지켜가면서 성공한 것인지 아니면 독점적인 힘을 남용한 것인지 구별하는 것은 쉽지 않다. 미국 법무부가 마이크로소프트 사를 상대로 벌인 긴 법정 공방에서 나타나는 것처럼 말이다. 마이크로소프트 사가 경쟁자들을 망하게 하기 위해 시장 지배력을 불공정하게 남용했느냐 여부는 법적인 문제다. 법적인 판결이 어떻게 나든 분명한 사실은 마이크로소프트 사의 윈도가 이미 시장을 장악하고 있기 때문에 대부분의 고객들에게 최소한 당분간은 실제적인 다른 대안이 없을 것이란 사실이다. 당연히 마이크로소프트 사는 1990년대 내내 비용보다 아주 높은 가격을 매길 수 있었고 그 결과 주주들에게 이전에는 경험한 적이 없는 높은 가치를 가져다 줄 수 있었다.

그러나 현실적으로 완전 경쟁과 독점이라는 두 극단에서 사업을 하는 업체는 거의 없다. 차별화가 불가능하거나 또는 완전히 독창적이기는 어렵다는 이야기다. 그러나 완전 경쟁과 독점을 양극단으로 하는 이 스펙트럼을 머릿속에 넣어두라. 왜냐하면 이 스펙트럼을 통해 경쟁에서 중요한 것이 무엇인지 그리고 어떤 전략을 구사해야 할지 그려보기가 쉽기 때문이다.

기업 경영자는 사회에서 자유 시장과 자유 경쟁 등의 가치를 이끌고 만들어가는 사람들이다. 자유 시장과 자유 경쟁은 좋은 아이디어와 헌신적인 노력에 대해 보상해 주고 혁신과 능력주의를 기르는 세계관 및 가치관을 가리킨다. 그러나 진실을 말하자면 모든 경영자들이 바라는 경쟁은 낙농업자들 쪽이 아니라 마이크로소프트 쪽의 스펙트럼에 가까운 것이다. 경쟁의 가치에 대한 수많은 칭송에도 불구하고 비즈니스 전략의 목표는 완전 경쟁 상태에서 벗어나 독점 상태 쪽으로 가까이 가는 것이다. 전설적인 투자가인 워렌 버핏은 그의 회사 버크셔 해서웨이를 '자본의 성'이라고 부른다. 그는 「뉴욕 타임스」와의 인터뷰에서 이렇게 설명했다. "다른 사람들은 우리 성을 뺏고 싶어한다. 나는 우리 경영자들에게 성 주위에 웅덩이를 파라고 독려한다. 더 깊고 더 넓게 판 뒤에 거기다 악어를 풀어놓으라고 한다."

샘 월튼도 마찬가지 생각이었을 것이다. 그의 첫 번째이자 가장 핵심적인 전략을 생각해보라. 그것은 다른 할인업자들이 무시하고 있는 시장에 매장을 만드는 것이었다. 월튼은 처음에 문자 그대로 경쟁 없는 곳으로 갔기 때문에 경쟁자 없이 경쟁한 셈이다. 그가 성 주위에 파놓은 웅덩이는 그 폭이 수백 마일에 이르렀다. 나중에

무차별적으로 팽창하는 과정에서 라이벌들과 맞닥뜨리게 되었어도 월마트는 경쟁자들과의 정면 대결을 피했기 때문에 성공이 가능했던 면이 적지 않다. 1990년대 월마트 매장의 55%가 K마트와 직접 경쟁하는 관계였지만 K마트는 매장의 82%가 월마트와 맞대결을 펼치고 있었다. 게다가 월튼은 다른 회사들과 정면 대결을 펼치기 전에 이미 그에게 필요한 '악어'가 어떤 것들인지를 알았고 그것을 가치 사슬의 어디에 위치시켜야 하는지를 분명히 명시해 두었던 것이다. 샘 월튼과 같은 영리한 경쟁자들은 최선의 경쟁은 무경쟁이라는 것을 잘 알고 있었다.

전략이라는 게임

전략이란 게임이 남과 다른 차별화가 전부라면 도대체 어떻게 경기를 해야 하는가? 최근 들어 많은 기업인들과 경영 이론가들이 이전과는 비교도 안 되는 규모의 역동적인 시장과 그와 결합된 기술적인 변화들 때문에 지속 가능하고, 타사와는 차별화되는 경쟁 우위가 쓸모없는 것이 됐다고 말한다. 이는 잘못된 얘기는 아니지만 일부분에서만 맞는다고 하겠다.

앤디 그로브 인텔 회장이 한 "편집광만이 살아남는다"는 유명한 말은 25년 전의 비즈니스 세계보다 오늘날에 훨씬 더 잘 들어맞는다. 심지어 완전히 정착되고 성숙됐다고 여겨지는 산업들인 은행, 정보 통신, 에너지 산업 등도 수차례 요동을 친 뒤 새롭게 재편됐다. 예전의 거인들은 사라졌고 새로운 경쟁자들이 그들만의 성을 차지했다. 그러나 결국엔 승리자들이 그들의 우월한 성과를 수년간, 실제로는 수십 년씩 유지하게 된다. 그렇게 할 수 있는 것은 그들이 경쟁자가 모방할 수 없는 방식으로 가치를 창조하기 때문이다.

남보다 한 발 빠르게 움직이는 것도 게임을 하는 한 방법이다. 이 경우엔 우위가 오래 지속되지 않을 수도 있다. 그러나 목표는 마찬가지다. 즉 더 나은 이익을 얻기 위해 어떻게 해야 경쟁자의 눈에 띄지 않고 숨을 것인가, 아니면 어떻게 하면 경쟁 자체를 없앨 것인가, 그도 아니면 어찌하면 경쟁을 어렵게 만들 것인가 등이다. 슈왑의 공동 CEO인 데이비드 포트럭 역시 경쟁 속도가 빨라지고 그 정도가 매우 치열해졌다는 사실을 인정한다. 성 주위에 파놓은 웅덩이가 없으면 어떻게 하겠느냐는 질문에 답한 포트럭의 답변이 걸작이다. "그러면 성을 옮기려고 노력해야지." 다른 말로 하면 자기 회사의 서비스를 차별화할 수 있는 새로운 방법을 찾아야 한다는 얘기다.

웅덩이를 파거나 성 자체를 옮기는 전략에 대한 이런 두 가지 접근법은 완전 경쟁을 방해하는 장벽을 만든다. 이런 방법들을 사용함으로써 회사는 다른 회사와 똑같지 않게 독창적이 되는 것이다. 회사는 새로운 경쟁자들을 방해하는 진입 장벽을 만들 수도 있다 또 고객들이 다른 회사 제품으로 옮겨가지 못하게 하기 위해 전환 비용을 높게 만드는 것도 방법이다. 전략이란 하고 있는 일과 그 방식을 어떻게 남과 차별화할 것인가의 문제다. 그리고 그 목표는 실제 여부와 상관없이 고객들이 자사 제품 외에는 대체품이 없다고 믿도록 만드는 것이다.

요란한 광고에서 볼 수 있었던 '비밀의 공식' 같은 것을 기억해 보라. 그 중에는 그저 판매 선전 수단에 불과한 것도 종종 있지만 어떤 산업 예를 들면 제약 산업의 경우는 실제로 비밀 공식이 있고 회사 특허로서 법적인 보호도 받는다. 특허 등록된 약품은 실제로 정부가 인정한 합법적 독점이다. 그러니 제약 업종이 다른 대부분의 업종보다 재무 성과에서 항상 나은 결과를 낳는 것은 놀랄 일이 못 된다. 또 처방 의약품 가격이 중요한 정치적 문제가 되고 있는 것도 같은 이유다. 미국을 제외한 대부분의 나라에서는 이 문제를 가격 규제로 해결하고 있다. 그래서 같은 약이라도 캐나다나 프랑스에 비해 미국에서 더 비싼 것이다. 이러한 특허는 모든 회사들이 원하는, 즉 자사가 하는 일을 다른 회사가 모방하지 못하게 해 경쟁을 원천 봉쇄하는 극단적인 형태다.

특허를 경쟁을 막는 봉쇄물이라고 한다면 브랜드는 최소한 스피드 범퍼speed bump 정도로 볼 수 있다. 회사는 고객이 비슷한 상품 혹은 낮은 가격을 제시하는 다른 업체로 옮겨갈 가능성을 줄이기 위해 자사의 브랜드 가치를 높이는 데 수억 달러씩을 쓴다. 또 자주 비행기를 타는 사람들이나 단골 고객들을 상대로 보상이라는 목표를 가지도록 단골 우대 프로그램도 만든다.

산업 경제 시대에 완전 경쟁을 막는 장벽은 거의 현실적인 것이었다. 예를 들면 가정으로 들어가는 전화선이나 수도 파이프라인 같은 것들, 또는 상품을 만들기 위해 필요한 거대 공장 설비 등이었다. 그러나 지식경제 시대엔 이 장벽이 점차 무형적인 것들로 바뀌고 있다. 예를 들면 지적 소유권이나 신상품 개발, 고객 서비스 등 한 회사의 핵심 경쟁력에 구현된 노하우 같은 것들이다.

전략적 양자택일

완전 경쟁이 일어나지 않도록 장애물을 설치하는 가장 효과적인 방법 중 하나가 독특한 포지셔닝이다. 양자택일의 포지셔닝을 하면 지속적으로 성장할 힘도 가질 수 있게 된다. 전략론에서 양자택일이란, 하나의 길을 택하면 다른 하나의 길은 반드시 포기해야 하는 두 갈래 길을 표현한 말이다. 엔터프라이즈 렌터카가 이것이 어떻게 이루어지는지에 대한 간단한 모델을 제시하고 있다.

미국의 웬만한 공항에 있는 렌터카 코너에 가면, 에이비스와 헤르츠 그리고 소규모 회사들의 카운터를 쉽게 찾을 수 있다. 그러나 훨씬 잘 알려진 경쟁사들보다 이용료가 30%나 싸면서도 수익성은 오히려 높은 실적을 올려온 엔터프라이즈는 거기에 없다. 왜 이런 차이가 생겨나는 것일까? 왜 헤르츠나 에이비스는 엔터프라이즈와 똑같이 하지 않을까? 한마디로 답은 양자택일이다.

비행기 여행자들을 주고객으로 하는 헤르츠와 에이비스와 달리 엔터프라이즈는 자동차 정비소에 차를 맡긴 사람들을 상대로 사업 영역을 잡았다. 이런 고객 집단은 렌터카 비용을 자신이 직접 내든 보험사가 지급하든 간에 렌터카 가격에 민감할 수밖에 없다. 그래서 엔터프라이즈는 고객들에게 부담이 되는 비용 추가 요인을 철저히 제거하는 운영 시스템을 꾸몄다. 예를 들면 엔터프라이즈는 땅값이 비싼 공항 대신 저렴한 교외 지역에 차고를 마련한다. 대신 경쟁사들에 비해 더 오래 빌려준다. 손님은 보험사나 정비업체의 소개로 오는 경우가 대부분이므로 광고는 조금만 한다.

엔터프라이즈가 놀라운 성과를 내는 것은 이런 선택들의 결과다. 비록 경쟁사에 비해 적은 돈을 받지만, 회사가 비용을 절감함으로써 남기는 돈은 그 줄어든 폭보다 훨씬 크다. 엔터프라이즈의 비용 절감은 경쟁사들과 똑같은 일을 더 효율적으로 해서 얻어진 결과가 아니다. 각종 활동을 전략에 맞춰 새롭게 구성함으로써 전혀 다른 비용 구조를 갖게 된 결과인 것이다. 헤르츠나 에이비스도 엔터프라이즈가 했던 일 가운데 몇 가지는 이론상으로 모방할 수 있다. 그러나 대상으로 하는 고객이 다르기 때문에 그 고객들을 위해 창조하는 가치마저 바꿔가며 그럴 수는 없는 일이다.

델 컴퓨터도 양자택일의 포지셔닝으로써 다른 경쟁자들이 모방할 수 없도록 했다. 델은 양자택일의 포지셔닝으로 다른 PC 업체들이 10년 넘게 적자로 붉은 잉크를 뒤집어쓰고 있을 때도 수익을 올리는 등 놀라운 성과를 거둘 수 있었다. 앞에서 살펴봤듯 델의 직접 판매 모델은 나중에는 전 업계가 동참하는 사업 방식으로 바뀌었다. 경쟁자들은 왜 좀더 빨리 반응하지 못했을까? 왜 다른 컴퓨터 업체들은 델이 그토록 오랫동안 컴퓨터 산업의 가치를 독차지하도록 내버려 두었을까?

간단히 말해 델의 라이벌들은 자신의 전략에 발이 묶여 있었던 것이다. 만일 그들이 델과 같은 직접 판매 방식을 택한다면 당시의 유통 경로는 와해되고 자신들이 의지해 온 중간 판매업자들은 고립될 수밖에 없었을 것이다. 그래서 수년 동안 델의 라이벌들은 델을 모방해도 망하고 모방하지 않아도 망하는 꼴이 될 수밖에 없었다. 그렇다고 어떤 PC는 델 방식대로 주문을 받아 만들고 어떤 것은 예전대로 만들어 재고로 쌓아두는 식의 뒤섞인 시스템을 관리한다는 것은 복잡하기도 하거니와 비용 추가 요인이 만만찮았다.

두 가지 방식에 양다리를 걸치는 제조업체는 결국 더 많은 재고를 안게 돼 쓸모없게 된 물품과 관련된 비용이 많아지거나 결손 처리를 할 가능성이 높다.

경쟁 전략의 기본 규칙 중 하나는 실제로 양자택일을 해야 할 경우 절대로 두 가지를 동시에 할 수 없다는 점이다. 델은 1989년에 이것을 깨달았다. 델은 당시 자신의 직접 판매 모델이 충분히 빠른 속도로 성장하지 않을 것으로 보고 다른 소매자들을 통해 파는 방법을 고려했었다. 그러나 델 컴퓨터는 그런 변화가 회사 성과에 얼마나 나쁜 결과를 가져올지를 깨닫고 그 방침을 곧바로 철회했다. 문제는 당신이 두 가지 방법으로 할 수 있다면 누구든지 그렇게 할 수 있다는 사실이다. 차별화 방식은 반드시 당신의 성과 성을 둘러싼 웅덩이같이 지속적인 힘을 보장하는 것이어야 한다. 그렇지 않으면 성과는 두드러지지 않는다.

전략적으로 생각하기

전략이 특별히 어려운 것은 어떤 회사도 진공 상태에서 사업할 수는 없다는 사실 때문이다. 당신의 회사가 성 주위에 웅덩이를 파고 있을 때 저편 마을 또는 지구 저편에 있는 다른 회사는 새로운 투석기나 심한 경우엔 대포를 만들고 있을지도 모를 일이다. 전략적으로 생각한다는 것은 당신을 꽁꽁 묶거나 당신에 대한 도전을 목표로 삼은 사람들로 세상이 가득 차 있다는 사실을 인식하는 것을 뜻한다. 나무를 베는 사람은 그 나무가 자기에게 덤비지 않을 것을 잘 알고 있다. 그러나 적이 차지하고 있는 장소를 빼앗으려는 장군은 그의 계획에 많은 저항이 따르리란 것을 알고 있는 편이 낫다.

전략적인 사고는 반드시 상호 작용적이다. 세상에는 잠재적인 라이벌과 동맹군으로 가득 차 있다고 인정해야 하고 경쟁과 협력이 가능하다는 자세를 갖춰야 한다. 전략적 사고에 대한 이런 접근 방식의 연원은 수학자 존 폰 노이만과 경제학자 오스카 모르겐슈테른이 함께 『게임이론과 경제행동Theory of Games and Economic Behavior』을 저술했던 20세기 중반으로 거슬러 올라간다.

게임 이론은 존 하사니, 존 내시, 라인하르트 젤텐 등이 1994년 이 분야 연구의 공로로 노벨상을 수상함으로써 공식적으로 인정받았는데, 이러한 게임 이론 연구가들로부터 경영자들은 전략적 사고에 대한 중요한 교훈을 많이 배웠다. 첫 번째로는 모든 움직임이 경쟁자의 반응을 불러일으킬 것이란 점이다. 어떤 일이 일어날 것인가에 대해 제대로 이해하기 위해서는 다른 회사가 보일 수 있는 반응 모두를 상상해야 한다. 그리고 나서 그들의 움직임에 대한 자사의 반응도 계산에 넣어야 한다. 그 목표는 게임을 미리 내다본 뒤 당신이 원하는 곳에 도달하기 위해 지금 어떻게 해야 할지를 결정하는 것이다. 두 번째로 경제 게임에서는 가치 사슬 전체와 각회사들이 추구하는 가치에 주목하는 것이 매우 중요하다. 그 경로를 따라가다 보면 누가 어디에서 힘을 가질지를 예측할 수 있게 될 것이다. 세 번째로 게임에서 성공의 열쇠가 자신의 위치에 집중하는 데 있는 것처럼 보이지만 실제로는 그 반대의 경우가 많다. 당신은 다른 참가자들의 입장이 되어 봐야 하고 심지어 다른 사람의 마음도 가져야 한다.

펩시와 코카콜라 간의 대전쟁 과정에서 일어난 작은 전투는 이런 교훈의 실제를 보여준다. 1970년대에 펩시는 시장 조사 결과에 따라 고객들이 원하는 플라스틱병으로 바꾸었다. 물론 코카콜라도 펩시의 움직임을 모방할 수 있었다. 그러나 그 당시 독창적인 모양의 유리병은 코카콜라의 상징이었다. 코카콜라는 그 이미지를 고객들에게 심기 위해 수십 년간 수억 달러를 써왔다. 펩시를 모방하는 것 자체가 코카콜라로서는 매우 돈이 많이 드는 일이었다. 펩시는 당시 고객들에게 새로운 가치를 창조해 주는 동시에 코카콜라의 가치를 파괴하는 수단을 미리 알아낸 것이었다.

게임을 미리 내다보는 이런 종류의 전략적 사고는 실제로 지속적인 힘을 갖고 전략을 창조하는 데 아주 중요하다. 사실 독특한 위치를 잡았다고 해서 끝나는 게 아니다. 남들이 쉽게 모방할 수 있거나 남들이 더 나은 대안을 제시할 수 있다면 아무 소용이 없다. 1장에서 우리는 아주 이해하기 쉬운 가치를 창출해 낸 온타임 오디터닷컴이라는 햇병아리 회사를 예로 들었다. 만일 당신이 그 회사를 운영하고 있거나 주식을 투자할 생각이라고 가정해 보자. 다시 말해 당신이 그 회사 성과에 일정 부분 책임을 지고 있다고 생각해 보자. 이 회사의 전략에 대해 알아야 할 것들은 다음과 같은 질문들로 표현될 수 있다.

먼저 이 회사가 돈을 버는 방식을 보여줄 경우 다른 누군가가 그 서비스를 그대로 따라할 수 있을까? 즉 새로운 시장 참가자로부터의 위협은 없는가? 만일 다른 업체도 할 수 있다면 고객이 빠져 나가는 것을 막을 수 있는 방법은 무엇일까? 소비자들이 스스로 소프트웨어를 만들어 이 서비스를 혼자 할 수는 없는 것인가? 전부는 아니라도 몇몇 회사는 온타임오디터닷컴의 서비스를 이용하지 않는 것이 더 낫지 않을까? 온타임오디터닷컴은 다른 업체가 나타나기 전에 그런 고객들을 꽁꽁 묶어놔야 하는가? 온타임오디터닷컴은 혼자서는 이런 서비스를 구축할 수 없는 중소기업을 집중 공략해야 하는가 아니면 훨씬 큰 규모의 수익을 보장하는 대기업들에 집중해야 할까?

이런 중요한 질문들의 또 다른 한 세트는 배달 업체들이 어떻게 반응할까 하는 데 관련해 제기될 수 있다. 하지만 기억해야 할 것은 온타임오디터닷컴이 이전보다 더 나은 배달 관리법을 고안한 게 아니란 사실이다. 이 회사는 델 컴퓨터가 중간자를 없앰으로써 전체 시스템에서 비용을 줄인 일도 하지 않았다. 이 회사는 고객들에게 정보를 제공함으로써 그 고객들이 그들의 거래선 즉 배달 업체에 대해 더 많은 힘을 갖게 해준 것이다. 본질을 짚어 말하면, 이 회사는 배달 업체의 가치를 고객들에게 옮겨주면서 그 대가로 일정한 이용료를 받는 것 뿐이다. 페덱스와 UPS가 가만히 물러앉아 손가락 사이로 수백만 달러가 빠져나가는데도 아무 일도 벌이지 않을까? 그럴 리가 없다. 그러면 그들은 어떻게 나올 것인가?

이들 배달 업체들은 추가된 비용 부담을 감당하기 위해 배달료를 올리는 간단한 방법을 택할 수도 있고 서비스 약속을 취소해 버릴 수도 있다. 두 가지가 다 있을 법한 일이고 특히 배달 업체와 고객 간의 힘의 균형에서 배달 업체가 우위를 갖는다면 그 실현 가능성도 높다. 그래서 가격이 오른다면 고객들은 굳이 새 서비스인 온라인오디터닷컴으로 옮겨가지 않을 것이다. 배달 업체의 반응은 또 그들끼리의 경쟁 양상에도 밀접히 연관되어 있다. 예를 들어 모든 업체들이 한 방향으로 갈 경우 한두 업체는 새로운 고객들을 라이벌로부터 빼앗기 위한 기회로 이용할 수도 있다.

만약에 이미 자리잡은 대형 배달 업체들이 더 높아진 비용을 그들의 고객에게 전가시킬 수 있는 능력이 있다면, 역설적으로 온타임오디터닷컴에는 미래가 있을지 모른다. 왜 역설적이란 얘긴가? 환불금으로 창조된 가치가 더 높아진 가격 때문에 상쇄되어 버리기 때문이다. 배달 업체들이 이처럼 쉽게 문제를 해결할 수 있는데도 가격 전가를 하지 않기 때문에 온타임오디터닷컴에 미래가 있다는 의미이다. 배달 업체들은 가격을 올리는 대신 이런 위협에 대응해 서비스의 질을 높이려고 노력할 것이다. 이것이 경쟁이 혁신과 가치 창조를 불러일으키는 논리다. 그리고 이런 위협 때문에 또 배달 업체들은 배달이 늦어지는 횟수를 줄이기 위해 정보를 어떻게 사용할 것이냐를 스스로 알아내려고 노력할 것이다. 만일 이렇게 된다면 온라인오디터닷컴은 운영에 어려움을 겪을 것이다. 이런 비즈니스의 역설은 다른 사업도 마찬가지일 경우가 많지만 너무 지나치게 성공적이지 않은 한 성공할 가능성이 높다. 많은 수익은 잠재적인 라이벌들의 주의를 끌 수밖에 없고 배달 업체 스스로도 관심을 가질 것이다.

온타임오디터닷컴은 아주 단순한 비즈니스 아이디어요 가치 창조에 관한 명쾌한 예이다. 그러나 가치 획득이라는 측면을 생각하면 이야기는 결코 단순하지만은 않다. 전략은 당신이 하는 일에 남들이 어떻게 반응할 것이냐에 관한 것이기 때문에 어렵다. 이런 간단한 비즈니스에도 게임을 벌이는 경쟁자들이 많다. 아직 나타나지 않는 잠재적 경쟁자들을 빼고도 말이다. 그리고 이 경쟁자들은 보통 사람들이다. 예측하기 어렵고 때로는 비합리적이기도 하며 여러 가지 이유들을 갖고 의사 결정을 내리는 평범한 인간들이다.

이렇게 예측이 불가능하고 불확실한 환경에서 균형을 이루어주는 것이 규율에 입각한 사고다. 규율적인 사고는 모든 경쟁 상황 속에서 문제가 되는 갖가지 경제적 역학 관계에 대한 이해를 바탕에 깔고 있다. 때문에 마이클 포터가 1979년에 처음 소개한 소위 다섯 가지 힘 모델이 전략 분야에서 기초가 됐다. 포터는 어떤 산업의 매력도를 결정하는 저변에 깔린 힘들을 찾아냈다. 현재 있는 기업들 간의 경쟁, 새로운 참여자의 위협, 공급자의 힘, 고객의 힘 그리고 대체재의 가용성 등이다.

한 산업이 경쟁 스펙트럼에서 완전 경쟁과 독점 사이 어디쯤에 자리하게 될지를 결정하는 것은 이런 다섯 가지 힘의 상호 작용이다. 회사들이 성을 둘러싸는 웅덩이를 파고 거기에 악어를 집어넣고 또 어느 쪽에서든 한꺼번에 몰려들지도 모를 습격을 피하는 것은 이런 다섯 가지 힘들의 상호 작용으로 결정되는 것이다. 온타임오디터닷컴에 대한 우리의 질문이 보여주는 것처럼 말이다.

특허와 독점적 지적 재산권, 브랜드, 특별한 경쟁력 등은 성을 지키는 데 도움이 된다. 그에 비해 전략은 델, 월마트, 엔터프라이즈 등의 예에서처럼 탁월한 성과 저변에 깔린 방어적인 웅덩이를 만들어준다. 그러나 당신에게서 가치를 발견한 기업이 있다면 조만간 당신의 성을 공격하려 들 것이다. 또 시장이 개방되고 혁신적일수록 고객들도 당신의 상품이 아닌 다른 대안들을 더 많이 갖게 될 것이다. 수만 가지 방법으로 신경제는 구경제들을 시장에 민감해지도록 그래서 성을 옮겨가도록 압박한다. 어떤 사람들은 그것을 '인터넷 조바심'이라고 부른다. 새로 생겨난 업체가 자기 비즈니스를 뒤집어엎지나 않을까 걱정한다는 의미이다. 아마존이 책 판매 관행을 뒤집었고 E트레이드_E * Trade가 월스트리트 중개업체인 메릴린치를 뒤집어엎었듯이 말이다.

디트로이트가 의도적으로 자동차를 빨리 구식이 되게 만든 방법은 아주 오랫동안 소비자들에게 먹혀들었다. 업체들은 자동차를 오래 쓰지 못하게 디자인함으로써 고객들이 새로운 차를 사도록 만들었다. 그 뒤 도요타와 혼다가 자동차 산업에 극적인 혁신을 불러일으켰다. 이와 비슷하게 소비자로 하여금 많이 둘러보고 충동구매를 유도하기 위해 의도적으로 불편하게 만든 쇼핑몰은 결국 새로운 소매 경쟁점, 예를 들면 주차하고 쇼핑하는 모델이나 인터넷상에서 클릭하는 모델의 공격을 받았다. 쇼핑객들은 경쟁 업체들이 몰려 있는 곳에서 비교하며 사는 것을 좋아한다. 일부 쇼핑몰들은 이런 행동을 방해하려고 여러 가게를 거칠 수 없는 곳에 위치를 잡았다. 결국 많은 사람들이 특히 시간에 쫓기는 사람들은 훨씬 간편한 대안으로 그곳으로 몰려가게 됐다. 이제 구식 쇼핑몰은 시내에선 다른 선택의 여지가 없었던 시절을 잊어야 한다. 그들도 살아남기 위해 혁신해야만 한다.

잘하는 것에서 더 잘하는 것으로 : 비영리 단체의 전략

한때 비영리 단체는 전혀 다른 우주에서 운영되는 것처럼 보였다. 경쟁과 시장의 압박을 거의 받지 않는 것처럼 말이다. 비영리 조직에 참여하는 사람들은 좋은 일을 하고 봉사하기 위해서 일하지 경쟁하기 위해서 일하지는 않는다. 장애인 올림픽에 관련된 것으로 사람들이 자주 인용하지만 출처가 어디인지는 분명치 않은 아주 감동적인 이야기가 있다. 장애인 선수들이 100야드 달리기 시합을 하기 위해 출발선에 섰다. 출발을 알리는 총성이 울리자 선수들은 최선을 다해 뛰기 시작했다. 그런데 한 선수가 넘어졌고 이내 울기 시작했다. 한 사람 한 사람씩 그 울음소리를 들었다. 출전 선수들은 달리기를 멈추고 서더니 출발선으로 돌아와 넘어진 선수를 달랬다. 모두 함께 손에 손 잡고 마치 한 선수처럼 결승점을 향해 걸어갔다.

이 이야기에서 언급된 도덕적 교훈은 남을 돕는 것이 이기는 것보다 훨씬 중요하다는 점이다. 진정한 승리는 사실 남을 돕는 것이지 남을 물리치는 것이 아니다. 이런 윤리는 대부분의 비영리 조직에 깊숙이 스며들어 있다. 그러나 모든 곳에서 경쟁 논리가 나타나면서 사회 단체들도 자신들만 예외일 수 없다는 생각을 하고 있다. 미국 최대의 비영리 의료 기관인 카이저 퍼머넌트의 회장 겸 CEO인 데이비드 로렌스는 새로운 환경과 사회 부문에서 제기한 근본적인 질문에 대해 이렇게 설명했다. "지난 10여 년간 일어난 일들은 카이저 퍼머넌트를 비롯한 사명감에 불타는 단체들이 조직 차원에서 '중년의 위기'를 겪도록 만들었다. 과연 시장에서 경쟁을 하는 동시에 우리의 사회적 사명을 제대로 하는 것이 가능이나 한 일일까?"

이건 아주 중요한 문제인데 로렌스는 경쟁과 사명을 양자택일적인 것으로 잘못 알고 있다. 전략은 차별화를 통해 더 나은 성과를 올리기 위한 것이다. 이런 의미의 전략이 비영리 단체를 움직이는 사명 의식과 어울리지 못하는 것은 아니다. 오히려 반대로 전략은 그 사명을 달성하기 위한 열쇠라고 할 수 있다. 즉 경쟁하는 다른 대안에 비해 훨씬 나은 성과를 올린다는 전략의 목표는 사회 부문의 서비스에 대한 수요가 엄청난, 그래서 이 부분에서 공급 과잉이란 말을 꺼내는 것이 아주 실례인 현실에서는 반드시 필요한 것이다. 자원이 제한된 세계에서는 그것이 문맹 퇴치든 노숙자를 위한 것이든 아니면 환경 보호를 위한 것이든 우리가 한 푼을 쓰더라도 거기서 사회적 이득을 극대화해야 하는 것이다.

비즈니스 전략이 어떻게 하면 차별화함으로써 더 잘 할 것인가를 다루는 것처럼 비영리 조직의 전략은 어떻게 독창적으로 접근해야 사회를 위해 더 나은 결과를 얻을 것인가의 문제를 다룬다. 어떤 비즈니스도 모든 사람을 대상으로 모든 것을 팔 수 없듯이 비영리 조직도 무엇을 할 것이냐 그리고 똑같이 중요한 수준으로 무엇을 하지 않을 것이냐에 대해 아주 중요한 결정을 내려야 한다.

세계에서 가장 큰 보존 단체인 자연보호회The Nature Conservancy가 지켜온 명쾌하고 일관된 전략을 살펴보자. 자연보호회는 1951년 창립된 이래 매우 뚜렷한 사명을 유지해 왔다. 바로 '생명의 다양성을 대표하는 동식물과 그 특별한 서식지를 보호하는 것'이다. 이 단체는 또 아주 명확한 변화 이론을 갖고 운영돼 왔다. 자연보호회는 땅을 사들이는 방식으로 위협에 빠진 서식지와 동식물을 구한다는 사명을 실현해 왔다. 이 단체는 다른 환경 그룹들처럼 자신들의 주장을 퍼뜨리기 위해 대중 활동을 펴지 않았다.

땅을 사기 위한 돈은 개인 기부자들로부터 거두었다. 자연보호회는 잘 보호된 경치를 가치있게 생각하는 기부자들을 특별히 겨냥했다. 전임 CEO였던 존 소힐의 말을 빌리면 자연보호회가 집중한 것은 "점점 그 숫자가 늘고 있는, 야외 활동을 좋아하고 자연을 보존하고 싶어하는 사람들이었다. 그 중에서도 특히 눈에 띄는 결과를 내놓는 단체를 도우려는 의지가 있는 사람들에 주목했다. 그 사람들은 우리가 목표 달성을 위해 민간 부문의 방법을 쓰고 환경보호의 원론적 방식인 땅을 사들이는 방법으로 환경을 지킨다는 사실을 좋아했다." 그래서 자연보호회는 아주 의식적으로 정부의 재정 지원에 의존하지 않는다.

자연보호회는 조직 자체를 마치 개인 회사처럼 일반인들로부터 돈을 모으고 자유 시장경제 방식에 입각하도록 운영함으로써, 기금을 모으기 위한 치열한 경쟁을 다른 조직들과는 다르게 하여 스스로를 자리매김 했다. 소힐은 자리매김 방식에 대해 이렇게 말했다. "우리는 스스로를 녹색 엄지손가락을 가진 애덤 스미스라고 생각한다." 여기다 자연보호회는 의도적으로 긍정적이면서 분란을 일으키지 않는 좋은 뉴스를 전하는 방식을 택했는데 이것은 이 단체의 기본 전략과도 일치하는 것이었다. 예를 들어 그들은 기부자들에게 그들이 보존하게 된 땅이 얼마만큼 늘었는지에 대해 보고하고 있다. 자연보호회는 다른 많은 환경 단체들처럼 불쾌한 현실을 알리고 이에 참지 못한 기부자들이 나서서 맞서도록 자극하지 않는다.

결국 자연보호회는 단체의 사명과 전략으로부터 논리적으로 귀결되는 명확하고 일관된 선택을 함으로써 우월한 성과를 올릴 수 있었다. 모든 좋은 전략이 그렇듯이 그 선택들은 양자택일, 앞에서 얘기한 그런 두 갈래 길을 포함하고 있었다. 자연보호회는 독창적인 전략, 즉 조직의 중심을 잃고 자원을 낭비할 수도 있는 것에 대해 거부할 수 있는 전략을 개발한 셈이다.

일정한 궤도를 유지하는 것은 어떤 단체라도 쉬운 일이 아니다. 기업으로서는 가장 잦은 도전이 바로 성장에 대한 욕구다. 성장해야 한다는 압박 때문에 회사들은 사업 범위를 지나치게 넓히고 그 결과 포지셔닝이 흐려져 성과에 나쁜 영향을 주기도 한다. 새로 시작한 일들은 하나씩 새로운 아이디어로 더해지면서 각각의 매출도 올린다. 그러나 시간이 지나고 나면 전체가 부분들의 합보다 더 작아질 수도 있다.

사회 단체에서는 초점을 잃는 것을 사명 지체mission creep라 말한다. 때로 이런 일들이 조직 내부에서 생기기도 하는데, 조직의 사명과 관련된 것처럼 보이는 사회 문제를 해결하려는 욕구의 결과다. 나중에 보면 그 조직의 힘에 부치는 일이 되는 경우가 더 많다. 예를 들어 해비타트는 안정된 지역 사회에서 집을 짓는 데는 정말 훌륭한 모델이다. 여기서는 지역 상인이나 자원 봉사자, 집주인이 될 사람들이 모두 지역 사회에 뿌리를 내리고 있고 풀뿌리 봉사주의 노력에 모두 동참하는 것이다. 그렇다면 해비타트가 도시 노숙자들을 위한 재난 구제로까지 그들의 범위를 넓혀가야 할까? 물론 그런 곳에도 집을 지어야 하는 필요성은 엄청나게 있다. 그러나 그것이 해비타트의 변화 이론이나 비즈니스 모델, 혹은 그들 단체를 독창적이게 만드는 전략과 관련될 수 있을까?

사회 부문에서의 사명 지체는 단체의 전략과 관련이 없는 일을 돕겠다는 목표를 가진 기부자로부터 기금을 받을 때 가장 많이 생겨난다. 자금이 떨어진 단체에 한 기부자가 그 단체의 사명과는 상관없는 일을 주문하며 돈을 내놓는다면, 단체 입장에서는 거부하기가 대단히 어렵다. 그러나 이는 아주 중요한 문제이다. 존 소힐은 자연보호회가 인구 문제 해결을 목표로 사람들이 내놓으려고 한 수십만 달러의 기부금을 왜 거절했는지에 대해 이렇게 설명했다. "우리의 한정된 자원과 직면하고 있는 거센 도전 양상을 고려할 때 이 돈이 생물학적 다양성을 지켜가려는 우리의 사명을 어떻게 발전시킬 수 있을지에 대해 항상 고민해야 한다. 우리의 목표를 비켜가는 것이라면 아무리 매력적인 프로젝트라도 거절할 수 있어야 한다."

4 조직
—어디에 선을 그릴 것인가

우리는 열심히 훈련했다……. 그러나 팀으로 나누려고 할 때면 언제나 전혀 다른 조직을 새로 짜야 했다. 살면서 나중에야 알게 된 사실이지만 우리는 새로운 상황을 만날 때마다 조직을 새로 짜서 대응하려는 경향이 있다……. 그것은 진보에 대한 환상을 만들어내는 데는 정말 대단한 방법이다. 실제로는 혼돈과 비효율성과 부도덕성을 만들어낼 뿐인데도 말이다.

—페트로니우스 아르비테르, 『사티리콘』 A.D. 1세기경

조직이란 말은 현학적인 단어가 아니다. 그러나 수많은 경영 토픽 가운데 "도대체 어떤 모습으로 조직을 만들어야 할까"라는 단순한 질문만큼 무수히 많은 현학적인 설명을 낳은, 그래서 사람들의 인생을 뒤죽박죽으로 만들어놓은 질문도 없을 것이다. 지난 20여 년 동안 대부분의 거대 기업들이 조직 재구축이나 구조조정 혹은 리엔지니어링 등의 작업에 필사적인 노력을 기울여왔다. AT&T나 IBM 등의 거대 기업을 포함해 많은 대기업들이 적어도 이 중 두 가지 이상을 동시에 진행하는 경우가 많

다. 기업들이 한 번에 이전과는 완전히 다른 조직으로 바꾸려는 듯한 이런 변화는 혼란스럽고 파괴적이다.

한편에서는 조직 재구축의 뚜렷한 방향이 큰 것에 대한 반대 그리고 조직 내의 기업가 정신을 죽일 가능성이 있는 모든 것에 대한 반대로 나타나고 있다. 아웃소싱, 자유 계약, 전략적 파트너십 등의 경영법들은 회사 내부와 외부에서 각각 무슨 일을 해야 할지 새롭게 정의해 줌으로써 조직을 가볍게 만드는 가장 인기있는 방법론들이 됐다. 거대한 조직들은 사내 계층을 엷게 하고 조직 크기를 줄여왔다.

다른 말로 하면 직원들을 내쫓았다는 것인데, 그렇게 해서 기업은 더 날렵해지고 민첩해지는 동시에 핵심에 집중하기 위해서 사업 단위나 어떤 경우는 전체 기능까지 분산시키고 있다. 점점 더 회사 내외부의 경계선상에서 이루어지는 가치 창조가 많아지고 있는 것이다.

이런 조직 재구축이 이루어지는 것과 동시에 비즈니스 역사상 보기 힘들었던 거대한 인수와 합병도 잦아지고 있다. 최고의 경쟁력과 경영 능력의 상징인 거대 공룡 재벌 GE는 잭 웰치가 회장으로 있었던 시절 다른 회사를 수백 개나 사들였다. 또 PC 이후 시대의 대표적인 성공 스토리로 회자돼 온 시스코시스템스의 경우도 기술력으로 잠재력이 높은 회사들을 게걸스러울 정도로 사들여, 오히려 많은 창업자들이 시스코에 자사가 팔리는 것을 꿈꿀 정도가 됐다. 인수 및 합병이 유행하고 있다는 사실은 새롭게 나타난 회사 이름만 봐도 잘 알 수 있다. 다임러크라이슬러, 엑슨모빌, 타임워너 등이 대표적이다. 공식적으로는 조직을 날렵하게 하거나 가상 조직으로 만드는 현상을 칭찬하고들 있지만 실제적으로는 이미 거대한 회사들이 더욱 그 몸집을 키워가고 있는 셈이다.

4장에서는 회사나 조직에서 선이 어떻게 그어지고 수정되는지를 살펴볼 것이다. 복잡한 것이든 특수한 것이든 성과로 연결시켜야 하는 경영자로서는 다음 세 가지 선을 그을 줄 알아야 한다. 첫 번째는 경계선으로, 무엇을 회사 내부에서 할 것이며 무엇을 회사 외부에서 할 것인지를 정하는 것이다. 두 번째는 조직도상의 선으로, 회사의 전체 조직이 부서별로 어떻게 나뉘고 서로 어떻게 관련되는지를 밝히는 선이다. 세 번째는 거의 눈에 띄지 않지만 언제나 중요하게 작용하는 권한의 선을 들 수 있다. 이 선은 누가 무엇을 결정할 것인지 그리고 내부에서 일이 어떻게 진행되는지에 관한 것이다.

회사는 어떻게 조직되어야 하는가? 이런 선들은 어떻게 그려져야 하는가? 더 커져야 하는가 아니면 더 작아져야 하나? 집중화인가 아니면 다양화인가? 중앙 집중형인가 아니면 지방 분권형인가? 위에서 아래로인가 아니면 아래에서 위로인가? 사원과 자산은 직접 소유하고 통제하는 것이 나은가 아니면 파트너끼리, 프리랜서들의 네트워크로 묶는 것이 좋을까? 우리는 왜 이런 질문들을 받을 때마다 항상 생각을 바꾸고 또 그 선들을 다시 그으려고 할까?

조직의 디자인은 회사의 전략 안에 녹아 있는 것이어서 때로는 어디까지가 전략이고 어디까지가 조직인지를 구별해서 이야기하기가 어렵다. 전략이 이렇게 역동적인 것인 만큼 조직도 전략에 따라 역동적으로 바뀔 수 있도록 유연해야 한다. 그러니까 조직에서 위와 같은 선들을 새로 그리는 일은 한 번으로 끝나선 안 되며 합당한 결과를 위해 끊임없이 노력해야 하는 것이다.

무엇보다 중요한 것은 조직이 무엇을 이루려고 하는가, 더 나은 결과를 낳기 위해 어떻게 달라질 것인가에 따라 선을 그어야 한다는 것이다. 그래서 명확한 전략이야말로 조직 디자인의 청사진이 되는 것이다. 이 청사진을 통해 우리는 어느 정도의 크기여야 하는가, 사업과 활동 영역을 어디까지 펼쳐야 하는가, 어떻게 조직화되어야 하는가에 대한 질문을 던지게 된다. 결국 세 질문을 통해 규모·초점·구조에 대한 가장 기본적인 결정을 내릴 수 있는 것이다. 조직의 선을 그리는 일은 이런 질문들에 대한 현실적인 답변이 된다.

두 가지 전략과 구조: 포드 대 슬론

초기 자동차 산업의 주도권 쟁탈전이야말로 전략과 조직의 연계가 어떤 것인지를 보여주는 고전적인 사례라고 할 수 있다. 이야기는 1세기 전 헨리 포드 때로 거슬러 올라간다. 1903년 포드 자동차 회사를 세우고 몇 년 지나지 않아 포드는 그의 야망을 구체화했다. 그는 대중을 위한 자동차, 즉 근로자라면 누구나 부담없이 살 수 있는 가격의 자동차를 만들고자 했다. 동네 사람들에게 '미친 헨리'라고 불릴 정도로 그는 당시의 일반적인 인식에 완강히 맞섰다. 자동차는 당시 부자를 위한 장난감이자, 재미있지만 비싸고 믿지 못할 물건으로 여겨졌다. 자동차 제작 그 자체가 특수 기술을 요하는 것이어서 모든 공정이 수작업으로 이루어지던 시절이었다.

시행착오를 거듭하며 수년간 집요하게 매달린 끝에 포드는 마침내 꿈꾸던 차를 만들어냈다. 그가 만든 모델 T는 튼튼하면서도 운전하기 쉬운 것으로 값도 825달러에 불과했다. 생산을 시작한 첫해인 1908년에만 1만 대 이상이 팔려 나갔다. 그러나 그것은 시작에 불과했다. 포드는 제작 비용을 조금씩 줄여나가기 시작해 1912년께는 모델 T를 575달러에 팔 수 있게 됐다. 이로써 처음으로 자동차 가격이 근로자들의 평균 연봉보다 낮은 가격에 팔릴 수 있게 된 것이다. 1913년 무렵까지 팔려 나간 자동차는 25만 대가 넘었다.

포드의 목적은 그 나름의 전략을 낳았고 그 전략이 회사 조직의 구조와 규모, 범위를 결정지었다. 포드는 대중이 살 수 있는 자동차를 만들고자 했기 때문에 규모의 경제와 대량 생산 체제를 갖춰야 했다. 모델 T의 가격이 내려가면 내려갈수록 더 많은 사람들이 차를 살 수 있게 됐다. 사람들이 모델 T를 더 많이 살수록 대당 가격도 아울러 내려갈 수 있었던 것이다.

1908년에서 1912년 사이 5년 동안 가격을 30%나 낮출 수 있었던 획기적인 혁신은 바로 조립 라인에 있었다. 포드는 시카고에 있는 정육 포장 공장의 분해 라인에서 영감을 얻었다. 정육 포장 공장에서는 자동 손수레가 고깃덩어리를 날라 사람들 앞에 하나씩 갖다 놓았고 직원들은 지시받은 크기로 척척 고기를 자르고 있었던 것이다. 이것을 보고 조립 라인을 도입한 포드는 경쟁자들을 제치고 결정적인 생산성 우위를 자랑할 수 있었다. 1914년이 되자 포드 사에서는 1만 3,000명의 종업원들이 26만 대 이상의 자동차를 만들 수 있게 됐다. 나머지 자동차 업체들이 생산하는 양은 약 28만

7,000대로 대략 포드보다 10% 정도 더 많았지만 그 물량을 생산하는 근로자들은 6만 6,000명으로 포드보다 5배나 많았다.

제품의 범위를 한 가지 모델로 제한시킴으로써 포드의 꿈은 이루어졌다. 포드는 모든 부문과 공정을 분석해 가장 간단한 요소로 나누었으며 또 효율성을 극대화하고 비용을 최소화시키기 위해 표준화를 도입했다. 그 결과 고도로 전문화된 생산 시스템을 갖춰 오직 한 가지 제품을 생산하되 빠른 시간 안에 양질의 제품을 만들 수 있게 된 것이다.

포드의 전략을 반영한 조직은 명령과 통제의 결정판이라고 할 수 있다. 모든 자세한 사항들이 위에서부터 아래로 전달될 수 있는 조직으로 디자인됐고 포드 자신이 지시를 직접 내리는 관료주의적이고 중앙 집권적인 조직이다. 그렇게 포드 자동차 회사에서는 권한의 선이 어떻게 그려지는지가 아주 명확했다.

1920년에 불황이 닥치자 자동차 수요는 크게 줄었다. 하지만 포드는 제작 비용이 워낙 낮았기 때문에 판매가를 25%나 낮출 수 있었다. 그러나 GM은 포드처럼 판매가를 내릴 수가 없었기 때문에 매출이 급락했다. 1921년 포드의 시장 점유율은 55%가 됐다. 이에 반해 GM 브랜드를 가진 차들은 모두 합해 봐야 시장 점유율이 겨우 11% 정도에 그쳤다.

슬론의 반격

포드가 모델 T를 개발하던 같은 해, 당시 뷰익의 대표였던 윌리엄 C. 듀랜트는 여러 자동차 회사와 부품 회사를 인수해 GM을 만들었다. 캐딜락과 시보레 같은 회사들을 인수한 뒤에도 GM 내의 각 회사들은 각자 예전 방식대로 사업을 계속했고 이런 방식으로 GM은 포드와 경쟁했다. 듀랜트는 GM이라는 이름 아래 각각의 조각들을 모았지만 어떻게 하면 이 조각들을 하나로 움직이게 할지는 알지 못했던 것이다.

이러한 과업이 후에 듀랜트보다 더 유명해진 후계자 알프레드 슬론에게로 넘어갔다. 1920년대 초반, 드디어 슬론은 포드의 저비용 모델 T와는 정면으로 상대할 수 없다는 것을 깨달았다. 그래서 그는 시보레를 기본적인 운송 수단 이상의 것으로 만들면 어떨까 하고 고민했다. 예를 들어 시동 장치를 새로운 사양으로 제공하면 GM은 포드보다 시보레 값을 약간 비싸게 매겨도 고객들에게 '좀 더 비싸게 받는 이유가 있다'라고 주장할 수 있었다. 게다가 GM은 '고객의 주머니 사정과 목적에 언제든 복합할 수 있는 차'라는 개념을 제시하면서 사회경제적인 지위에 따라 폭넓게 고를 수 있는 여러 종의 차를 체계적으로 생산하게 된다. 바로 다양한 제품과 고객 세분화가 슬론이 생각해 낸 GM의 전략이었다.

슬론의 생각은 정말 옳은 것이었다. 하지만 GM의 여러 브랜드를 각기 다른 소비자들의 기호에 맞춰 포지셔닝 시키는 것은 말하기는 쉬워도 어려운 과제였다. 특히 조직 디자인에서 근본적인 혁신이 필요했다. 왜냐하면 두 가지의 다른 방향으로 동시에 움직여야 했기 때문이다. 한편으로는 다양한 고객들의 요구를 만족시키기 위해 다른 어떤 제조업자도 시도하지 않은 여러 종의 제품들을 만들어내야 했다. 또 한편으로는 사람들의 구매를 이끌어내기 위해 GM의 각 회사들은 부품 공유화에 만전을 기해야 했으며 이를 통해 각 회사의 경계선들을 넘나드는 협조가 필요했던 것이다.

슬론은 이 난제를 새로운 조직 구조인 다부문multidivisional 회사로 전환하면서 풀었다. 그가 직접 한 말을 빌리자면 이 구조는 "완전 중앙 집권인 포드식과 완전 분권화인 듀랜트식 사이에 있는 행복한 중간"이라는 것이다. 각각의 특정 고객에게 집중하고 있는 각 부문들은 이 구조 덕분에 제품과 마케팅에서 많은 정보를 공유하게 되었고 훨씬 나은 결정을 내릴 수 있게 됐다. 아주 강력하고 전문적인 중앙 사무소는 각 부문을 조정할 수 있었다. 또한 각 부문에 목표 시장 분야를 지정해 주고, 적절한 성과 지표를 제시해 디자인과 구매를 동시에 충족시킬 수 있도록 도왔다. 중앙 부문의 이런 조정 기능이 없었다면 GM의 차들은 가격을 낮출 수 없었을 것이다. 슬론이 생각해 낸 이런 조직 구조 덕분에 GM은 마케팅과 영업에 집중하면서도 생산과 디자인에서도 규모의 경제를 달성할 수 있었다. 다시 말해 슬론의 구조는 그의 전략과 딱 맞아떨어진 것이었다.

요즘에야 당연한 것이 됐지만 슬론의 혁신은 당시로서는 혁명적인 것이었다. 세상 사람들이 모두 모델 T만 원하고 새것을 원하지 않는다면 고도로 중앙화된 포드의 시스템이 승리했을 것이다. 그것은 모델 T를 만드는 최고의 방법이었기 때문이다. 그러나 그것은 완전히 회사 중심적이고, 제조 중심적인 방법일 뿐이다. 슬론이 만든 구조로 GM은 시장으로 뻗어나갔고 시장의 요구를 제대로 반영할 수 있었다. 그리고 결과는 대성공이었다.

제1차 세계대전 이후에 이런 다부문 구조를 발전시킨 회사는

GM을 포함해 시어스와 듀퐁 그리고 스탠더드오일 등 손꼽힐 정도에 불과했다. 이 새로운 기업 구조는 각 지역에서 운영 노하우를 갖고 있는 사람들이 내리는 분권화된 결정을, 규모의 경제를 이룩하기 위한 회사 전체의 공동 기획과 균형을 맞출 수 있도록 해주었다. 그 결과 회사는 몇 명 안 되는 경영진들에게 새로운 부담을 많이 주지 않으면서도 새 제품과 시장으로 범위를 넓히며 성장할 수 있게 됐다.

슬론이 경영을 맡은 뒤 GM의 시장 점유율은 1940년에 45%로 높아졌고 포드의 점유율은 16%로 떨어졌다. 한때 헨리 포드는 GM의 조직도를 보면서 비웃었다고 한다. 그는 그 조직도가 "사람이나 부서 이름을 가진 잘생긴 과일들이 주렁주렁 달렸지만 왼쪽 아래 구석에 있는 사람이 사장이나 회장에게 메시지를 전달하는 데는 적어도 6주나 걸려야 할 것 같다"고 말했다. 그러나 그것은 포드의 실수였다. 슬론의 전략은 찬란한 성공을 거두었다.

관리할 것이냐 살 것이냐

범위는 한 회사의 생산품군이 얼마나 다양한가를 가리키기도 하지만 한 조직이 벌이는 일의 범위를 뜻하기도 한다. 미국에서 30여 개의 자동차 회사들이 연 2,500대 정도의 자동차를 만들던 1899년의 경우 어떤 회사도 자동차 부품을 직접 생산하지 않고 부품공급자로부터 구매했다. 그러나 세월이 흘러 자동차 산업에서 합병이 많아지고 회사마다 규모가 커지면서 포드나 GM 같은 회사들은 활동의 범위를 후방으로 넓혀 부품까지 생산하고자 했다. 1920년대 후반 포드는 아주 극단적인 수직 계열화를 이뤘는데 타이어용 고무를 생산하기 위해 아마존 정글에 있는 광대한 밀림을 사기도 했다.

회사들은 왜 그들이 영위하는 가치 사슬에 얼마나 많은 단계를 가져야 할지를 정하는 선들을 그리기도 하고 다시 바꾸기도 하는가? 그것은 또다시 전략과 구조의 일치 문제로 돌아간다. 어떤 시기의 특정한 때에 가치의 특정한 구성, 예를 들면 올바른 가격에 올바른 제품을 생산하기 위해 어떤 조직을 찾아야 하는가의 문제인 것이다. GM이 차체를 직접 만들기로 한 결정 과정을 살펴보자.

자동차 제조사들의 수준이 훨씬 높아졌던 시기인 1920년대 중반에 시장은 모델 T와 같은 무개차에서 유개차로 옮겨가기 시작했다. 고객들이 여름뿐만 아니라 1년 내내 편안하게 차를 타고 싶어 했기 때문이다. 1924년부터 1927년까지 유개차 자동차의 시장 점유율은 43%에서 85%로 높아졌다. 자동차 회사들은 이 수요를 따라잡기 위해서 부산을 떨면서도 동시에 제작 비용이 올라가지 않도록 신경을 써야 했다.

GM은 생산 규모와 제작 비용이라는 두 가지 문제를 해결하기 위해 최대 공급업체인 피셔바디에 차체 공장을 GM의 새 공장 근처에 지어달라고 요청했다. 공급업체의 공장을 바로 옆에 두면 공장마다 두어야 했던 하역장 등을 줄일 수 있어 비용을 절감할 수 있다는 계산이었다. 또한 GM으로서는 차체에 관한 한 안정적인 공급원을 확보하게 되는 것이기도 했다.

그러나 피셔는 GM의 제안을 거절했다. 피셔로서는 새로 지어야 할 공장이 한 업체, 즉 GM만을 상대로 한 것이어서 협상력을 가질 수 없었고 특히나 가격에 이견이라도 생긴다면 완전히 GM의 처분만 기다리는 처지가 될 수밖에 없기 때문이었다. 경제학자들은 이런 현상을 바가지 씌우기 문제라고 불렀다. 그리고 더 중요한 것은 피셔가 완전히 GM과 운명을 같이할 수밖에 없게 된다는 것이었다. 따라서 피셔가 GM에게만 혜택이 가는 투자를 하지 않기로 결정한 것은 전혀 놀랄 일이 아니었다.

피셔가 협력을 거부하자 GM은 곧바로 피셔를 인수했다. 제조업체들이 엄청난 속도로 성장하고 있던 시절 그리고 부품 공급업체들이 지금과는 달리 별로 믿음이 가지 않던 시절에 각 회사들이 가치사슬 앞쪽에 있는 단계로 범위를 넓혀가는 후방 통합backward integration은 두 가지 점에서 이해할 만한 일이었다. 첫째로 협력업체와의 조정이 잘 될수록 비용을 낮출 수 있었고, 둘째로 소유권을 확보하면 중요한 원재료의 공급원을 보장받을 수 있었다. 비싼 조립라인을 돌리는 회사는 부품이 없다면 망하는 법이다.

직접 만들 것이냐 살 것이냐에 대한 결정은 회사 운영의 범위를 결정한다. 그 결정의 정점에는 양자택일의 문제가 놓여 있다. 자사의 자원과 사원을 이용해 직접 만들 때는 회사가 통제력을 갖게 된다. 이 경우 회사가 갖고 있는 근본적인 문제는 자연스럽게 해결된다. 즉 일을 완수하기 위해 필요한 자원과 사람을 어떻게 조정할 것이냐 하는 문제 말이다. 소유권을 갖게 되면 계약 조건도 직접 마련할 수 있다. 예를 들어 GM이 피셔의 주인이라면 GM은 피셔의 생산 계획을 좌지우지하면서 GM의 전체적인 수요를 살펴가며 언제 무엇을 만들어야 할지를 결정할 수 있다. 소유권과 관료주의적 통제가 복잡한 시스템을 하나의 시스템으로 관리하기 편하게 해주는 것이다.

그러나 조정 문제를 해결하는 과정에서는 근본적이며 중요한 문제에 부닥칠 수밖에 없는데, 바로 동기 부여의 문제이다. 조직이 성과를 내기 위해서는 모든 선수들이 최선을 다하도록 동기를 부여해야 한다. 그러나 소유권에 딸려 있는 확실성 때문에 그런 동기가 오히려 꺾이고 마는 부작용이 생길 수도 있다. 직접 소유권을 갖게 되면 회사는 시장에서 자연스럽게 나오는 강력한 인센티브를 잃어버릴 수도 있다.

여기서 말하는 인센티브란 서로 독립적인 공급업체들 또는 자유계약자들이 경쟁 때문에 방심하지 않고 더욱 잘하려는 긴장된 부분 등을 뜻한다. 피셔 같은 공급업체들은 원래는 원청업체인 GM이 혹시나 다른 공급업체로 거래선을 바꾸지 않을까 매일 걱정을 해야 한다. 그래서 혁신적인 노력을 계속해야 하고 아울러 비용을 더 떨어뜨려야 한다. 하지만 GM이라는 회사의 일개 사업 부문으로 바뀐 피셔는 안전을 확보한 셈이며 평생 직업과 같은 보장을 받은 것이다.

도요타가 그린 범위와 권한의 선

도요타는 전 세계적으로 품질 혁명의 불꽃을 당긴 회사로 영원히 남을 것이다. 또 모든 산업 분야에서 권한과 소유권의 선을 새로 그린 회사로 기억될 만하다. 도요타의 성공은 경영자들이 그동안 씨름해왔던 문제에 대해 의문을 제기했다. 도대체 무엇이 회사 내부이고 무엇이 회사 바깥인가라는 질문이었다. 도요타의 성공으로 인해 사람들은 공급 사슬을 소유하지 않고도 충분히 잘 관리할 수 있으며, 이로 인해 회사 안과 밖이라는 두 세계를 최대한 이용할 수 있다는 사실을 알게 됐다. 그 두 세계는 중앙 통제적 관료 조직, 즉 소유권에서 오는 조정과 협조 그리고 시장에서 오는 동기 부여의 힘과 유연성 그리고 혁신 등을 뜻한다.

이와 동시에 도요타가 성공함으로써 그동안 회사들이 권한의 선을 회사 내부에 그리던 방식도 거센 도전을 받게 됐다. 회사 내외부의 경계에 두루 걸쳐 효과적으로 일하기 위해서는 새로운 태도와 실행력이 필요해졌다. 그 결과 서구에서 권한 부여가 성가시고 현학적인 단어가 되기 훨씬 이전부터 도요타는 완전히 몸바쳐 일하는 근로자 집단의 가치를 직접 보여 주었다. 이런 두 가지 변화는 동시에 진행됐는데 의도적인 기획의 결과이기보다는 나쁜 상황을 최대한 개선해 보려던 도요타의 확고한 결단력이 낳은 결과라고 봐야 한다.

1950년대에 도요타는 자동차 업계의 골리앗들 사이의 다윗에 불과했다. 패전 후의 일본은 가난한 나라였고 자원도 부족했다. 작은 규모의 내수 업체로서 도요타는 다른 자동차 업체들과 경쟁하기에는 규모도 작았고 재원도 부족했다. 전혀 다른 방식으로 차를 만들어야겠다는 판단을 한 도요타는 마침내 디트로이트에서 개발된 것과는 전혀 다른 방식으로 중요한 조직의 선들을 그리게 됐다. 도요타는 부속품을 직접 제조하거나 부품 업체를 소유할 수 없었기 때문에 단순히 원재료뿐만 아니라 브레이크와 같은 복잡한 시스템까지 외부의 공급업자에게 의지해야 했다. 도요타는 또 재고를 쌓아둘 만한 공간도 재고 유지를 감당할 자금도 충분치 않았기 때문에 가능한 재고 없이 운영하는 방법을 마련해야 했다.

이것은 두 가지 점에서 전통적인 방법에 정면으로 도전하는 것이었다. 첫 번째로 이 시스템은 공급업자를 적이 아니라 파트너로 대접하면서 공급업자와 정보를 공유하는 것을 뜻했다. 이 생각에는 공급업자가 회사가 이루려고 하는 목표를 더 잘 이해하면 할수록 거기에 맞춰 더 잘하게 된다는 믿음이 깔려 있다. 도요타는 협력이 참여하는 모든 사람들에게 훨씬 이익을 준다는 것을 보여주었다. 공급업자와 가격을 놓고 옥신각신하는 것은 항상 이기느냐 지느냐의 게임이다. 그러나 고객들을 위해 더 많은 가치를 창조하기 위해 함께 일하는 것은 둘 다 이기는 게임이 될 수 있는 것이다.

두 번째 전통적으로 제조업에서는 재고가 필요악으로 인식되어 왔다. 제조업체들은 생산 공장이 때때로 멈춰 설 가능성에 대비해 예비 부속품들을 완충재처럼 쌓아둘 필요가 있었다. 차축이 다 떨어져서 조립 라인 전체를 세워야 하는 위험을 감수하는 대신, 만약의 경우에 대비해 공장들은 차축을 재고로 갖고 있을 필요가 있었던 것이다.

'만약의 경우에 대비' 하기 위해 재고를 쌓아둘 형편이 못 되었기 때문에 도요타는 '적시 공급 체계' 를 개발했다. 만약 생산 공정의 모든 단계가 완전히 믿을 만하다면, 우리는 공급업자들에게 정확히 필요한 수만큼의 부품만 우리가 필요로 하는 바로 그때에 공급해 달라고 할 수 있다. 하지만 모든 공정을 완벽하게 만들기 위해서는 공장 운영 방식을 전혀 새롭게 해야 한다. 문제가 생길 경우 생산 라인을 멈출 수 있는 권한을 근로자들에게 주는 것을 예로 들 수 있다. 문제가 있는데도 생산 라인을 흘러가게 하고 마지막 공정에 가서 불량품을 버리게 된다면 쓸데없이 비용만 증가할 뿐 아니라, 더 중요하게는 문제가 발생하는 원천에서 그 문제를 잡아낼 수 있는 기회를 놓치게 되는 것이다. 불량의 원인을 잡아낼 수 있도록 근로자들에게 자율적 권한을 주는 것이 도요타가 새로 그은 조직의 선 가운데 가장 중요한 것이었다.

또한 테일러와 포드의 오래된 전설, 즉 관리자들이 모든 생각을 다 하고 근로자들은 명령받은 대로만 해야 한다는 관행을 뒤엎은 것이기도 했다. 도요타의 종업원 주도의 품질 서클은 문제 해결 과제를 현장 종업원들의 일로 만들었다. 도요타는 관료주의를 없애고 종업원들의 참여를 늘리면서 제조 공정의 품질을 향상시키기 위해 전사적 품질 경영 혹은 TQM이라고 알려진 많은 기법들을 개발했다. 그 결과 제품 품질도 극적으로 향상됐다.

비용과 품질면에서 도요타의 경쟁 우위는 이처럼 조직 내의 전체적인 실행의 산물이다. 이 실험은 작업장의 관료주의, 기능별 저장소 그리고 수직적 통합으로 요약되는 디트로이트의 명령·통제 구조와는 전혀 다른 대안을 제시한 것이다. 관리자들만이 모든 혁신의 주체가 되는 미국식과 달리 도요타는 모든 사람의 참여를 통해서 끊임없는 향상을 이루어낸 것이다. 특정 부서들이 자기들 멋대로 일하게 내버려둔 미국식과 달리 도요타는 문제 해결을 위해 모일 수 있는, 범부서적 팀을 활동시켰다. 도요타는 특히 미국식 수직 통합에서 벗어나 공급 사슬 관리를 제대로 연구하고 다듬어 회사 안팎의 경계선에 걸친 협력과 정보 공유가 모든 참여자, 즉 공급업자, 제조업자 그리고 가장 중요한 고객들에게까지 혜택을 줄 수 있다는 사실을 입증했다.

관리할 것이냐 살 것이냐 : 아웃소싱의 출현

만들 것이냐 살 것이냐는 제조업종의 범주에서 나온 말이다. 여러 해 동안 이 개념은 최종 제품에 들어가는 부속품, 부품, 원재료 등 실제적인 투입물들에 대해 어떻게 조달할 것이냐를 결정하는 의미로 좁게 사용됐다. 전통적인 관점에서는 회사가 만들 것이냐 살 것이냐의 질문을 한다는 것 자체가 회사가 확장을 결정해야 하는 시기라는 뜻이었다. 그러니까 그 질문은 사실 지금이 우리가 직접 이런 부품을 만들 때인가 아닌가를 묻는 것이다.

오늘날에는 기업들이 사업의 범위를 줄이는, 즉 여러 활동을 동시에 벌이는 방식으로 바뀌고 있다. 그래서 조달에 관한 질문도 바뀌어 가치를 창조해 나가는 모든 단계를 점검한다. 그러니까 누군가가 우리보다 더 잘할 수 있을까를 묻는 것이다. 여기서 그렇다고 답이 나온다면 다음 질문은 우리가 감당해야 하는 거래 비용을 상쇄하고 남을 혜택을 그들이 줄 것인가로 바뀌는 것이다. 거래 비용은 두 집단이 서로 협력하면서 상호 작용할 때 반드시 생기는 비용이다. 전환 비용은 일할 사람을 찾고 그들과 계약을 맺어 서로 일을 하기 위해 대화하는 등등의 모든 비용을 포함한다.

최근 들어서는 이 전환 비용이 크게 떨어졌다. 간단한 예를 들어보자. 1980년대의 경우 로스앤젤레스에서 환자가 의사에게 진찰을 받으러 가면 의사는 환자를 진찰한 후에 처방을 보이스레코더에 녹음했다. 그 다음날 병원 수납계의 사무직원이 그 처방을 타이핑한 다음 다른 사무직원에게 보내면 그 사무직원이 처방전을 환자의 개인 파일에 넣어두게 된다. 이렇게 환자가 처방전을 사용할 수 있게 되기까지는 며칠이 걸렸다.

물론 오늘날에는 달라졌다. 로스앤젤레스의 의사가 환자를 만나서 처방을 녹음하면 위성 중계망을 통해 인도로 전해진다. 서로 시간대가 다르기 때문에 캘리포니아 주의 의사가 자고 있는 동안 처방전은 인도의 방갈로르에서 타이핑되는 것이다. 의사가 다음날 깨어나면 환자의 기록을 문서로 볼 수 있다. 진료 절차가 훨씬 빨라졌고 동시에 저렴해졌기 때문에 의료계에서는 환자 치료에 엄청나게 큰 변화를 가져올 수 있다. 기술의 역할이란 말할 필요조차 없이 명백하다. 이런 종류의 특별한 노동력을 제공하는 잘 조직된 시장이 인도에 있다는 사실은 차치하고라도 전환 비용에 미친 영향은 그 기술만큼이나 중요한 것이다.

이러한 기술과 노동 시장에서의 변화에 힘입어 오늘날 병원들은 20여 년 전과는 완전히 다른 식으로 조직이나 인원을 구성할 수 있게 됐다. 환자에 대한 정보를 전달하는 일은 이제 병원 밖에서도 가능해졌다. 이러한 정보 전달은 의료 사업이 정보 집약적인 산업이기 때문에 특히 중요하다.

병원의 비용 가운데 30% 정도가 정보를 모으고 진행시키고 보고하는 활동들에서 발생한다. 사실 이런 설명은 근대 경제학이 이룬 많은 성과에 잘 들어맞는다. 기술과 세계화가 거래 비용을 낮추어 인도나 아일랜드 같은 나라는 전 세계의 지원 사무실이 된 것이다.

바로 아웃소싱이 가능해진 것이다.

로널드 코스는 거래 비용이 어떻게 한 회사의 경계선을 정의하는지에 대한 연구로 1991년 노벨 경제학상을 받았다. 코스는 회사의 크기를 설명할 수 있는 간단한 원칙을 만들었다. 거래가 내적으로, 다시 말해 회사 경계 내에서 이루어지는 것이 저렴하다면 회사는 더욱 덩치를 키울 것이다. 반대로 외부에서, 즉 공개 시장에서의 거래가 더 싸다면 회사는 작은 규모를 그대로 유지하든지 오히려 축소할 것이다. 시장에서 효율성이 높아지고 경쟁적일수록 그리고 거래 비용이 떨어질수록 수직 계열화는 의미를 잃을 수밖에 없다. 이 설명이 너무 추상적으로 느껴지면 인도의 방갈로르에서 컴퓨터 앞에 앉아 작업하는 사람을 떠올려 보라.

오늘날 효율적인 시장이 모든 곳에서 나타나면서 코스의 생각은 유행을 타고 있다. 실제로 코스는 네트워킹과 자유 계약자를 중시하는 신경제 신봉자들의 이론적 바탕이 됐다. 그리고 높은 거래 비용이란 단어는 논란을 일으키는, 예를 들면 다른 사람들의 시간을 까먹는 골치 아픈 종업원이 왜 문제가 되는지를 간단하게 설명해 주는 아주 정확한 표현으로 자리매김하게 됐다.

코스가 설명한 현상은 영원한 것이다. 그러나 그의 아이디어는 요즘에는 부분적으로만 들어맞는 면이 있다. 왜냐하면 그의 아이디어는 우리가 어떻게 신기술과 신시장을 이용해 몇 가지로 제한된 행위에만 사업 범위를 집중할 수 있는 회사를 만들 것이냐를 설명해 주기 때문이다. 의사가 창조하는 가치는 의학적인 전문 지식을 통해서이지 처방 기록을 타이핑하는 것이 아니다. 타이핑을 더 빠르게, 더 싸게, 더 정확하게 할 수 있는 회사가 있다면 환자들로서는 진료와 타이핑이 구분돼 있는 것만으로 좋은 것이다.

오늘날 경영진들은 가치 사슬을 바깥에서 안을 들여다보는, 즉 고객의 시각으로 보고 있다. 그래서 개별 업무 구성에 있어서도 누가 어떤 행위를 하느냐에 상관없이 전체적으로 보았을 때 가장 좋은 가치를 만들어낼 수 있는 배치를 찾고 있다. 한 회사가 연구와 제품 디자인에서부터 제조, 마케팅, 판매 그리고 애프터서비스까지 회사 경계 내부에서 모두 소화해 낸다는 가정은 더 이상 유효하지 않다. 이제 회사는 어떤 가치의 창출이 목표인가에 따라 그 크기나 모양도 완전히 달라지는 것이다.

가치가 물질적인 것에서 보이지 않는 것으로 옮겨간 산업에서는 한때 핵심 활동이었던 제조는 이미 주변적인 것으로 전락했다. 많은 회사들이 이제 자사의 상표를 단 제품들을 직접 생산하지 않고 있다. 나이키는 이제 마케팅 회사이지 운동화 제조업체가 아니다. 디즈니는 미키마우스를 만들긴 하지만, 효율적인 아시아 제조업자들에게 미키가 그려진 티셔츠의 제조를 맡기는 방식을 취하고 있다.

시스코시스템스는 새로운 기술을 만든다. 아이디어를 창출하지만 인터넷에 필요한 라우터나 스위치 등에 구현된 형태로 나타날 뿐이다. 이들은 아주 효율적인 하청 제조업체들, 예를 들면 플렉스트로닉스, 솔렉트론, 제이빌서키트, SCI시스템스 등에 생산을 맡기는데 이들이 차지하는 생산 비중은 지난 2000년의 경우 전 세계적으로 20%에 달했다. 그리고 그 비중은 계속해서 빠른 속도로 높아지고 있다.

왜 시스코 같은 회사가 전 세계에서 공장을 운영하고 있는 공급 사슬 관리자들에게 의존하고 있는가? 1990년대 시스코는 계속 새로운 제품을 출시했고 한 해가 멀다 하고 더욱 새로운 모델을 만들어왔다. 만일 이 회사가 직접 제조를 했다면 공장을 세울 때의 비용과 반복적으로 새로운 기계를 들여놓아야 하는 비용을 모두 떠안아야 했을 것이다. 수요 예측을 잘 못해 안 팔리는 제품을 내놓았을 경우에는 곧바로 쓸 수 없는 비싼 자산을 처분하는 처지에 놓였을 것이다.

캘리포니아 주 산호세에 있는 플렉스트로닉스는 이와 달리 단위 공장이지만 전 세계에 흩어져 있는 여러 공장의 생산량을 마음대로 줄였다 늘였다 할 수 있다. 멕시코 신흥 도시인 과달라하라에 있는 플렉스트로닉스의 매니저인 브래드 나이트는 「월스트리트 저널」 기자에게 "만약 고객사 가운데 한 회사가 시장 점유율을 잃었다면, 우리는 시장을 뺏어간 그 회사와 거래를 터서 우리가 본 손해를 금방 회복할 수 있다"라고 말했다.

'직접 만드느냐, 외부에서 사느냐'라는 기본적인 논리는 알프레드 슬론 시절과 달라지지 않았다. 그러나 맥락은 크게 바뀌었다. 최종 제품 디자인이 별로 바뀌지 않지만 원료 등의 공급이 불안정하고 반응이 느린 세계에선 GM이 피셔바디를 사는 것이 합리적인 결정이다. 그러나 아이디어가 성장을 주도하는 시대, 특히 제품이 빠른 속도로 바뀌고 플렉스트로닉스 같은 공급업체가 전 세계를 무대로 생산을 하고 있는 상황에서는 아웃소싱이 보다 더 효과적일 것이다.

시스코는 엑스트라넷 기술에 힘입어 고객사와 공급업체, 협력업체들과 마치 수직 계열화된 하나의 회사처럼 같이 일할 수 있게 했다. 이런 구조야말로 코스의 이론이 시현되고 있는 현장이라고 할 수 있다. 2000년의 경우 인터넷을 통해 접수한 고객 주문의 절반 정도가 시스코를 거치지 않고 계약된 공급업체로 곧바로 전달됐다.

효율적인 시장과 함께 의사 소통의 수단이 더 빨라지고 저렴해지며 거래 비용이 낮아지면서 많은 회사들이 일부 업무에서 온라인상의 통합을 검토하기 시작했다. 일반적인 관리 기능에서부터 제조 공정 그 자체까지 어떠한 것도 전부 아웃소싱할 수 있게 된 것이다.

최근 들어 많은 회사들이 직접 하면 좋을 것과 외부에서 만들면 더 나은 것이 무엇인지를 물으며 사업의 경계를 다시 검토하고 있다. 가치 사슬 가운데 전략적으로 중요한, 즉 자신의 회사를 독특하게 만들어주는 부분에 집중하는 변화를 보여주고 있다는 이야기다. 이런 새로운 구조가 이론에서처럼 실제에서도 효과적일 수 있을까? 아직 더 두고 봐야 할 일이다.

시장은 만병통치약이 아니다 : 경고

우리는 애덤 스미스가 말한 시장의 '보이지 않는 손'이야말로 대부분의 문제를 해결하는 데 본질적으로 우월한 방법이라고 믿고 있다. 그리고 온라인으로 연결된 프리랜서들로만 구성된 경제를 살펴본다 해도 그 운영 방식 역시 시장의 지배를 벗어나지는 못할 것이다. 그럼에도 불구하고 시장은 만병통치약이 아니다. 시장은 경영이라는 실제로 보이는 손에 비해서 항상 나은 것이 아니다. 개별 프로 농구팀들의 연합체인 미국프로농구협회NBA가 지난 1999년 황금 시간대 시청자를 20% 놓치게 된 사례가 그 대표적인 예일 것이다.

농구팬들이 농구 경기를 보는 이유는 특정 팀 때문이 아니라 마이클 조던이나 래리 버드 같은 뛰어난 선수들 때문이다. 과거에는 이런 스타들이 대학에서 4년간 경험을 쌓은 다음에야 프로에 입단했다. 그래서 프로팀에 입단할 때쯤에는 이미 상당한 수의 열성팬들을 확보하고 있었다. 하지만 그 시스템은 개인 에이전시와 선수들 내부의 경쟁이 미묘하게 합해지면서 무너져버렸다. 프로팀 구단주가 주는 거액의 수표에 현혹된 어린 선수들은 너무 빨리 학교를 그만두고 프로 선수가 되었기에 농구팬들은 그들이 누군지도 모르고, 알려고 애쓰지도 않았다. 그 결과 구단주들은 선수들에게 더 많은 돈을 줘야 했을 뿐만 아니라 농구팬들에게도 선수들을 홍보하기 위해 더 많은 돈을 써야만 했다.

단순하게 보자면 어떤 면에서 이것은 이전에 우리가 살펴본 시장 역동성의 대표적인 예일 것이다. 선수들의 재능은 희귀한 자원이고 개인 에이전시들이 선수들에게 구단주를 상대하는 더 많은 힘을 부여했기 때문에 선수들이 확보하게 되는 이익도 커지게 된 것이다. 그러나 제대로 관리되지 못해 더 큰 목적을 달성하지 못한 시장 전체의 실패라는 관점에서 이 사례를 보면 더욱 흥미롭다. 팀이나 어린 선수들 모두 자기 이익에 따라서만 행동했다. 그리고 자기 이익이 바로 전체적으로 볼 때 가장 좋은 결과를 낳는 것으로 알려진 보이지 않는 손인 것이다. 그러나 NBA라는 상품의 가치가 전체적으로 떨어졌기 때문에 농구팬들이 이탈했다는 사실이 중요하다. 최소한 2000년까지 NBA의 전체 이익은 점점 줄어들었다. 고객을 위한 전체 시스템의 가치가 줄어들고 있는 것은 누구도 책임을 지지 않았기 때문이다. 누구도 가치 창조를 극대화하기 위해 전체 시스템을 관리하지 않고 있다는 얘기다.

NBA의 사례에서 우리는 공공재를 남용하는 것과 같은 종류의 비극을 스포츠에서도 보고 있는 셈이다. 모든 사람이 자기 이익만 좇아 행동하면 누구도 게임 전체의 건전성에 대해서는 신경을 쓰려는 동기가 없어지고 그 결과 NBA는 전체의 이익을 위해 모든 사람들을 자제시킬 수 있는 중앙 집중적인 힘을 잃게 되는 것이다. 여기서 시장 자체가 할 수 없는 관리 혹은 경영의 중요성이 부각된다.

세계 시장, 세계적 규모

시장이 확대됨에 따라 많은 조직들이 특정 부분에 집중하며 조직을 나누는 경향이 있지만, 대부분의 산업에서 주도적인 추세는 예전에는 보기 어려웠던 거대한 조직을 지향하는 것으로 나타나고 있다. 자동차 사업을 히고 있다면 헨리 포드 시대는 물론이고 25년 전에 비해서도 엄청나게 큰 규모를 갖춰야 한다. 의약, 정보 통신, 정유, 금융 서비스도 다를 바 없다. 각 산업은 나름대로 반드시 갖춰야 하는 일정한 규모가 있고, 경쟁 영역이 바뀌면 그 규모도 달라진다. 그러나 오늘날 대부분의 산업들이 몸집을 키우는 방향으로 움직여가고 있다.

애초에 왜 회사들이 몸집을 키웠던가를 생각해 보면, 왜 지금 다시 규모를 늘리고 있는지를 잘 알 수 있다. 19세기 이전에 대부분의 시장들은 특정 지역에 한정돼 있었다. 증기선, 철도, 전신이 나오기 전까지만 해도 아주 작은 지역의 경계를 넘어서 사업을 하는 것은 너무 비쌌고 또 너무 불안정했다. 나라 전체를 상대로 한 시장이 형성되고 새로운 산업 기술이 전파되면서 회사들은 효율성을 높이기 위해 점점 덩치를 키웠다.

오늘날에도 그것과 유사한 힘들이 사업을 영위하는 기반을 다시 한 번 변화시키고 있다. 정보와 상품을 더 빠르고 싸게 교류할 수 있게 되는 능력을 갖춘 데다 세계 자유 무역을 선호하는 정치적 변화가 더해져서 많은 산업에서 이제 규모는 세계적 수준으로 바뀌고 있다.

가치 창조의 원천이 바뀌고 있는 것 역시 중요하다. 헨리 포드의 시대에는 자본이 희소 자원이었기에 회사는 헨리 포드의 조립 라인이 그랬던 것처럼 자본을 최대한 효율적으로 쓰도록 노력해야 했다. 오늘날과 같은 지식 기반 경제에서는 재능과 아이디어가 한 산업의 규모를 결정하는 데 더 큰 역할을 한다.

예를 들면 자동차 산업의 경우 일반적으로 회사를 유지하기 위해서는 1년에 400만 대를 팔아야 한다고 통상 믿고 있다. 그래서 개별 회사들은 서로 인수 합병을 하면서 결합하는 추세를 보이고 있는 것이다. 연간 판매 목표가 왜 이렇게 갑작스럽게 높아진 것일까? 오늘날에는 자동차 산업에서도 실제 생산의 경제학보다는 아이디어의 경제학이 주도하고 있는 추세다. 자동차 회사들이 예전보다 훨씬 커져야 하는 이유는 브랜드 마케팅과 새 시장 개척, 새

기술 개발에 엄청난 비용이 들기 때문이다.

혼다는 현재로선 여전히 독립성을 유지하고 있는 몇 안 되는 작은 회사 중 하나이다. 그리고 혼다는 사업의 선을 어디까지 그어야 하는지에 대한 우리의 논의에 새로운 변화를 주는 예이다. 환경 친화적인 엔진을 만드는 것은 자동차 회사들이 감안해야 하는 대규모 연구 개발 비용 가운데 하나다. 보통 엔진을 새로 개발하는 데는 500만 달러가 들고, 전기와 휘발유를 혼용하는 하이브리드 엔진 혹은 연료전지 엔진을 만드는 데는 그보다 훨씬 많은 돈이 든다. 이런 비용을 차량 판매를 늘려 마련해야 하기 때문에 자동차 회사들은 규모를 확대하지 않을 수 없다. 엔진 개발뿐 아니라 신약 개발이나 유전 탐사에도 똑같은 논리가 적용된다.

1년에 200만 대를 생산하는 혼다는 자동차 회사로서는 작은 규모이지만 자동차 제조 원가의 10%에 해당하는 엔진 업계에서는 거대한 회사다. 잔디깎기용이나 오토바이용 모터까지 합하면 혼다는 세계 최대의 내연 엔진 업체로 1년에 1,000만 개의 엔진을 생산하고 있다.

혼다는 엔진 개발 비용을 자동차용, 잔디깎기용, 오토바이용 등의 생산라인에 분산시킬 수 있기 때문에 사업 영역에서의 이점으로 규모가 크지 않은 단점을 보완할 수 있는 것이다.

또한 혼다는 엔진에 주력하고 있기 때문에 경쟁자들로부터 고객을 뺏어올 수 있는 아주 새로운 차를 만들 수도 있다. 다시 말해 혼다는 그 전략을 새롭게 강화할 수도 있다는 얘기다. F1 자동차 경주 대회를 후원하는 많은 자동차 회사들이 엔진 디자인만큼은 다른 회사와 계약을 맺는다. 하지만 혼다는 그렇지 않다. 혼다는 F1 레이스에서 경험한 것을 그대로 어코드나 다른 차량들에 들어가는 엔진에 적용할 수 있다. 혼다에서 나오는 인사이트 모델은 하이브리드 엔진을 장착한 차량 가운데 미국에서 최초로 상용화된 것이다. 게다가 인텔이 컴퓨터를 구동시키는 칩을 브랜드로 만든 것처럼, 혼다도 다른 자동차 회사들에게 자사 상표를 가진 엔진을 공급하는 최초의 회사로 자리매김하고 있다. 1999년에 혼다는 GM에 첨단 V6 엔진을 매년 10만 개씩 공급하기로 계약을 맺었다. 히로유키 요시노 혼다 사장은 계속 독립 회사 체제를 유지하겠다고 약속했다. 그는 「월스트리트 저널」과의 인터뷰에서 "우리는 회사 크기와 성공은 별 관계가 없다고 믿는다"라고 말했다. 혼다가 성공할 수 있었던 것은 최고의 엔진 회사를 지향했기 때문이다.

사회 문제를 해결하기 위한 조직

비영리 기관을 포함해 모든 회사나 조직은 목표로 하는 사명을 성취하는 데 적합하도록 조직을 꾸며야 한다. 그러나 사회사업 분야에서는 규모라는 것 자체가 성취하기 어려운 과제다. 많은 비영리 기관들이 전혀 걸맞지 않은 적은 자원을 가지고 기아와 가난, 질병과 같은 거대한 문제들을 다룬다. 마이크로소프트의 창업자 빌 게이츠가 1990년대 갑자기 박애주의적 활동을 벌이겠다고 선언했을 때, 그의 기부금 규모가 새로운 희망을 불러일으켰었다. 비영리 기관의 세계에서 '게이츠의 돈'으로 불린 이 기부금은 기존의 지평을 완전히 바꿀 잠재력을 갖고 있었다. 많은 기관들이 이 기부금 덕분에 창립 이래 처음으로 해결하려는 문제에 어울리는 규모를 갖출 수 있었다. 그와 동시에 단체들은 더 큰 효과를 낼 수 있는 사명에 집중하기 위해 업무 범위를 일부러 줄여왔던 그동안의 전략을 재점검하기도 했다.

인도의 아라빈드 안과 병원은 사명감이 투철한 기관이다. 이 병원의 성공은 조직의 선이 전략에 힘입어 제대로 그어지면 어떤 성과를 올릴 수 있는지를 보여준 대표적인 사례다. 아라빈드는 은퇴한 안과 의사인 고빈다파 벤카타스와미 박사가 1976년 설립한 이래 병원의 규모와 범위 그리고 구조 등을 적절하게 바꾸는 데 탁월한 능력을 보여왔다. 시작은 20개 병상의 유료 병원을 겸한 작은 비영리 기관이었다. 25년 만에 아라빈드는 1년에 18만 건의 백내장 수술을 하는 세계 최대의 안과 병원이 됐는데, 그 중 70%의 수술을 무료로 시행했다.

벤카타스와미 박사의 비전과 방법은 헨리 포드를 본뜬 면이 많다. 사실 벤카타스와미 박사 자신은 맥도널드에서 영감을 많이 받았다고 했는데 그 원칙은 같은 것이다. 인도에서는 수백만 명이 백내장 때문에 시력을 잃고 있다.

대부분의 경우 간단한 수술로도 완치될 수 있는데 누구나 수술을 받을 수 있도록 하는 것이 조직 경영상의 과제였다. 벤카타스와미 박사의 꿈은 이러한 문제를 해결하고 대중을 위한 안과 병원을 세우는 것이었다.

그래서 백내장 수술이 벤카타스와미 박사에게는 헨리 포드의 모델 T 자동차와 같은 의미였다. 이 한 가지 '제품'에 집중하면서 벤카타스와미 박사는 그 제품을 생산하기 위해 아주 효율적이면서,

대량 생산이 가능한 조립 라인 공정을 고안했다. 환자 진찰 및 등록에서부터 수술 과정까지 모든 단계를 표준화했다. 계단식의 수술대는 의사들의 생산성을 극대화하기 위해 디자인됐다. 의사가 한 환자를 수술하고 있을 때 두 번째 수술대 위에 다른 환자가 준비를 한다. 첫 번째 수술이 끝나자마자 의사는 곧바로 다른 환자를 상대로 수술을 시작할 수 있게 되는 것이다. 그런 식으로 계속해서 수술이 진행된다.

의사들은 표준화된 수술 공정을 차례로 준수하기 위해 어느 정도의 자율성을 포기했다. 우리는 헨리 포드의 명령과 통제 스타일을 산업화 시대로 퇴행하는 것이라고 무시할 수도 있다. 그러나 이 예에서 보듯이 조직 디자인 원칙으로서의 표준화는 생동감 있고 괜찮으며 실제로도 기적 같은 생산성을 여전히 올리고 있는 것이다. 최근의 보고서에 따르면 아라빈드에서는 백내장 수술 한 건에 10달러가 든다. 미국에서는 백내장 수술을 하려면 1,650달러를 내야 한다.

백내장 수술에서 가장 비싼 비용은 희미해진 안구 수정체 대신 환자의 눈 안에 넣는 렌즈의 값이다. 1990년대 초기 아라빈드 병원은 대규모로 렌즈를 사야 한다면 후방 통합화로 렌즈를 직접 생산하는 것이 비용을 절감할 수 있는 길이라고 판단했다. 그래서 만든 회사가 오토랩으로 현재는 세계적 규모로 커졌으며 1년에 70만 개의 렌즈를 만들어내고 있다. 아라빈드는 자체 수요를 충당하고 남는 것은 다른 업체에 팔고 있다.

아라빈드가 궤도에 오르자 벤카타스와미 박사는 병원을 두 개의 인접한 시설로 다시 쪼겠다. 하나는 유료, 나머지 하나는 무료 환자를 위한 시설이다. 시설은 유료 병원이 무료 병원보다 낫지만 두 병원 모두 같은 의료진과 간호사들을 공유하고 있어 모든 환자들은 똑같이 높은 수준의 의료 혜택을 받고 있다. 아라빈드 병원의 이 전략은 알프레드 슬론에게서 차용한 것이다. 아라빈드는 고객의 주머니 사정과 목적을 만족시킬 수 있는 안과 병원을 지향했다. 서로 다른 두 병원을 가까이 둠으로써 아라빈드는 가난한 사람들을 위한 의료의 서비스 질을 낮추지 않으면서도 동시에 돈을 낼 수 있는 환자들까지 유치할 수 있었다.

유료 환자들은 아라빈드 병원이 재정적으로 자립해 유지할 수 있도록 해줌으로써 아라빈드 병원의 성공에 결정적인 역할을 한다. 유료 환자들은 아라빈드가 세계 수준의 안과 수술을 한다는 명성에 이끌려 오게 되는 것이다. 여기서 조직 구조가 전략을 가능하게 해준다는 말을 다시 실감할 수 있다. 아리빈드는 미국의 정상급 교육 병원들과 연구 및 훈련 협력을 강화해 왔다. 아라빈드는 전체적으로 보아 낮은 가격이지만 이렇게 안과 분야에서 최정상을 달리고 있기 때문에 유료 환자들에게도 매력적인 것이다. 또한 이러한 점이 근무하고 있는 의사들에게 주는 아라빈드의 매력이다. 의사들은 다른 곳에 비해 훨씬 오래 일하면서도 돈은 적게 받지만 직업적으로도 프라이드가 있는 동시에 병원의 사회적 사명감 등을 통해 심리적인 보상도 분명히 제공받고 있는 것이다. 이렇게 아라빈드는 조직의 선을 인센티브 위에 그은 셈인데 그것을 통해 전략은 오히려 강화될 수 있었다.

아라빈드와 이 장에서 언급된 다른 조직들에서 우리는 아주 중요한 사실을 확인할 수 있다. 많은 경영 이론가들의 주장과는 반대로 조직을 짜는 데 가장 좋은 단 한 가지의 방법은 없다는 점이다. 규모이든 범위이든 구조이든 간에 모두 조직이 어떤 일을 할 것이냐 하는 점에 대부분 좌우되는 것이다. 조직화의 유행에 따른 가장 큰 문제점은 누구나 유행을 따라 그런 조직을 만들려고 한다는 점이다.

아웃소싱하기로 결정하는 회사나 다른 업체를 사는 회사나, 남들이 그렇게 하니까 따라 하는 경우가 대부분이다. 어떤 조직에서는 상명하복의 구조가 필요한데도 권력이 정치적으로 옳지 않다는 이유로 도입하지 않는 경우도 있다.

우리가 예를 든 조직들을 좀더 시간을 갖고 자세히 살필 수 있다면 이 조직들에서 또 다른 중요한 사실을 발견할 수 있을 것이다. 조직을 디자인한다는 것은 어쩌면 실패를 전제로 한 연습일 수 있다. 시간이 흐르고 새로운 사건이 일어나면 가장 잘 짜였다고 생각한 계획도 부득이하게 바뀌고 만다. 이런저런 방식으로 회사는 당초 디자인한 것 이상으로 성장하기 때문이다. 그래서 조직도에서 이 부서를 지우고 저 부서를 새로 그리게 될 것이다. 그리고 이러한 전체가 복잡한 시스템이기 때문에 한 곳에서 일어난 변화가 전혀 의도하지 않은 결과를 다른 곳에서 낳는 것이다. 그래서 조직이라는 것은 항상 정렬 상태에서 이탈하게 돼 있다.

또한 조직을 디자인한다는 것은 이쪽에서 조화를 이루면 저쪽에서 잃게 되는, 대부분의 중요한 결정이 반드시 하나만 택하고 싶지는 않은 상황에서의 양자택일이기 때문에 또한 허망하다고 할 수 있다. 우리는 가장 좋은 의견을 선택하지만 선택하지 않은 것에 대한 생각을 떨쳐버리지 못한다는 것도 잘 알고 있다. 무책임하고 떠들썩한 경영학 이론서들이 주장하는 가장 최근의 방법론들을 만병통치약처럼 믿는다면 반드시 실망하게 될 것이다. 양자택일의 과정에서 선택한 조직을 확신하고 더욱 제대로 이해하도록 노력해보라. 그러면 새로운 조직을 또다시 그리게 되건 아니면 그 조직을 그대로 유지하는 결과를 낳건 모든 조직원들이 더 좋은 성과를 낼 것이다.

결국 실현할 수 없는 비전이란 환상에 불과할지 모른다.

— 스티븐 케이스, 전 AOL타임워너 회장

경영의 실행

계획을 성과로 옮기기

WHAT MANAGEMENT IS 2

5 현실 직시

─어떤 숫자가 왜 중요한가

셀 수 있다고 모두 중요한 것은 아니다. 마찬가지로 중요한
것이라고 모두 셀 수 있는 것도 아니다.

─아인슈타인

　1부에서 우리가 살펴본 개념들은 좋은 계획을 짜
는 데 아주 중요한 요소들이다. 이제 이 계획을 결
과물로 바꾸는 실행이라는 주제로 옮겨 가보자. 이
장에서는 이후 계속되는 다른 장을 이해하는 데 필
요한 방법론을 다룰 것이다. 왜 숫자들이 실행에서
중요한지에 대해 그리고 회사원들이라면 반드시
알아야 할 기본적인 산수에 대해서도 설명할 것이
다. 다른 직업들처럼 경영자들도 그들만의 특별한
어휘들을 발전시켜 왔는데 그 중 대부분이 수학적
인 것이다. 이 숫자의 세계에 외부 사람들은 두려워
서 접근도 하지 못한다. 사실 그럴 이유가 하나도
없는데 말이다. 중요한 숫자들은 사람들이 현실 세
계를 제대로 보고 그 현실에서 무엇인가를 할 수 있
도록 돕는다. 다음의 예를 보자.

지난 2000년 7월 25일 에어프랑스의 콩코드 여객기가 이륙 직후 폭발했다. 타이어가 펑크나면서 연료 탱크를 건드려 일어난 사고였다. 이 사고로 113명이 사망했다. 이 초음속 제트기가 탄생한 지 31년 만에 처음 일어난 대형 참사였다. 결국 며칠 후 한때 유럽 항공 컨소시엄인 에어버스의 자랑이었던 콩코드는 다시는 날지 못하게 됐다.

왜 갑자기 세상에서 가장 빠른 이 여객기의 운항이 금지된 것일까? 지난 31년 동안 바퀴 이탈 사고가 일어난 것은 단 세 번뿐이고 그것도 비행기 폭발 사고로 연결된 경우는 한 번밖에 없었는데도 말이다. 이 정도 안전 기록이라면 나쁘지 않은 수준 아닌가?

그러나 콩코드가 이제까지 비행한 전체 횟수와 사고 숫자를 비교해 보면 결론은 명확해진다. 실제 운행을 하는 콩코드가 몇 대 없고 그나마 하루에 비행하는 편수가 손꼽을 정도여서 그 정도의 사고율이면 엄청나게 높은 것이다. 만약 콩코드의 사고율이 미국 항공사들에 적용된다면 그것은 심각한 폭발 사고가 매일 일어나는 것과 마찬가지다. 하루에 한 번씩 말이다! 이것이 콩코드의 운항이 중단된 이유이다. 이것은 또 경영에 수량화의 규율이 필요한 이유이기도 하다. 단순한 숫자들 덕분에 우리는 현실을 제대로 보고, 일어나는 일들을 똑바로 이해할 수 있는 것이다. 이것은 직관만으로는 해결하기 어려운 일이다.

숫자는 조직의 성과에 결정적인 역할을 한다. 그러나 기초적인 경영 수학은 로켓 과학이 아니다. 그리고 누구라도 수학을 못한다고 겁낼 필요도 없다. 지난 수십 년간 하버드 비즈니스 스쿨의 MBA 1년차 학생들까지도 '숫자에 빠져 낙오되지 않는 법'이란 제목이 붙은 작은 노트를 받았을 정도니 말이다. 전형적인 하버드 MBA를 생각해 볼 때 대부분의 사람들이 경영에서의 '숫자'라는 것이 고등학교 수준 이상의 수학보다 상식에 훨씬 더 많이 관련돼 있다는 사실을 알고 놀랄 것이다. 물론 때로는 그 중요성을 제대로 알기 위해 숫자들을 제대로 분석해 볼 필요는 있지만 정말 필요한 기술은 숫자를 이해하는 것이지 숫자를 정복하는 것이 아니다.

숫자를 다루는 것은 측정이라는 단순한 행동부터 시작된다. 몸무게를 객관적으로 알고 싶다면 저울에 올라가야 한다. 조직에서도 마찬가지다. 이 첫 번째 단계를 취하는 데는 규율이 필요하다. 왜냐하면 우리가 일반적으로 하는 일과는 종류가 다르기 때문이다. 이런 일에는 사람들이 지나치게 과신하면서도 동시에 불안해하는 일이 동시에 일어나는데 사실 이것은 아주 특이한 일도 아니다. 한편으로는 실제보다 스스로 더 잘한다고 생각하고 또 다른 한편으로는 그 숫자가 어떻게 나올지에 대해 안절부절 못하는 것이기도 하다. 현실을 객관적으로 그리고 애매모호하지 않게 제대로 보기 위해서, 그래서 조직 내의 사람들이 공통의 사실을 기반으로 일하고, 자기 나름의 해석에 집착하는 사람들이 뒤처지지 않도록 하기 위해서 규율이 필요한 것이다. 잭 웰치의 말대로 "모든 사람이 같은 사실을 알고 있으면, 대체로 같은 결론을 내리게 되는" 법이다.

그러나 측정은 필요 조건이긴 하지만 충분 조건은 아니다. 결국 중요한 숫자라는 것은 어떤 조직이 어떻게 굴러가고 있는지에 대한 얘기를 들려줄 수 있는 것들이다. 데이터 하나를 의미있는 이야기로 만들기 위해서는 맥락에 맞도록 가공해야 한다. 다시 저울 이야기로 잠시 돌아가 보자. 만일 타일러라는 사람의 몸무게가 약 66 킬로그램이라는 것을 알았다면 우리는 뭔가 객관적인 사실을 알게 된 것이지만 경영 용어로 '쓸모 있는' 것을 안 것은 아니다. 다음으로 타일러가 183센티미터 키의 남자라는 데이터 하나를 더 갖게 되면 이제 하나의 이야기가 시작되는 것이다. 물론 타일러가 152센티미터 키의 여자라고 한다면 전혀 다른 얘기가 된다. 자, 여기다 새로운 맥락을 하나 더해보자. 타일러가 3개월 전에 몸무게가 90킬로그램이었던 사실을 알았다고 생각해보라. 그렇다면 이건 단지 이야깃거리일 뿐만 아니라 우리가 즉각적으로 개입해야 할 일인 것이다. 최소한 타일러가 남자라면 말이다. 타일러가 여자인 경우는 우리는 그 뉴스가 좋은 것인지 나쁜 것인지 알기 위해 좀더 많은 정보가 필요할 것이다.

야구에서 쓰이는 것처럼, 경영자가 아닌 사람들에게 보이는 대부분의 숫자들은 콩코드의 사고율과 마찬가지로 성과의 한 측면만을 명확한 참조 대상에 비교한 비율일 뿐이다. 백분율이나 분수로 자주 표시되는 이 비율들은 야구에서의 타율과 마찬가지다. 타율은 타석에 선 숫자와 성공한 횟수를 총합해 비율로 표시한 것이다. 지난 10년간 대유행 했던 품질 측량 지표인 6시그마를 생각해보자. 모토로라나 GE 같은 회사에서는 종교나 마찬가지이고 대부분의 사람에게는 그저 그리스 문자일 뿐인 6시그마는 당신의 노력이 얼마나 실수가 적은지를 백분율로 표시하는 타율과 같은 것이다.

시그마는 통계학자들이 표준 편차를 표시하기 위해 사용하는 상징이다. 1시그마는 산출물 가운데 68%만이 받아들일 만하다는 의미다. 3시그마는 전체에서 97%가 성공했다는 것을 뜻한다. 6시그마에서는 제품의 99.999997%가 받아들일 만하다. 다시 말하면 100만 번의 공정 중에 3.4개의 불량만이 있다는 얘기다. 1990년대 말 많은 회사들이 대체로 3.5시그마 수준에서, 즉 100만 개당 3만 5,000개의 불량품을 만들며 공장을 가동했다. 이것은 제조업 공정에서나 레스토랑에서 계산서를 작성할 때 그리고 급여 명세서를 만들 때, 의사들이 처방전을 쓸 때 등 여러 영역에서 두루 통하는 통계였다. 항공 회사의 수하물 서비스는 대체로 100만 번당 3만 5,000 내지 5만 번의 실수가 있었다. 이 숫자에 어떻게 그럴 수가라고 하는 사람들이 있겠지만 이 정도의 오류는 대부분의 사람들이 비행기에서 내릴 때 짐을 제대로 찾을 수 있다는 것을 의미한다. 그러나 안전 문제에서는 항공사들이 200만 회 비행에서 1회 미만의 사고로 6시그마 수준을 넘는다. 그건 당연히 그래야 하고 콩코드는 그러지 못했던 것이다.

어떤 비율이 어떻게 의미있는가는 당신의 직업이 무엇이고 왜 그 비율을 알고 싶어하는가와 밀접하게 관련된다. 한 회사에 대출을 해줄지를 생각 중인 금융인이라면 그 회사가 갚을 능력이 있는지에 대한 여부와 관련해 측량에 관심을 기울일 것이다. 콜센터를 운영 중인 사람이라면 고객들이 전화를 든 채 기다리는 시간을 줄여줄 수 있는 측정 지표에 관심이 갈 것이다.

추세를 보여주는 숫자는 비율과 관련돼 있다. 시계열 분석이란 일정 시간에 걸쳐 측정한 지표로 한 회사의 지난 5년간의 매출 및 비용 등과 같은 것이다. 성장률이란 것도 단순히 말하면 오늘을 어제와 비교한 비율이다. 비율과 마찬가지로 추세 데이터라는 것도 문맥에 숫자를 대입함으로써 새로운 의미를 만든다. 다음 애플 컴퓨터의 사례를 보자.

퍼스널 컴퓨터 전체 시장에서는 점유율이 낮았지만 애플은 초중고교와 대학교를 상대로 한 판매에서는 오랫동안 1위 자리를 고수해 왔다. 애플의 CEO인 스티브 잡스는 지난 1999년 학교 판매에서 애플의 점유율이 12.5%라는 걸 알았을 때 어쩔 줄 몰라했다. 만일 당신이 냉정하게 숫자의 의미를 볼 줄 아는 산업 분석가가 아니라면 결코 그가 안절부절못하는 이유를 이해하지 못할 것이다. 그가 그랬던 것은 바로 전 해인 1998년의 경우 애플이 14.6%의 시장 점유율을 갖고 학교 판매 시장에서 1위였기 때문이다. 그리고 애플이 1999년에 2위 자리로 밀려났을 때 델 컴퓨터가 급신장을 해 15.1%로 시장 리더가 된 것이다. 각 숫자로만 보면 별 의미가 없어 보인다. 그러나 합쳐 놓으면 문제는 복잡해진다. 만일 당신이 스티브 잡스라면 어떻게 하면 전세를 뒤집을 수 있을까 하고 걱정하지 않을 수 없을 것이다. 이런 것은 숫자 정복하기가 아니라 바로 의미 만들기이다.

숫자는 언제나 무엇을 의미한다는 사실을 기억해야 한다. 숫자는 사람들이 실제로 진짜 하는 행동을 요약한 것이다. 예를 들어 새로운 기술이 시장에서 히트칠 때를 생각해보라. 그것이 DVD 플레이어도 좋고 휴대폰, 이메일이어도 좋다. 최초로 몇 명이 그걸 써본다. 그러고 나서 제품은 품질도 좋아지고 가격도 저렴해진다. 일찍부터 써봐서 많은 돈을 낼 준비가 돼 있는 사람들은 써보지 않은 다른 사람들에게 새로 나온 신제품이 괜찮다고 설득한다. 그래서 더 많은 사람들이 사용하게 된다. 얼마 지나지 않아 제품이 뜨면 모든 사람들이 소유하게 된다. 그렇게 되면서 그 제품의 성장은 둔화되기 시작한다. 이것이 대부분의 사람들이 실제해 봤고 누구라도 이해할 수 있는 소비자 행동의 패턴인 것이다. 100년 전 조지 이스트먼의 카메라에도 적용되었고, 오늘날의 휴대폰에도 그대로 들어맞는 얘기다.

그러나 대부분의 사람들은 이 이야기가 인간 행동 양상으로서가 아니라 S곡선 또는 시장 침투 곡선의 기울기로 표현된다고 하면 그 개념을 이해하기가 훨씬 더 어려울 것이다. 특히 수학 공포증이 있는 사람들이라면 아마도 자신의 지적 수준을 훨씬 넘어서는 지나치게 어려운 영역까지 들어왔다고 느낄 것이다. 정반대로 진정한 수학 정복주의자들은 S곡선 뒤에 있는 복잡한 수학에 대해서는 쉽게 이해하면서도 그 곡선을 만들어낸 인간 행동과는 연결시키지 못할 것이다.

이런 두 개의 극단 사이에서 유능한 경영자들은 숫자를 목적이 있는 행동을 낳는 공동의 운동장 같은 것으로 창조해 내야 한다. 숫자를 통해 우리는 적절한 행동을 취하는 데 도움이 될 만한 더 큰 패턴을 찾아낼 수 있다. 만일 당신이 휴대폰 사업을 하고 있다면 현재 S곡선의 어디쯤에 있는지를 알게 될 경우 마케팅 활동이나 공급 사슬 관리에서 당신이 내리는 결정은 그 사실을 모를 때와는 큰 차이가 날 것이다.

이런 패턴의 원천이 된 인간 행동을 처음부터 놓치지 않는 한 유사한 패턴 뒤에 있는 수학에 특별히 놀랄 만한 것은 없다. 오히려 숫자에만 집중해서는 숫자가 사람들의 행동을 반영하고 있다는 사실을 잊기가 쉽다. 반대로 숫자가 없다면 큰 패턴을 찾아내기도 어렵다.

결국 최소한 일반 관리자들이 하는 대부분의 일에서 어려운 것은 수학이 아니다. 불량률이건 투자 수익률이건 기본 비율의 의문도 그것을 계산하는 방법을 배우기란 아주 쉬운 일이다. 또한 그런 계산을 해야 하는 이유도 어렵지 않다. 예를 들면 왜 부채 비율이 그렇게 중요한가? 그건 부채 비율이 채권자들에게 돈을 갚을 당신의 능력에 대해 무엇인가를 말해주기 때문이다. 당신이 현금을 창출해 낼 능력에 비해 부채가 많을수록 채권자들이 감당해야 할 리스크가 더욱 커지는 것이 사실이다.

더 어렵고 시간이 오래 걸리는 것은 숫자가 의미하는 것이 무엇인지에 대해 제대로 판단하는 것이다. 숫자를 해석하기 위해서는 해석 규칙을 개발하고 그 숫자가 어떤 식으로 나타나는지를 예상할 수 있는 능력이 필요하다. 아울러 경험이 있어야 적절한 수준을 짐작할 수 있다. 마치 누구라도 타일러의 원래 몸무게와 줄어든 몸무게에 관한 숫자를 어떻게 해석해야 하는지를 알 수 있는 것처럼 말이다. 마찬가지로 경험이 있어야 당신은 이야기에 살을 붙일 다른 숫자를 찾을 수 있게 되고 숫자를 해석하는 방법을 배우게 되는 것이다.

어떤 조직에서도 없어서는 안 될 숫자들

2장에서 우리는 비즈니스 모델을 이야기로 설명했다. 그리고 좋은 모델이 어떤 것인지 테스트하기 위해 화술적인 논리에 집중했다. 이야기는 의미가 있는가? 주요한 등장 인물이 누구이고 어떻게 그들이 행동할 것인지에 대해 제대로 이해하고 있는가? 그리고 이제 숫자가 당신을 한 단계 더 깊이 이끌고 간다. 이야기가 의미를 통하게 만든다면 숫자는 계산을 맞춰줄 것이다.

만일 누가 고객인지 그리고 고객이 무엇을 원하는지 안다면 그러한 당신의 이야기는 장부의 맨 윗줄, 즉 수입으로 나타나게 된다. 또 어떻게 가치를 창출할 것이냐에 관한 당신의 이야기가 의미 있다면 그것은 비용으로 나타난다. 또 다른 대안들에 비해 당신이 어떻게 차별화할 것이냐에 대한 이야기가 의미있는 것이라면 이익이나 현금 창출 능력으로 나타날 것이다. 수입과 비용, 수익, 현금의 흐름 등은 어떤 조직에서도 꼭 필요한 숫자이다.

전자 상거래의 첫 물결이 일 당시 수많은 벤처들이 망한 진짜 이유는 이런 기초적인 비즈니스 수학을 제대로 수행하지 못했기 때문이다. 예를 들어 보자. 야채상은 애초부터 마진이 아주 적은 사업이다. 그래서 만일 들여놓은 가격보다 비싸게 손님들이 사주지 않는다면 그리고 서비스나 배달 등에 비용이 늘어가는데도 다른 부분에서 상쇄할 수 없다면 이 수지타산을 맞출 방법이 없다. 웹밴이 망한 이유가 이런 것이다.

기초를 제대로 아는 동시에 숫자의 의미를 꿰뚫는 능력이야말로 그 어느 때보다 중요해졌다. 왜냐하면 기술 발전에 따라 처리해야 하는 정보량이 지속적으로 늘어가고 있기 때문이다. 우편 번호, 지역 전화번호, 신용카드 번호, 웹상에서의 쿠키값 등등이 나타나면서 데이터 수집과 검색은 하나의 직업이 됐다. 컴퓨터의 발달로 이제는 다른 분류의 숫자끼리 연결 짓는 사업도 입지가 높아졌다. 예를 들면 오늘날의 제약 회사는 어떤 의사가 어떤 약을 처방하는지는 물론 그 의사의 이름까지 알 수 있게 됐다.

예전에 비해 경영자들이 처리해야 할 정보만 많아진 것이 아니라 이제는 더욱 빨리, 소위 실시간으로 처리할 수 있게 됐다. 예전에는 사건이 일어나고 나서야 정보를 받았지만 이제는 조치를 취할 수 있을 정도로 제 시간에 정보를 획득하고 있다. 아주 빨리 정확히 조치를 취할 수 있게 된 것이다. 예를 들어 항공 예약의 실시간 데이터 정보를 다루는 정교한 소프트웨어를 이용하면서부터 항공 요금을 실시간으로 조절해 빈 좌석을 채울 수 있게 됐다. 이처럼 탑승 관리를 어떻게 하느냐에 따라 항공사는 돈을 벌 수도 있고 잃을 수도 있다는 점에서 이는 정말 중요한 것이다.

너무나 많은 데이터가 너무 빨리 지나가기 때문에 필요한 숫자와 데이터를 얻는 것은 과거 어느 때보다 중요해졌다. 측정할 수 없다면 진보란 불가능하다. 그럼에도 불구하고 경영자들은 때때로 자만심에 빠지기 쉽다. 스스로 고안한 수리적인 도구들에 너무 매혹돼 그것이 판단을 위한 보조 도구일 뿐이라는 사실을 잊기 쉽다. 아무리 좋은 시계라도 시간을 어떻게 써야 하는지에 대한 방법을 가르쳐주지는 않는다.

'신동들'의 예를 보자. 제2차 세계대전 당시 하버드 비즈니스 스쿨에서 당시로선 가장 최근의 수리적 의사 결정 방식을 훈련받은 이 특별 부대 덕분에 미국은 제조와 물류에서 대단한 성과를 올릴 수 있었다. 전쟁이 일어나기 전, 미육군 항공대에는 비행기가 400대에 불과했다. 하지만 전쟁이 끝날 무렵 23만 대의 비행기와 비행에 필요한 부속품 전부를 관장하게 됐다. 이 정도 규모의 인원과 물자를 움직이는 것은 엄청나게 큰 일이었다. 숫자를 이용해 기적들을 만들어낸 이 신동들이 미국이라는 주식 회사에 큰 족적을 남기게 됐다.

이 시절을 대표하는 인물인 로버트 맥나마라는 1949년 헨리 포드의 손자인 헨리 포드 2세에게 채용돼 포드 자동차 사에 들어갔고 숫자로 하는 경영을 적용했다. 당시 포드의 상태는 워낙 나빠서 재정적인 구제가 절실히 필요했기 때문에 맥나마라는 규모있고 힘있는 스태프를 마음대로 꾸릴 수 있었다. 당시 생산직 근로자들은 이 스태프를 콩알을 세는 사람들이라고 불렀는데, 그들이 너무 빨리 권력을 잡고 또 자동차를 완전히 무시했기 때문에 불만이 많았다. 이 조소적인 단어는 완전히 뿌리를 내려, 숫자의 중요성에 대해서는 전혀 모르면서 숫자만 사용하는 사람을 일컫는 말이 되었다.

1970년대 포드 사의 핀토 때문에 미국인들은 비용 – 편익 분석 cost-benefit analysis의 기본을 알게 됐다. 이 차의 연료 탱크 디자인의 결함으로 최소한 59명이 사망했다. 고무 라이너를 보강하면 1억 3,700만 달러의 비용으로 문제를 해결할 수 있었다. 그러나 자세히 계산해 보니 화상을 입은 사람이나 사망자들에게 보상하고 장례식장에 꽃 보내는 돈까지 합해도 모든 비용이 4,950만 달러에 불과하다는 결과가 나왔다. 비용 – 편익 분석 결과 핀토를 다시 디자인할 필요가 없다는 결과가 나온 것이다.

당시 이 사건이 주는 교훈은 아주 명확했고 그래서 베이비붐 세대들은 경영인들과 그들의 방법론을 의심하면서 자라게 됐다. 결국 경영인들을 오스카 와일드의 표현 그대로 모든 것의 값만 따질 줄 알지 가치는 따질 줄 모르는 사람들로 보게 된 것이다. 이런 불신은 여전히 비영리 집단에 많이 남아 있다. 그러나 사실은 포드의 핀토가 만들어 낸 똑같은 방법론으로 연합군은 제2차 세계대전에서 파시즘을 물리쳤던 것이다. 방법이란 원래 그런 것이다.

이런 교훈은 자주 떠올려야 한다. 컴퓨터의 진보에 현혹돼 사람들은 이전과는 비교할 수 없을 정도의 수준으로 숫자를 조합하고 조작할 수 있기 때문에 우리에게 일어나는 일까지도 통제할 수 있다고 생각하기 쉽다. 재무 담당 교수들이 믿고 싶어하는 것처럼 재무라는 것이 진정한 과학으로 자리매김될지는 알 수 없으나 그런 방향으로 확실히 진보하고 있는 것만은 분명하다. 그러나 1998년 있었던 롱텀캐피털매니지먼트LTCM의 엄청난 실패는 경종을 울리는 예가 될 것이다.

LTCM은 노벨상 수상자 여러 명이 참여할 정도로 금융계의 고수들이 운영하는 헤지펀드였다. 그들은 위기 관리에 관한 이론을 전 세계 자본 시장에 적용했다가 비참한 결과를 맞았다. 그들이 사용한 기술은 '역동적인 헤징'이란 것으로 추세와 반대 방향에 투자함으로써 위험을 줄이는 방법이었다. 이 기술은 투자자들에게 믿음을 갖게 하는 보험과 같은 역할을 했다. LTCM의 역동적 헤징은 전 세계 자본 시장 간의 역사적인 관계, 즉 하나의 시장이 하락 추세에 있으면 다른 시장은 상승하는 경향이 있다는 사실에 기초를 두고 있었다. 아시아의 패닉 현상과 러시아에서의 경제 위기를 보면서 LTCM은 그런 역사적인 관계가 다시 재현될 것으로 믿고 계속 베팅을 했다. 그러나 역사적 관계는 재현되지 않았고 전 세계 자본 시장의 요동은 그런 역사적 관계가 재현되기도 전에 LTCM을 무너뜨렸다.

비즈니스와 시장이란 결국 사람과 그들의 복잡한 행동에 관한 것이란 말은 핵심을 꿰뚫는 경구다. 재무의 규율과 계산 도구들의 성능이 발전하는 것에 힘입어 우리는 위험에 대해 이해하고 관리하는 데 더 나은 방법을 갖게 됐다. 그러나 그런 방법이라는 것은 판단을 내리는 데 도움을 주는 역할에 그칠 뿐이다. 단순한 숫자도 적절하게 사용하면 회사나 조직이 지금 현재 어떤 일을 하고 있는지를 알 수 있고 또 가고자 하는 곳에 도달할 수 있게끔 현황 파악에 도움을 준다. 숫자가 현실을 직시하도록 도와주는 것이다.

수학자인 존 알렌 파울로스가 아주 멋지게 설명한 말이 있다.

"세상을 설명하라면 단순한 사람들과 복잡한 사람들 간의 올림픽 시합으로 말할 수 있다. 여기서 단순한 사람이란 일반적으로 과학자를 의미하고 구체적으로는 통계학자를 말한다. 복잡한 사람이란 일반적으로 인문학자들을 말하는데 구체적으로는 이야기꾼들을 일컫는다. 이 올림픽 시합은 양측이 모두 이겨야만 하는 게임이다."

6 진정한 핵심
—사명과 측정도구들

수익은 그 개념상 저 아래에 있는 것이다. 중요한 것은 이 익과 손실을 가져오는 수많은 이벤트들이다.

—폴 호켄, 스미스 앤 호켄의 창업자

경영 규율 가운데서도 사람들을 똑같은 방향으로 집중시키고 끌어 가는 것이야 말로 조직의 목적을 구체적으로 만드는 일이다. 경영자들은 조직의 사명을 여러 가지 목표로 세분화하고 무엇이 성공적인 것인지를 확실하게 알려주는 성과 측정도구들을 제시함으로써 위의 작업을 해결하려 한다. 이것이 비즈니스이든 아니면 학교나 병원이든 간에 모든 조직에서 필요한 진정한 핵심이다. 조직의 경영진들은 이 질문에 대답할 수 있어야 한다. "우리의 사명을 생가할 때 우리의 성과는 어떻게 정의돼야 하는가?" 이 장에서는 조직의 목적이 어떻게 의미있는 결과와 적절한 측정도구를 결정 짓는지를 설명할 것이다. 그것을 알아내기는 쉽지 않은 일이다.

사실 1945년에 사망한 초콜릿 재벌 밀턴 허시에

게 성과 측정이라는 것은 아주 불분명했다. 그 자신이 고아이기도 한 허시는 1909년에 가난한 고아 소년들을 '지켜주고 지원하고 교육시키기 위해' 학교를 창설했다. 1990년대 말 밀턴 허시 스쿨은 아주 독특한 문제에 봉착했다. 1990년대의 주식 호황이 학교의 기부 자산을 최고 수준으로 끌어올렸기 때문이다. 1998년에는 50억 달러에 달해 스탠퍼드나 MIT 등의 대학보다 훨씬 많았고, 재정 면에서 미국 상위 5개 대학 바로 다음 가는 규모였다. 문제는 이것이었다. 학교는 기부 자산이 너무 많아 허시 신탁 재산의 법정 지출 규모에 맞출 만큼 돈을 빨리 쓸 방법이 도저히 없었다.

이것이 한 조직의 경영이나 성과와 무슨 관계가 있는가? 허시 스쿨에 재학 중인 잘 차려 입은 천여 명의 학생들은 아름답게 꾸며진 최고의 시설을 갖춘 캠퍼스에서 생활하고 있었다. 학생 한 명당 1년에 6만 달러를 쓰고 있는 상황에서 학교로서는 그 이상 더 쓸 방법이 없었다. 허시 신탁 재산을 어떻게 쓸 것이냐를 갖고 의견이 분분했다.

본질적으로 이 문제는 그들의 사명을 어떻게 구체적인 성과 측정도구로 전환시키느냐에 관한 것이다. 그리고 이는 이 조직의 우선순위를 명확히 알려줄 수 있는 것이어야 한다.

일부는 학습하고 개발하는 연구소를 설립하는 것이 신탁 재산의 사명을 가장 잘 실현하는 길이라고 생각했다. 그들은 새롭게 창조한 지식으로 성과를 측정하고자 했다. 그러나 반대하는 사람들은 싱크탱크를 만들면 도움이 필요한 어린이들보다 비즈니스업자나 컨설턴트들이 혜택을 볼 것이라고 맞섰다. 그러나 초점을 도움이 필요한 아이들에게 둔다고 해도 성과에 대해서는 마찬가지로 서로 다른 견해를 낳을 뿐이었다. 어떤 사람들은 선발 학생 인원수를 늘리는 데 돈을 쓰자는 의견에 찬성했다. 그들에게는 도움을 받는 학생의 숫자가 최고의 측정 도구인 것이다. 그러나 또 다른 사람들은 학생 집단의 크기를 키울 것이 아니라 지원 범위를 넓히자고 주장했다. 허시 스쿨을 졸업한 다음 진학한 학생들을 위해 대학교 장학금을 확대하자는 얘기이다. 그들에게 성과는 얼마나 많은 아이들이 도움을 받았느냐가 아니라 각 학생이 얼마나 많은 도움을 받았느냐로 측정되는 것이다.

이 돈은 신탁 재산에서 나왔기 때문에 허시가 정말 원했던 것이 무엇인지를, 유언 집행에 관해 법정이 결정하게 될 것이다. 이 이야기를 통해 우리는 경영을 하는 데 있어 가장 근본적으로 부딪히게 되는 난제를 알 수 있다. 그것은 사명을 행동으로, 성과로 어떻게 연결시킬 수 있는가 하는 점이다. 여기서는 법원이 결정을 내리지만 대개의 경우 경영진 또는 이사회가 알아서 할 일이다. 이것을 난제라고 부른 이유는 절대로 단 하나의 정답만이 있을 수 없기 때문이다. 그리고 그 조직이 일반 회사이든, 사회 단체이든 마찬가지다. 그러나 명백한 답이 없다고 해도 조직에 속한 사람들은 각자의 대안을 가지고서 각자의 가정과 해석에 따라 운영을 한다.

현대 경영의 전형적인 스타일 중의 하나는 바텀라인bottom line 즉 수익에만 집중한다는 것이다. 능력있는 경영자를 정의하는 가장 큰 특징은 그들이 항상 '실적 목표를 완수한다'는 사실이다. 그럼에도 이렇게 바텀라인에 함몰된 전형적 경영은 조직의 목표와 그 목표를 달성하면서 얻는 마지막 결과물 사이의 아주 중요한 차이를 희미하게 만든다. 이익이란 목표가 아니라 결과이다. 휴렛패커드의 공동 창업자인 전설적 경영인 데이비드 패커드가 얘기한 대로 "이익이란 경영의 적절한 목표도 지향점도 아니다. 이익은 적절한 목표와 지향점들을 가능하게 만들어주는 바탕이다."

미국이 주주와 투자자의 나라가 됐기 때문에 미국인들은 그 어느 때보다 사업의 목표는 수익을 내는 것이라고 쉽게 생각한다. 예를 들어 유성처럼 나타난 닷컴들을 보자. 사실 이들은 예외로 볼 수도 있지만 그들 역시 다시 유성처럼 사라지면서 종국에는 이 규칙이 들어맞음을 증명해 준 셈이 됐다. 이런 해석은 미디어에 의해서 그리고 경영자들 자신에 의해서 자주 강화됐다. 그러나 어떤 사업이라도 그 진정한 목표는 고객을 위한 가치를 창조하는 것이고 수익은 그 결과로 나타나는 것이다.

목적과 결과의 차이라는 게 어쩌면 사소하게 들릴지도 모르지만 절대로 그렇지 않다. 경영자들이 조직이 성과를 내도록 독려하는 것에서 그런 의미를 알아볼 수 있다. 성과를 내도록 독려한다는 것은 각자 한 주株당 1.23달러를 벌도록 단순히 명령을 내리거나 이메일을 보내는 것이 절대 아니다. 조직이란 의도적으로 만든 것이다. 즉 개인들이 절대 혼자서는 할 수 없는 일을 하기 위해 모인 집단이다. 그러나 이렇게 모이는 과정에서도 저절로 이루어지는 것이란 없다. 혹시라도 실현 가능한 목적을 만나거나 서로 돕고 공헌하면서 스스로가 조직화하는 방법을 우연히 찾을 수도 있다. 그러나 그런 일은 잘 일어나지 않는다. 피터 드러커가 비꼬아 얘기한 대로 "조직 내에서 스스로 진화하고 발전해 가는 유일한 것들은 무질서요, 마찰이요, 엉터리 성과뿐이다." 바텀라인에 쏟아진 여러 가지 수많은 관심에도 불구하고 모든 조직의 목적을 달성할 수 있게 해주는 어떤 공식이나 마술의 숫자는 존재하지 않는다. 만일 그런 것이 있다면 경영이란 너무도 쉽고 현재보다 훨씬 재미있는 분야일 것이다.

모델 T에서부터 화성 탐사 계획까지 : 좋고 나쁜 측정도구들

헨리 포드가 1903년에 회사를 시작했을 때 동업자들은 포드가 마진이 큰 비싼 차를 만들기를 바랐다. 포드 사의 공동 소유주들은 차 한 대당 수익이 가장 좋은 성과 측정도구라고 생각하는, 자동차 산업 초기의 전형적인 투자가였다. 포드는 이 생각에 찬동하지 않았다. 그의 목적이자 최우선 목표는 '대중을 위한 차를 만드는 것', 즉 자동차의 대중화였다. 포드는 자동차를 사람들이 아주 싸게 살 수 있도록 만들어서 말을 완전히 대체하기를 바랐다. 그렇게 그는 자동차를 갖고 있는 것이 '아주 당연한 일'이 되도록 하고 싶었던 것이다.

1907년께 포드는 최대 주주의 위치를 차지할 수 있을 정도로 회사의 주식을 충분히 사 모았다. 그는 회사의 방향을 바꾸기 위해 새로운 통제권을 사용했다. 그에게 있어 성공의 측정도구는 얼마나 많은 차가 팔렸냐였다. '합리적으로 작은 수익을 얻으며' 많은 차를 판다는 것은 그의 인생에 있어 두 가지 중요한 목표를 만족시키는 일이었다. 즉 많은 사람들이 차를 사서 즐기는 것과 많은 사람들이 높은 임금을 받는 좋은 직장을 제공하는 것이었다. 포드는 회사가 생산해 내는 양보다 수요가 넘쳐 충분히 가격을 올릴 수 있었던 1908년부터 1916년의 기간 동안 가격을 58%나 낮춰 '보통 사람들의 차'를 만들어냈다. 포드 사의 주주들은 그런 행동에 고소까지 하면서 그를 힐난했다. 동시에 포드는 당시 업계 표준 임금의 2배인 하루 일당 5달러의 임금을 정착시켰다. 당시 「월스트리트 저널」은 '영적인 원칙들을 아무 상관 없는 일터에' 불어넣고 있다고 포드를 비난했다.

우리의 경험에 비춰 봐도 그리고 가치 창출에 대한 더 나은 이해를 바탕으로 해서 봐도 역시 포드의 측정도구는 올바른 것이었다. 그의 목표와 비즈니스 모델 그리고 당시 상황, 즉 자동차 산업 초기의 경쟁 환경에도 들어맞는 것이었다. 그렇기 때문에 포드는 올바른 가격 결정을 내릴 수 있었다. 그리고 그 결정이 최우선 목표에 도움이 됐다. 이전에는 경험해 보지 못한 천문학적인 업계의 실업률이 그의 대량 생산에 큰 걸림돌이 될 적에도 포드는 이 측정도구 덕분에 임금에 관해서 올바른 결정을 내릴 수 있었다. 당시 포드에게는 그것이 사람에 관한 핵심적인 결정이었다. 또한 하루 5달러라는 임금은 결과적으로 노동자들을 차를 살 수 있는 고객들로 바꾸어놓았다.

포드의 경우를 이해했다면, 우리는 미항공우주국 즉 NASA가 왜 지난 1990년대에 화성 탐사 프로그램에 잘못된 측정도구를 사용했는지에 대해서도 이해할 수 있다. 연방 예산이 축소되면서 NASA는 우주 탐사에 대한 이제까지의 접근 방식을 바꿔야 하는 압박에 시달렸다. 수십 년이 걸리고 예산도 수조 달러가 드는 거대 프로젝트를 포기하는 대신 NASA는 수억 달러 예산으로 2~3년 만에 끝낼 수 있는 작은 프로젝트들에 집중하는 전략을 택했다. NASA의 최고책임자인 다니엘 골딘은 적은 돈으로 많은 것을 이루는 것이 야말로 진정한 성과라고 정의했다.

새로운 접근 방식은 '더 빠르게, 더 싸게, 더 낮게'라는 별명으로 불리며 NASA에 근무하는 사람들에게 성공에 대한 규정으로 자리 잡았다. 그러나 보조 비행체인 화성기후탐사 인공위성을 잃고 난 몇 개월 뒤인 1999년 3월, 화성극점 착륙선 폭발을 분석하면서 조사원들은 NASA가 우주 임무에 '더 빠르게, 더 싸게, 더 낮게'라는 접근 방식을 적용한 것이 지나쳤다는 결과를 내놓았다. 착륙받침대 스위치의 결함이 우주선의 엔진을 너무 빨리 꺼지게 했기 때문에 1억 6,500만 달러짜리 착륙선은 화성 표면에 그대로 충돌할 수밖에 없었다. 만일 NASA가 사전 연습비행 예산을 깎지 않았다면 이런 문제는 예측할 수 있었을 것이고 우주선 컴퓨터의 프로그램을 바꾸는 것만으로도 쉽게 교정될 수 있었을 것이다. 1억 2,500만 달러짜리 인공위성 역시 사람들이 너무 바쁠 때 범하기 쉬운 사소한 실수들 때문에 비슷한 경로로 잃어버렸다. 그것은 항법 시스템 가운데 영문 측정도구들을 미터법으로 전환하는 부분에서 나타난 결함이었다. 분명한 것은 비용 절감과 빡빡한 일정 때문에 품질을 잃어가며 강화돼 왔었다는 사실이다.

NASA의 경영이 잘못됐다고 비판하기는 쉽다. 그러나 이 이야기에서 올바른 교훈을 얻는 것이 더 중요하다. 그들이 단순히 성공의 잘못된 정의를 택했다는 것이 아니라 그 정의를 올바르게 찾는 일이 얼마나 어려운가 하는 점을 봐야 한다. NASA의 예산 압박은 실제로도 심각했다. 그런 점에서 화성 프로그램에 참여한 모든 이들이 예산 압박이라는 현실을 알 수 있도록 한 만큼 그들이 선택한 측정도구는 나름대로 그 역할을 했다고 할 수 있다. 그러나 NASA 경영진들이 잘못 사용함으로써 화성 미션을 서서히 무너뜨린 결과를 낳은 측정도구로 변한 것이다.

대부분의 조직에서 성과는 대개 다각적인 것이다. 성과는 정확한 균형을 찾는 데서 나온다. 어떤 측정도구도 조직이 성과를 내기 위해 필요한 100%를 찾아낼 수 없다. 그리고 모든 측정도구에는 부작용이 따르게 마련이어서 조직의 건강에 도움이 되지 않을 수도 있다. 요약하자면, 측정도구가 없으면 관리할 수 없다. 그러나 그와 동시에 회사가 반드시 해야 하는 무엇과 도구들이 얼마나 잘 맞을지를 오래 그리고 진지하게 생각하지 않고는 적용이란 먼 나라 얘기라는 것이다.

보편적인 측정도구를 찾아서

오래된 격언 중 하나지만 여전히 진리로 통하는 말이 있다. 바로 '측정할 수 있는 것만 관리할 수 있다'라는 말이다. 측정도구가 없으면 성과란 있을 수 없다. 측정도구가 있기 때문에 조직은 미개척지를 모험할 때 그들이 가는 길을 지도로 만들 수 있다. 좋은 측정도구가 있으면 우리는 길을 찾을 수도 있고 도중에 방향이나 속도를 교정해야 한다는 것도 미리 알 수 있다. 또 조직 내의 모든 사람들에게 지침의 역할을 하기도 한다. 측정도구가 있어야 공통의 목표를 제시할 수 있고 모든 사람들이 의논할 수 있는 공통의 언어를 가질 수 있다.

이런 이유 때문에 조직의 성과에 대해 평가를 계속할 수 있는 방법을 찾는 것이 경영자들에게는 성배를 찾는 것과 마찬가지였다. 그래서 모든 경영자들에게 사업을 하는 데 왕도王道가 될 수 있다는 '단 하나의 올바른 측정수단'임을 자임하는 새로운 주장들이 심심 찮게 출현해 왔다. EVA Economic Value Added 즉 경제적 부가가치는 이들 중 가장 근자에 나타난 후보로 최근의 현학적 단어다. 그리고 투자 수익률은 가장 오랫동안 자리를 지키고 있는 측정도구다.

하나의 올바른 측정 수단처럼 간단한 것이 있다면 얼마나 좋을까? 그런 것은 마치 혈압이나 콜레스트롤 수치처럼 당신과 당신의 건강에 관심있는 사람들이 알아야 할 모든 것을 알려주는 하나의 지표나 마찬가지일 것이다. 그렇기 때문에 성배를 찾는다는 비유가 적절하다고 할 수 있다. 이는 결국 고귀하지만 본질적으로 불가능한 일이라는 얘기이기도 하다.

다시 바텀라인을 예로 들어보자. 바텀라인이 가치 창조 여부를 엄밀히 검사하는 시금석인 것은 분명하다. 바텀라인은 완전한 측정도구는 아니지만 조직이 얼마나 제대로 일을 수행하고 있는지에 대해 객관적인 자를 대볼 수 있는 첫 번째 수단이라고 할 수 있다. 회사가 고객을 위해 제대로 가치를 창출했다면 고객들은 지불할 용의를 가질 것이고 그 돈에는 고객들을 위해 회사가 투입한 자원에 대한 비용들이 모두 포함돼 있다. 회사의 수익이라는 것도 그 비용 중의 하나일 뿐이다. 바텀라인이 건전하다는 것은 고객들이 회사가 하는 일을 가치있게 생각한다는 의미이다. 그리고 동시에 회사가 비용을 제대로 쓰면서 합리적으로 일하고 있다는 뜻이기도 하다. 왜냐하면 그렇지 못했을 경우에는 마진이 아주 작아질 것이기 때문이다. 고객들을 위한 가치 창조를 제대로 못하면 판매가 격감하거나 판매 가격을 내리라는 압박에 시달리게 된다. 그래서 바텀라인이라는 것은 회사가 얼마나 잘하고 있는지에 대한 괜찮은 측정 수단이 되는 것이다. 최소한 단기적으로는 말이다.

그러나 바텀라인이 모든 것을 말해주는 것은 아니다. 이는 장기적인 측정 수단이라는 측면에서 볼 때는 문제가 많다. 즉 회사의 지속 가능성에 대해서는 말해주는 것이 아무것도 없다는 얘기다. 예를 들어 회사가 고객들을 속여가면서 비싼 값을 받음으로써 수익을 부풀렸는지에 대해서는 바텀라인으로는 알 수 없다. 또 이번 분기에 신상품 개발이나 고객 서비스를 위한 예산을 감축키로 했는지의 여부도 알려주지 않는다. 그런 활동들은 모두 당장 오늘의 바텀라인을 띄워줄지는 몰라도 결국 미래의 사업 역량을 병들게 하는 것이다.

조직을 관리할 수 있도록 만들어주는 측정도구를 개발하는 작업도 진화의 과정을 거쳐왔다. 새로운 경영상의 도전이 생기면 그 문제를 풀기 위해 새로운 메트릭스를 만들었다. 예를 들어 산업혁명을 통해 기본적인 효율 측정도구들이 무더기로 쏟아졌다. 이런 도구들은 직물 1파운드의 비용이나, 철도를 관리하는 사람들을 평가하는 기준으로 쓰였던 철로 1마일당의 비용을 산출하기 위한 방식에서 나왔다.

기업이 점점 커가고 복잡해지면서 소유주들은 감독관과 중간관리자들을 고용해야 했다. 그랬기 때문에 이 관리자들을 지도하고 통제하고 평가하기 위해서 정보 취합 및 보고 시스템을 구축해야 했다. 알프레드 슬론이 제너럴모터스를 일하는 집단으로 만들려고 했을 때, 그는 연줄 경영management by crony을 빈틈없는 계산에 기초한 부서별 운영으로 대체하기 위해 여러 다른 활동들에서 나타나는 성과를 비교할 수 있는 측정 수단을 필요로 했다. 최종 조립 공정의 효율성을 스파크 플러그를 만드는 공장의 효율성과 비교한다는 것은 사과를 오렌지와 비교하는 것이나 마찬가지였기 때문이다.

재무적 측정도구들은 이러한 비교가 가능하도록 공통의 분모를 제공했다. 그래서 슬론 시절 재무 담당 부서장이었던 도널드슨 브라운은 각 사업에 투입된 돈에서 얼마나 수익을 냈는지의 비율을 계산하는 측정도구를 개발했다. 각 공정이 얼마나 생산적으로 자본을 사용하고 있으냐 하는 재무적 효율성은 지금도 가장 잘 알려지고 널리 사용되고 있는 재무적 측정도구인 투자수익률의 중심 개념이다. 투자수익률은 나중에는 세계에서 가장 큰 기업이 된 회사에서 관리자들이 회사를 통제하는 데 사용하는 여러 가지 메트릭스 중의 하나였다.

그러나 많은 경우가 그렇듯이 투자수익률도 그 성공이 파멸의 원인이 되기도 했다. 1960년대와 1970년대의 경우 재무적인 측정도구들, 그 중에서도 특히 투자수익률과 같은 것이 너무나도 경영적 사고를 과도하게 지배했기 때문에 많은 경영자들이 그 숫자가 반영하고 있는 밑바탕의 현실보다는 그 숫자 자체에만 집중하는 우를 범했다. 로버트 헤이스와 윌리엄 애버내시 1980년 '경제침체로 치닫는 경영'이라는 제목의 논문을 영향력 있는 「하버드 비즈니스 리뷰」에 실으면서 이에 대한 경종을 울렸다. 논문에서 필자들은 투자수익률 같은 단기적 재무 지표에 지나치게 의존하다가는 모든 조직의 생혈生血인 혁신에 대한 투자를 서서히 죽이고 말 것이라고 주장함으로써 공감을 얻었다.

그 후 지난 20여 년간의 가치 혁명이 이런 문제를 해결했다. 이제 경영자들은 회사가 얼마나 잘했는가를 사후에 종합 평가하는 것만을 목적으로 측정도구를 사용하지 않는다. 대신 이제는 그 조직에 맞도록 잘 다듬어진 측정도구들을 갖고 성과를 향상시키려는 목적으로 사용한다. 운영적인 면의 측정도구들과 재무적 측정도구들을 잘 사용함으로써 경영자들은 자원, 사람, 공장 설비, 자금 등을 얼마나 제대로 쓰고 있는지를 알 수 있다. 예를 들어 종업원 이직률 같은 측정도구는 조직 내의 분위기를 알려주는 중요한 바로미터다. 또 외부적인 성과에 대한 측정도구들, 즉 고객만족이나 고객유지율, 반복구매율 같은 고객충성도 또는 시장점유율 등을 통해 경영자들은 경쟁자들과 비교해 자기 회사의 점수를 평가할 수 있는 수단은 물론 회사가 고객들을 위한 가치를 창조하는 데 얼마나 잘하고 있는지를 관찰할 수 있는 수단을 갖게 된다.

어떤 측정도구도 완벽할 수는 없지만, 아무런 측정도구 없이 체계적으로 일을 하거나 성과를 낸다는 것은 불가능한 일이다. 유능한 경영자들은 성과 측정도구 없이는 일을 할 수 없음을 잘 알고 있겠지만 더욱 중요한 것은 그 한계에 대해 제대로 알지 못하고는 일을 할 수 없다는 점을 명심해야 한다는 것이다. NASA의 실패가 대표적인 예다. 우수한 경영자들은 측정도구들을 유연하게, 목적이 아니라 방법으로, 그리고 거의 대부분 여러 도구들을 혼용해서 사용한다. 또 성과를 올리는 데 새로운 난제가 나타나면 새로운 측정도구들을 개발한다.

가장 핵심적인 사명

어떤 회사나 그 조직의 사람들을 오래 만나다 보면 자연히 그들이 반복해 얘기하는 약어들을 자주 들을 수 있다. 예를 들면 ROI, SVA, ROIC, EVA, EBIT 같은 것이 있는데 그런 단어들을 통해 그 조직의 우선순위를 상당부분 짐작할 수 있다. 생각없는 경영자들은 이런 표준적인 측정도구들이 어디에서든 통하는 타당성을 가지고 있다고 여겨 믿고 사용한다. 그러나 제대로 관리되는 조직에서는 여러 가지 측정도구들 가운데서 조직의 사명과 전략에 들어맞으며 현재 처한 상황에 꼭 맞는 측정도구들만을 아주 조심스럽게 선택한다.

구조조정 혹은 그것이 필요한 회사를 뜻하는 턴어라운드turnaround는 뼈대밖에 남지 않은 현실에서 맞닥뜨리게 되는 과정이다. 지금 어디에 있는지를 제대로 알아내지 못하면 곧 망해 없어질 뿐이다. 실패한 회사를 살려놓은 경력이 있는 사람을 많은 사람들은 '턴어라운드 예술가'라고 부른다. 그러나 이런 경우는 사실 어떤 예술보다도 규율이 중요하다. 턴어라운드의 경우는 특히 조직이 지금 무슨 일을 해야 할지를 모든 사람들이 이해할 수 있게 함으로써 성과 측정 수단의 중요성을 보여준다.

자세히 설명하기 위해서 콘티넨털 항공의 구조조정 과정에서 있었던 일화를 보자. 당시 회장이던 그레그 브레네만의 회고다.

1994년 콘티넨털 항공 노선 가운데 18%는 손해를 보고 있었다. 돈을 버는 빠른 방법은 더 이상 돈을 잃지 않는 것이란 것을 깨달은 브레너만은 비행노선을 짜는 팀을 소집해 질문하기 시작했다.

"그린스보로에서 그린빌까지 왜 하루에 6회나 운항하지요? 이 노선을 타는 두 지역 고객들이 첫 번째 운항편만 탈려고 하는데도 말이오."

"전략적인 것"이라고 어떤 사람이 그에게 답했다.

"이 노선이 언제까지 수익을 올렸나요?"

"한 번도 이익을 낸 적이 없다"는 답변이 돌아왔다.

"그게 무슨 전략이란 말이요?"

아무도 답변을 안 해 그가 다시 물었다.

"그 지역에 애인을 둔 사람이라도 있는 거요? 아예 제트기를 한 대 전세 내주지 그래요? 그게 훨씬 남는 장사겠는데."

이러한 대화가 있은 후 이 노선과 현금을 축내는 또 다른 노선들이 모두 없어졌다.

브레너만의 말에 따르면 콘티넨털의 구조조정 전략은 복잡하지 않았고 상식적이었다. 30명만 타고 운항된 120석짜리 비행기는 운항을 중지시킨 것이다. 그리고 그는 사람들과 화물을 제 시간에 도착하게 하는 데 최선을 다했다. 손님들이 배가 고플 때만 음식을 제공했다. 사람들이 와서 일하고 싶은 환경을 만들었다. 콘티넨털은 이런 목표가 성과를 내는지 그 여부를 알아보기 위해 어떤 측정도구들에 집중했을까? 그것은 월간 탑승률, 사용 가능한 좌석, 마일당 매출, 월간 정시도착률, 잘못 배달된 화물의 개수, 이직률, 병가 사용률 등이었다.

브레너만의 설명은 이렇다.

"성공적으로 운영되는 모든 사업의 기초는 모든 사람들이 이해하는 전략 곱하기 지속적으로 점검 가능한 몇 가지 측정도구들이다."

측정도구를 사명과 일치시키기

콘티넨털의 상황은 다급한 것이었다. 제대로 된 측정도구와 그에 따른 행동이 없었다면 회사는 아주 빨리 망할 수도 있었다. 망할 지경에 몰리면 콘티넨털이 그랬듯이 기본에 대해 아주 명확하게 인식하는 일이 가능해진다. 유능한 경영자들은 이런 수준의 명확함을 여유로울 때도 늘 견지한다. 피델리티 인베스트먼츠Fidelity Investments의 퇴직연금 사업이 대표적인 예다.

피델리티는 관리하고 있는 자산이 8,000억 달러가 넘는 미국 최대의 뮤추얼펀드 회사다. 피델리티 같은 회사는 관리하고 있는 자산의 가치에 연동해 관리 비용을 청구함으로써 돈을 번다. 단순하게 보면 고객이 맡긴 돈이 많을수록, 또 그 자산의 가치가 증가할수록 피델리티는 더 많은 돈을 벌게 된다. 1990년대에 걸쳐 피델리티의 사업 가운데 작은 비중을 차지했던 퇴직연금 사업은 30%대로 커졌다. 계좌개설 고객수와 관리하는 자산의 달러 가치가 점진적으로 증가한 결과였다.

아주 성공적으로 보이지 않는가? 그러나 피델리티의 퇴직연금 관련사 가운데 하나를 맡고 있던 엘린 맥콜겐은 이런 측정도구들만 갖고는 "우리가 성장해 왔고 피델리티 내에서 이전보다 훨씬 중요해졌다"는 것 외에는 보여주는 게 없다고 말했다. "우리 회사의 사명을 얼마나 제대로 실현하려고 한 것인지에 대해서는 말해 주는 게 거의 없다"는 설명이다.

피델리티 퇴직연금 사업의 진정한 바텀라인은 무엇인가? 이 질문에 대한 답은 눈에 보이는 측정도구들, 예를 들면 관리하고 있는 자산 규모라든가 고객수나 수익성 등을 넘어서는 것이어야 한다.

"이런 지표들은 장기적으로 회사가 사업을 지속하기 위해 필요한 것일 뿐"이라고 맥콜겐은 말했다. 그녀는 "우리는 우리의 사명, 즉 피델리티에 투자하는 사람들이 은퇴할 때쯤 충분한 돈을 가질 수 있을지를 보장해 줄 수 있는 그러한 사명에 정말로 많은 신경을 써야 한다. 투자자들이 보장을 받지 못한다면 자산이나 고객이나 수익은 모두 줄어들게 될 것이다. 금방 그렇게 되지는 않을지도 몰라도 반드시 그렇게 될 것이다"라고 덧붙였다.

'고객이 은퇴할 때 충분한 돈을 갖고 나갈 수 있다는 확신을 주는 것'이라는 사명은 '퇴직연금 사업에서 가장 많은 시장점유율을 차지하는 것'이라는 사명과는 완전히 다른 것이다. 사명에 대해서 명확히 함으로써 맥콜갠은 올바른 측정도구를 관찰할 수 있게 됐다. 그녀의 설명을 더 들어보자.

"우리는 퇴직할 때 충분한 돈을 갖기 위해서 무엇을 해야 하는지 알고 있다. 예를 들어 젊은 사람이 확정형 연금에 100% 투자하는 것은 별로 좋지 않다. 또 인생에서 가장 많은 소득을 올리고 있는 시기에 있는 어떤 고객이 그의 거치 기간을 최대한으로 늘리지 못하는 것도 좋은 것이 아니다. 그러나 퇴직을 앞둔 사람이 앞으로 그가 필요로 하는 소득에 대해서 계산해 보는 것은 좋은 일이다. 그래서 우리는 이런 측정도구들을 갖고 어떻게 하면 더 나은 선택을 할 수 있을지에 대해서 필요한 일들을 해나갔다. 우리는 지나치게 적게 투자한 것으로 보이는 사람들을 적극적으로 찾아나섰다. 연금계획 후원 기업들과 함께 그 회사의 직원들을 위해 자산 분배와 포트폴리오의 다양화가 제대로 돼 있는지 평가하는 작업도 벌였다. 우리는 또 사람들이 재정적인 목표를 세우고 그 목표 달성을 위한 진척도를 평가할 수 있는 계획 작성 도구들을 만들어 제공했다." 그녀의 말은 사명이 적절한 측정도구로 바뀌면 이런 측정도구들이 행동으로 옮겨진다는 뜻이다.

델 컴퓨터가 회사의 사명을 성과로 바꾸기 위해 마련한 측정도구도 피델리티와 마찬가지로 잘 다듬어진 것이지만 그것과는 또 완전히 다른 것이기도 하다. 마이클 델이 1984년 창업했을 때 그의 목적은 단순했다. 다른 컴퓨터 회사들이 하는 것과는 달리 중간자를 통하지 않고 직접 판매함으로써 고객들에게 더 유리한 조건을 제공하자는 것이었다. 대학교 기숙사에서 혼자 사업할 때만 해도 마이클 델은 그의 목적을 남에게 설명하기 위해 잘 다듬을 필요도 없었고 어떻게 사업이 이루어지는지 설명할 필요도 없었다. 그러나 델이 컴퓨터 업계의 공룡이 된 오늘날 그는 회사의 목표를 남에게 설명할 수 있는 아주 구체적인 것으로 만들어야만 했다. 다시 말해 그런 것이 있어야 결과를 제대로 조명하고 성과 측정의 방법을 명확히 해 커다란 조직 전체가 올바른 것을 향해 집중하며 일할 수 있기 때문이다.

델 컴퓨터의 경우 우리가 이미 살펴봤듯이 그들이 성공에 이르게 된 열쇠 중 하나는 바로 속도다. 좀더 구체적으로 말하면 '속도'란 컴퓨터 부속품들이 공장에서 만들어진 그 시간부터 완전히 조립된 컴퓨터가 고객의 책상에 도착할 때까지의 경과 시간을 뜻하는 것이다. 왜 이 속도가 중요한가? 컴퓨터 비즈니스에서는 신제품이 너무나 빨리 소개되기 때문에 비록 서너 달밖에 안 된 것이라도 오래된 부속품을 갖고 있다면 시장에 미처 내보내기도 전에 쓸모

없는 구식 제품이 될 가능성이 높기 때문이다. 그런 일이 생기면 컴퓨터 제조업자는 할 수 없이 엄청나게 할인해서 팔 수밖에 없고 손해도 전부 감당해야 한다. 쓸모없게 된 재고 비용을 떠안아야 하는 것은 제품 수명이 짧은 어느 사업에서건 감안해야 하는 무서운 현실이다. 그것은 컴퓨터이건 패션 산업이건 간에 마찬가지다.

델은 아주 초기부터 비즈니스 모델과 성과 측정도구 간의 연결 고리를 만들었다. 델과 관리자들은 그들이 하려는 일, 즉 고객들에게 현재의 가장 좋은 기술을 가능한 한 낮은 비용에 제공하려는 것을 구체적인 메트릭스로 바꿀 수 있었다. 예를 들어 델은 자기 회사 직원들이 모니터의 부품을 더 자주 만지면 만질수록, 그리고 조립 공정이 더 오래 걸리면 걸릴수록 최종 컴퓨터 제품에 품질 문제가 발생할 가능성이 더 높아진다는 사실을 알았다. 그래서 델은 '접촉 횟수'를 측정키로 하고 최종적으로는 이 횟수를 0에 가깝게 만들려고 노력했다. 품질 수준이 높은 소니 같은 공급업자들과 일하면서 델 컴퓨터는 모니터가 든 박스를 열어보지 않고도 델 컴퓨터의 이름을 모니터에 붙일 수 있게 됐다. 마이클 델은 이렇게 반문한다. "모니터를 텍사스 주 오스틴으로 가는 트럭에 실어보냈다가 잠시 재고 창고를 돌고 또다시 다른 트럭에 실을 이유가 도대체 어디에 있는가?"

속도의 규칙은 델 컴퓨터의 재무 전략에도 똑같이 적용되고 있다. 성장하는 기업, 심지어 수익성 높은 회사들까지도 역병에 걸리게 하는 문제가 있다. 그것은 회사들이 아주 조심하지 않으면 현금이 떨어질 수도 있다는 점이다. 델 컴퓨터의 CFO 즉 재무 최고경영자를 역임한 토머스 J. 메레디스는 고속 성장 자본을 마련하는 문제를 회사가 어떻게 풀어야 하는지를 처음 설계한 사람이다. 과제는 간단한 것이었다. 즉 어떻게 하면 고속 성장과 수익성, 유동성 등을 조화시킬 수 있느냐의 문제였다. 이전까지 수익성을 측정하는 측정도구는 매출 총이익, 즉 매출액에서 매출원가를 뺀 것이었다. 그러나 문제는 이 매출 총이익이 성장을 위해서 반드시 투자해야 하는 자본, 예를 들어 시장점유율을 높이기 위한 광고 비용과 설비 및 재고에 투자된 돈 등은 포함하고 있지 않다는 점이었다. 그래서 메레디스는 델 컴퓨터의 재무적 초점을 매출 총이익에서 투하자본이익률ROIC:Return On Invested Capital로 바꿨다. 투하자본이익률은 델 컴퓨터가 저재고 생산에 집중할 수 있도록 길을 열어주는 자금들을 포함하고 있는 측정도구이다. 실제로 메레디스의 자동차 번호판에 적힌 문자는 ROIC였는데, 남들이 보기엔 우습게 보일지 몰라도 나름대로 시사하는 점이 있었다. 만일 수천 명이 같은 방향으로 행진하기를 원한다면 어느 정도의 상징과 연출은 필요한 것이다.

델은 빠르게 성장하기를 원했다. 그리고 운영자금을 조달하기 위해 많은 부채를 빌리는 일 없이도 성장하고 있다. 이런 목표를 달성하기 위해 델 컴퓨터가 한 일 중에 대표적인 것이 바로 재고일 수, 즉 확보하고 있는 재고를 소진하는 데 며칠이 걸리는지를 나타내는 비율을 측정한 것이다. 즉 확보하고 있는 재고의 숫자를 하루에 팔리는 숫자로 나눠 계산한 것이다. 델은 회사의 모든 사람들이 이 숫자를 더욱 낮출 수 있는 아이디어를 찾아내도록 독려했다. 재고를 적게 갖고 있을수록 재고를 유지하는 데 드는 비용을 더욱 줄일 수 있기 때문이었다.

GE에서의 측정도구 변화

잭 웰치가 경영하고 있는 20년 동안 GE는 언제나 탁월한 성과를 올렸다. 웰치는 어떤 측정도구를 사용했을까? 웰치는 회사의 상태에 따라 또 전 세계 경제의 상황에 따라 다른 측정도구를 사용했다. 웰치는 CEO로 재직하면서 회사를 여러 단계에 걸쳐 변화시켰는데 매 단계마다 항상 반복될 수 있는 쉬운 주제와 캐치프레이즈, 그리고 그와 연관된 측정도구들이 있었다. GE는 재벌이기 때문에 그 주제는 광범위한 것이었고 측정도구들은 각각 비즈니스 모델과 전략이 다른 여러 사업에 두루 적용될 수 있는 것으로 선택됐다. GE의 매출과 수익을 만들어내는 최우선의 목표를 제시함으로써 웰치는 GE의 주 사업을 제조업에서 서비스업으로 바꾸었고 미국 내 회사에서 글로벌 회사로 전환시켰다.

웰치는 지난 1980년대에 명확한 전략적 측정도구들을 갖고 GE의 전환에 발동을 걸었다. 그동안 회사가 크게 성공하면서 회사 경영이 내부지향적으로 변한 것을 뜯어고치기 위해 한번 흔들어 놓을 필요가 있다는 확신을 갖게 된 웰치는 모든 GE 비즈니스는 해당 시장에서 1위 혹은 2위 업체가 돼야 한다고 외쳤다. 이것은 그가 피터 드러커에게서 배운 것이었다. 시장의 주도자들은 자신들의 시장 장악력과 규모에 힘입어 훨씬 나은 성과를 올릴 가능성이 높다. 만일 시장에서 1등 혹은 2등이 아니라면 뜯어고치든가 문을 닫고 팔아버려야 한다는 식의 '고쳐라, 문닫아라, 팔아라fix, close, sell'라는 말은 GE가 어디를 향하고 있는지를 사람들에게 확고하게 전해주는 간단한 메시지였다. 웰치는 그저 실천하기 위해서가 아니라 전략을 갖고 시작한 것이다. 동시에 모든 구성원들이 현재 그 사업이 경쟁자들과의 위치에서 어떤 자리를 차지하고 있는지, 그리고 과연 탁월한 성과를 낼 전망이 있는지를 냉정히 볼 수 있도록 해주는 측정도구를 갖고 개혁을 시작한 것이다.

1990년대 GE의 구조를 뒤흔들어 바꾸어버린 웰치는 기본에 충실하고 사기와 자신감을 회복하기 위해 생산성 측정도구로 관심을 다시 옮겨갔다. 웰치의 회고에 따르면 "승리하기 위해서는 극적이면서도 지속적인 생산성 향상의 열쇠를 찾아야 했다." 그가 회사에 제시한 가장 중요한 메시지는 '속도, 단순화, 자신감'이었다. 이 슬로건을 더 구체화하기 위해 웰치는 몇 가지 중요한 측정도구에 집중했다. 그 중에는 이 세 가지 필수 조건도 있었다. 바로 고객만족과 종업원만족, 현금 흐름이었다. 고객만족도가 높으면 시장점유율이 높아질 수 있다. 만족도 높은 종업원들은 생산성이 우수한 종업원이 될 것이다. 그래서 마침내 회사 금고에 현금이 쌓인다면 나머지 것들은 자연스럽게 돌아가게 된다.

이어 1990년대 중반에 들어 웰치는 1등, 2등 규칙을 버리고 새로운 전략적 목표를 제시했다. 그는 GE의 사업 부문 리더들에게 시장을 더욱 넓게 정의할 것을, 예를 들면 아직 시장 전체의 10% 이상을 넘지 못하고 있다는 식으로 요구하면서 성장을 위한 계획을 새로 짤 것을 요구했다.

왜 이렇게 전환했을까? 웰치는 아무리 "어렵고 단단한 규칙이란 것도 대충 속여먹으려 마음 먹으면 너무 쉽다"는 것을 잘 알고 있었다. 회사 사람들은 성과를 측정하는 시스템을 갖고 게임을 할 때는 아주 창조적이 된다. 그래서 정기적으로 새로운 선을 그어줄 필요가 있는 것이다. 웰치는 시간이 지나면서 GE의 경영자들이 시장을 좁게 정의하는 법을 알아내 시장에서 1등 혹은 2등이 되는 결과를 낳았다는 것을 알았다. 그래서 웰치는 새로운 과제인 성장으로 경영자들을 몰아붙인 것이다.

1996년에 웰치는 6시그마 개혁운동을 시작했다. 그 측정도구란 그 자체가 이미 살펴봤듯이 품질 측정도구이다. 그러나 GE에서 확고하게 실행되면서 6시그마는 가치 창조의 모든 요소를 포함하는 프로그램이 됐다. 왜냐하면 6시그마 프로그램은 비즈니스를 다루는 데 시스템적 접근법을 요하기 때문이다. 프로세스는 맨 처음 고객들에게 그들이 생각하는 가치가 무엇인지에 대해 묻는 것부터 시작한다. 다시 말해 바깥에서 안으로의 관점으로 시작하는 것이다. 그리고 나서 GE는 그 공정의 모든 부분들, 즉 제품 디자인에서부터 제조, 판매, 유통의 모든 공정들을 정렬시킨다. 시스템 전체가 이러한 일련의 과정을 통해 고객들이 원하는 가치를 창출하기 위해 꾸며지는 것이다.

6시그마에 심취한 웰치는 30만이 넘는 GE 사원들이 공통의 목표에 집중할 수 있도록 수학적 측정도구와 거창한 주제들을 독자적으로 결합했다. 예를 들어 그는 교육훈련과 성취 실적에 기초를 두고 '그린벨트, 블랙벨트, 마스터벨트'라는 새로운 '전사戰士 계급'을 만들어내기도 했다. 그는 또 6시그마의 숙련도를 GE 내부 승진의 필수 요건으로 정했다. 그래서 또 다른 명확한 메시지를 사원들에게 준 것이다. 그것은 이 6시그마 프로그램을 아주 잘하든지 아니면 이곳에 있을 필요가 없다는 메시지인 것이다.

바텀라인이 없는 곳에서는 무엇이 바텀라인인가?

사명과 바텀라인은 어떻게 해도 조화될 수 없다는 믿음이 널리 퍼져 있다. 이런 잘못된 개념의 밑바탕에는 아래와 같은 방식으로 진행되는 논리적 오류가 있다.

사명＝사람

바텀라인＝수익

사람 ≠ 수익

그러므로 사명 ≠ 바텀라인

이 논리는 기본적으로 오류이고 자가당착에 빠져 있다. 성과라는 것은 사명에 반대되는 것이 아니라 오히려 사명을 실현하기 위한 모든 것을 뜻한다. 성과는 제대로 이해되고 정의된다면 사명과 결코 대립적인 것이 아니다. 사실 비즈니스에 관해서 얘기하건 아니면 비영리 기관에 관해서 말하건 성과라는 것은 사명이 없으면 있을 수 없는 것이다.

박물관이 하는 일은 예전에는 가치있는 물건들을 문화적으로 보관하고 저장하는 것으로 여겨져왔다. 이것이 사명이라면 그 박물관 소장품 내역과 소유물들의 가치가 박물관이 올리는 성과의 적절한 측정도구가 될 것이다. 현대에 와서는 대부분의 박물관이 스스로를, 지식과 미적 취향을 향유하길 원하는 관객층을 확보하는 문화적 지원자로 보고 있다. 그러나 문화적 지원이란 것은 여러 가지 형태로 이루어질 수 있는 만큼 어떤 것이 잘하는 일이냐를 정하는 데 따라 박물관 직원들의 행동도 달라지게 돼 있다. 만일 관람객 수를 늘리는 것이 가장 중요한 목적이라면 초점은 방문객 수를 늘리는 데 집중될 것이며 큐레이터들은 이에 따라 많은 사람들을 대상으로 하는 전시회를 만들려고 노력할 것이다. 만일 목적이 진정한 후원자들을 충실한 단골손님으로 만드는 것이라면 대상으로 삼은 관람객들이 얼마나 자주 방문하는지 기업에서 말하는 재판매를 조사해 볼 수도 있고 또는 박물관 정기 회원권의 판매건수를 참조할 수도 있다. 성과를 이런 식으로 정의함으로써 모든 사람들에게 무엇이 목적인지를 분명하게 할 수 있는 것이다.

다른 예로, 우리가 병원 응급실을 운영하고 있다고 해보자. 여기서 성공적이란 것은 어떻게 정의될 수 있을까? 이곳에서 재판매율 같은 것은 당연히 측정도구가 될 수 없다. 오히려 응급실에서의 재판매란 주치의도 없고 의료보험도 없는 사람이 병원을 찾을 때마다 최초의 의료 수요를 항상 응급실을 통해 해결한다는 것을 뜻한다. 이런 것은 거의 언제나 관계되어 있는 모든 사람들에게 최악의 결과를 초래한다. 환자에게는 엉터리 의료 서비스인 것이고 병원으로서는 바텀라인이 부실해지는 것이다.

그렇다면 응급실의 성과를 측정해 주는 올바른 측정도구는 무엇인가? 얼마나 빨리 의료진이 나타나는가일까? 아니면 응급실 도착 후 수시간 안에 되살아난 심장발작을 일으켰던 환자의 숫자일까? 그것도 아니면 다른 무엇일까?

많은 비영리 기관들이 그들의 성공을 그들이 사회에 끼친 영향이 아니라 직원들이 들인 노력으로 측정하는 경향이 있다. 예를 들면 재단은 그들이 양도받은 기부금의 양을 보고하지만 그런 기부금들이 사용 목적에 따라 제대로 쓰이고 있는지에 대해서 추적 보고하는 재단이 얼마나 될까? 경찰서들은 관할 지역에 얼마나 많은 경찰관들이 순찰을 돌고 있는지 또는 그들이 응답한 비상전화 건수가 얼마나 되는지를 세고 있다. 이렇게 경찰들의 활동들을 측정하는 것을 버리고 경찰들이 활동을 통해 거둔 결과들을 측정하는 것으로 전환한 것이 1990년대 중반 뉴욕 경찰국의 재조직에서 보여준 가장 중요한 요소였다. 윌리엄 브래튼 뉴욕 경찰국장에게 있어 바텀라인은 다름 아닌 범죄를 줄이는 것이었다.

뉴욕 경찰국은 범죄통계학에 집중하기 시작했는데, 고위 관계자의 말을 빌리면 "연말에 통계를 관리하기 위해서가 아니라 결과를 관리하기 위한 수단으로" 그랬다는 것이다. 뉴욕 경찰국의 변화와 함께 지역 경찰서장들도 새로운 메트릭스에 책임을 져야 했다. 경범죄와 관련해 체포, 조사된 사람들의 비율 등이 대표적인 예다. 브래튼과 그의 팀들은 이런 메트릭스들을 이용해 뉴욕 경찰국이 그들의 궁극적인 목적인 범죄를 줄이는 것에 얼마나 다가가고 있는지를 평가했다. 측정도구들이 사람들이 사명과 관련된 행동을 할 수 있도록 정렬하는 데 도움이 된 것이다.

목적을 달성하기 위해 어떤 성과 측정도구들을 택할 것이냐 하는 것은 매우 난해하고 복잡한 과제다. 그러나 그것은 절대로 비생산적이거나 비창조적, 그리고 숫자 연습에 불과한 그런 것이 아니다. 자연보호회의 경험이 좋은 예다. 해가 갈수록 자연보호회가 보호하기 위해 산 땅은 넓어졌고 보호회 회원수는 늘었으며 기부금도 점점 커져갔다. 전통적으로 그들이 사용했던 측정도구들 즉 '기부금 액수', '확보한 땅' 등으로 보자면, 자연보호회는 아주 탁월한 성과를 올리고 있었다. 그러나 조직의 목적 그리고 사명은 바로 지구와 동물들을 보호하는 것이다. 그들이 더 많은 돈을 거두고 더 넓은 땅을 사는 동안 그들은 생물학적 다양성 확보라는 더 큰 전쟁에서는 지고 있었다. 존 소힐이 이끌던 이 조직은 1990년에 들어 그들이 조직의 성공을 규정하는 데 사용한 전략과 측정도구들을 다시 생각하기로 했다.

매사추세츠 주의 쉐놉 브루크Schenob Brook라는 지역을 사들인 뒤 자연보호회는 습지거북의 숫자가 줄어들고 있다는 사실을 알게 되었다.

"우리의 보호지역 바깥에서 일어나는 일들이 거북이들이 사는 습지 수질에 영향을 미치고 있었다. 우리는 한 지역을 사고 펜스를 치면 그 안에 있는 것들을 모두 보호할 수 있을 줄 알았다. 그러나 그 생각이 잘못된 것이었다. 다시 말해 우리의 전통적인 성과 측정 도구들, 예를 들면 자연보호를 위해 얼마나 많은 땅을 확보했는가를 따지는 이러한 것들이 우리 조직의 근본적인 발전을 담보하는 적절한 지표가 아니었던 것이다. 우리는 보통의 비즈니스처럼 단순하게 운영될 수 있는 조직이 아니다. 영리 기업들은 매일 재무제표를 보면서 사업을 어떻게 하고 있는지를 알 수 있다. 그들은 돈을 벌고 있거나 아니면 못 벌고 있거나이다. 바텀라인이라는 규율이 없기 때문에 비영리 기관들은 궤도에서 이탈하기 쉽다. 자연보호회의 경우엔 과학이야말로 진정한 바텀라인이다."

이후 이 단체는 과학을 통해 새로운 측정도구들을 찾게 됐다. 현재는 자연보호회가 수행하는 모든 프로젝트는 성공에 이르는 다섯 가지 핵심 요소들이 정의 되어 있어 그에 따라 평가된다. 다섯 가지는 보호회가 보호하려는 생태학적 시스템, 이 시스템에 대한 위해 요소들, 이런 위해 요소의 원천, 위해 요소를 처리할 전략, 성공을 어떻게 측정할 것인가 하는 것들이다.

보호회가 민물홍합의 생태환경을 보호하기 위해 동북부 인디아나 주에서 진행한 피쉬크리크Fish Creek 프로젝트가 좋은 예다. 위해 요소들은 물속에 개흙이 과도하게 많은 곳에서 발생했는데 이 개흙은 강변의 경작물과 가을 쟁기질 등 두 가지 농사 활동의 결과로 나온 것들이었다. 자연보호회는 이후 농민들에게 농사 장비를 보조해 줌으로써 개흙을 발생시키지 않는 농법을 사용하도록 도와왔다. 이 프로젝트와 관련해 자연보호회는 성공을 평가하는 세 가지 측정도구를 사용하고 있다. 경작하지 않는 농법을 사용하는 땅의 넓이, 물속의 개흙 정도, 피쉬크리크에 살고 있는 민물홍합의 숫자 등이다. 소힐 회장은 "궁극적으로 우리의 성공은 얼마나 많은 종의 생물들을 우리가 보호했느냐로 측정해야 할 것이다. 그러나 단기적으로는 우리가 올바른 방향으로 가고 있는지를 제대로 알기 위해 우리가 무엇을 모니터해야 하는지를 알아야 한다"고 말했다.

과학에 바탕을 두기 때문에 자연보호회 같은 조직은 사명을 제대로 실현하게 해주는 성과 측정도구를 찾는 어려운 과업을 다소 유리하게 해결하는지도 모른다. 대부분의 경우 사회 분야 단체들은 산출보다는 투입을 더 잘 다룬다. 예를 들면 교육의 경우 교육 시스템을 통해 어떤 사람을 배출할 것이냐를 정의하는 것보다 학생들을 가르치는 데 투입한 것들, 교실 및 도서관 숫자, 수업 시간, 필수과목 목록 등을 측정하는 것이 훨씬 쉽다. 만일 교육의 진정한 결과가 생산성 높은 시민을 만드는 데 있다면 어떻게 성공을 제대로 측정할 수 있겠는가?

당신이 공직에 출마한 정치인이라면 교육 당국에 책임있는 답변과 결과를 요구하기는 매우 쉽다. 그러나 만일 당신이 공공교육의 밑바탕에 깔린 목적에 동의하지 않는 지역 주민들을 만족시키려 한다면 그것은 어려운 문제다. 그런데다 그런 성과를 정의하는 측정도구를 만드는 일이라면 훨씬 어려워진다. 미국의 공교육 현실에 대한 최근의 논쟁들은 이런 어려움을 그대로 증명하는 일이다. 경영의 교훈은 분명하다. 교육의 질을 높이기 위해서는 먼저 무엇을 성취하기 위해 교육을 하는가에 동의해야 하고 다음에는 그 목적을 실현하기 위해 구체적인 성과 측정도구들을 만들어야 한다는 점이다.

제대로 된 측정도구와 목표는 모든 종류의 조직들이 존재 목적을 실현하는 데 도움을 준다. 종합해 보면 사회 부분이 직면하고 있는 어려운 과제들은 점점 더 고급 경제학적 과제들로 바뀌고 있다. 산출을 쉽게 계산하고 측량할 수 있었던 육체 노동 대신에 지식 노동이 늘어가면 갈수록, 또 우리 경제가 서비스와 무형 산업으로 향할수록, 모든 조직들은 어떻게 자신들의 야망을 정의하고 성과를 측정할지에 대해 더욱더 많이 생각해야 한다.

7 미래에 베팅

− 혁신과 불확실성

거북이를 보라, 목을 앞으로 쭉 내밀고 전진한다.
−제임스 브라이언트 코난트, 전 하버드대 총장

  훌륭한 경영자는 탐험 시대의 항해사들처럼 항상 한쪽 눈은 수평선을 보면서 다른 한쪽 눈은 현재의 위치에 고정시킨다. 그들은 지금 발생한 결과에 책임을 지는 동시에 장기적인 기간에 대해서도 책임을 진다. 경영자들은 어떻게 다른 시간대를 동시에 살아가는가? 대부분의 경우 그들은 그런 상황을 아주 불편해 하며 살아간다.

  경영자들은 오늘 혁신하지 않으면 내일 뒤처진다. 그러나 미래를 위해 투자하는 돈은 언제나 오늘의 성과에서 지불된다. 늘 '피터에게서 강탈해서 폴에게 지급' 하는 식이다. 피터와 폴과는 항상 좋은 관계를 유지할 필요가 있다는 인식을 하면서도 말이다.

  게다가 경영자들의 투자가 반드시 성과를 가져다 주리라는 보장도 없다. 미래란 본래 불확실하기 때문이다. 따라서 혁신에 투자한다는 것은 때때로 경마장에서 베팅하는 것과 마찬가지로 여겨질 수 있다. 이 비유는 이 둘의 차이점을 잘 인식하고 있는 한 아주 쓸모 있는 은유다. 우선 경영진은 스스로 내기를 걸어야만 한다. 그것은 바로 혁신하는 일인데, 아주 특별한 문제 해결 방식이라고 할 수 있다. 혁신은 새로운 방법을 찾아 가치를 창조하는 것이요, 창조할 가치를 발굴하는 작업이다. 경쟁자들에게는 없는 가치에 대해 보다 좋은 정보와 통찰력을 가진 조직이라면 베팅에 나설 만하다. 경영이란 또 자신의 의도를 위해서 불확실성을 적극적으로 변화시키는 베팅이기도 하다. 이에 반해 경마장에선 그렇게 할 필요가 없다. 경마장 베팅을 즐기고 싶다면 경마장의 불확실성 자체를 받아들이면 된다. 경주마가 달리기 시작하면 오로지 수동적으로 결과만을 기다리면 되는 것이다.

이 장에서는 경영의 규율이 어떻게 위험이 따르는 혁신을 다룰 수 있는지에 대해 설명하겠다. 여기에는 어떻게 정보를 모으고 사용해 좀더 나은 베팅을 할 수 있는지, 여러 가지 가능한 베팅 가운데서도 어떻게 하면 나은 선택을 할 수 있을지, 또 일단 확정된 베팅을 어떻게 관리할 수 있는지에 관한 내용이 포함된다.

현재와 미래라는 공돌리기 곡예

1927년 5월 헨리 포드는 아주 특이한 조치를 단행했다. 생산 라인을 폐쇄하고 종업원들을 집으로 돌려보내더니 자신은 설계실로 들어갔다. 지금까지 남아 있는 역사의 큰 아이러니다. 미래를 창조한 주인공이 여느 개인처럼 과거에 집착하다니 말이다. 포드는 모델 T의 성공도 언젠가는 사라지리란 것을 깨닫지 못했다. 그가 모델 T에만 집착하지 않았더라도 변화의 물결이 밀려오는 것을 보았을 것이다. 그러나 그는 어쩔 수 없이 당시 전 세계에서 가장 유명한 자동차 공장의 문을 닫아야 했다.

당시 헨리 포드가 계산에 넣지 못한 점이 있었기에 생긴 결과였다. 그는 일단 소비자들이 자동차를 갖게 되면 그 차가 그들의 생활을 영원히 변화시킬 것이라고 믿었다. 말한 바와 같이 포드는 대량 시장에 적합한 차를 제조했다. 즉 차를 구입하는 소비자가 대부분 처음 차를 산다는 것만 염두에 두고 차를 만들었다는 얘기다. 포드는 소비자들이 두 번째 차를 사고 세 번째 차를 살 때면 보다 좋은 차, 보다 편안한 차, 그리고 더욱 강력하며 디자인이 뛰어난 차를 사고 싶다는 욕구를 가지게 된다는 점을 전혀 눈치채지 못했던 것이다. 소비자들의 추세는 실제로 그러했다. 경제가 성장하면서, 특히 할부 구입 방식이 도입되면서 소비자들은 좀더 좋은 차를 구입할 수 있는 여유가 생겼다.

소비자들이 구입했던 첫 번째 차는 중고차 시장에서 재판매 차로 유용하게 팔려나갔다. 모델T는 한때 기본적인 교통수단으로 각광받았으나 가격이 훨씬 저렴한 중고차가 급증하면서 인기가 떨어져만 갔다. 포드의 라이벌이었던 알프레드 슬론은 그런 시상의 변화에 대해 다음과 같이 설명했다. "차를 처음 샀던 소비자가 두 번째 차를 사려고 시장에 나왔을 때 첫 번째 차는 새 차를 구입하기 위해 내놓는 선불인 셈이다. 즉 교통수단 역할을 한 첫 번째 차를 팔고 두 번째로 사는 새 차에서는 더 나은 무언가를 요구하는 것이다."

포드는 1925년에 그런 시장 변화를 감지했어야 했다. 당시 승용차와 트럭을 합한 포드 차의 판매량은 200만 대를 유지하고 있었다. 그러나 자동차 시장이 급속하게 성장하면서 포드 차의 시장점유율은 54%에서 45%로 떨어졌다. 그 다음해엔 시보레가 포드의 시장점유율을 또 빼앗아갔다. 1927년 5월 무렵 포드는 게임이 끝났다는 것을 인정해야 했다. 종업원들을 집으로 돌려보내고 자신은 모델T의 후속 자동차를 개발할 수밖에 없었다.

물론 헨리 포드의 단견이 치명적이진 않았다. 이후에도 포드 차는 살아남았으니까 말이다. 포드보다 많은 대가를 치러야 했던 기업들은 수두룩하다. 최근 쓰러진 디지털 이퀴프먼트 코퍼레이션Digital Equipment Corporation의 예를 보라. 이 회사의 창업주는 초소형 컴퓨터에 지나치게 집착한 나머지 1977년쯤 개인 소비자들이 집에 놓고 쓸 수 있는 가정용 컴퓨터를 원하고 있다는 흐름을 읽지 못했다. 그 결과 십여 년 후 남은 것이라곤 컴팩Compaq에 인수되는 일뿐이었다.

소비자들의 관심이 PC로 이동한 것과 같은 불연속성은 대부분 언제나 알아차리기 어렵다. 20세기에 화공학이 그랬던 것처럼 21세기에는 생명공학이 암울한 그림자를 드리울 것이라는 전망은 전혀 낯설지 않다. 그러나 그런 재빠른 일반화는 기업이 언제 자원을 재분배해야를 할지 인식하는 데 도움을 주지 못한다. 한때 큰 화학 업체였던 몬산토Monsanto는 생명공학에 베팅했다. 몬산토는 생명공학 기술을 가지고 기존 화학 제품에 기초한 접근 방식보다 환경에 피해를 덜 주고 농업 생산성을 높일 수 있는 제품을 개발해 내는 듯했다. 예를 들어 해충에 유전적인 면역성을 가진 농작물을 개발한다면 농부들은 해충박멸을 위해 다량의 농약을 뿌리지 않아도 된다. 하지만 몬산토의 CEO인 로버트 샤피로Robert Shapiro는 자신의 기업을 잃었고 CEO자리도 잃었다. 유전적으로 변형된 농작물에 대한 정치적인 반발을 과소평가한 탓이었다. 그런 반발만 없었다면 그는 언젠가 시대를 앞서가는 선구자로 평가받았을 것이다. 기술은 준비됐으나 시장이 준비되지 못했던 것이다. 몬산토는 파마시아Pharmacia에 인수되면서 종말을 맞았다. 우리는 5년이나 10년 후 샤피로가 한 시대를 앞서 간 인물이었는지 아니면 몽상가에 불과했는지 알게 될 것이다.

현재와 미래 사이에서 균형을 잡는 문제는 120년의 역사를 가진 코닥이 디지털 사진 시대로 접어들기 위해 준비하면서 부딪힌 딜레마이기도 하다. 문제는 코닥이 디지털 사진 시대로 전환하느냐 마느냐가 아니었다. 언제 어떻게 전환하느냐였다. 1999년 코닥의 매출 가운데 80% 이상, 그리고 수익의 대부분은 기존 이미지 기술에서 벌어들인 것이었다. 디지털 카메라 판매가 급증하자 코닥은 한 해 디지털 기술 연구 개발에 5억 달러를 쏟아부었다. 전문 지식과 기술을 보유한 새로운 임원들도 영입하고 조직도 개편했다. 코닥이 직면한 도전은 수익성 있는 기존 사업을 지나치게 일찍 상실하지 않으면서도 디지털 시대에 적응하는 일이었다.

몬산토와 코닥의 사례에서처럼 시장과 기술의 급속한 변화는 극단을 의미한다. 이는 근본적인 딜레마지만 현재와 미래 사이에서 불안스런 균형을 잡아야 하는 것은 경영의 일반 속성이다. 엉뚱하게 들릴지도 모르지만 그런 속성은 비영리 단체에도 있다. 비영리 단체들은 오늘 직접적으로 피부로 느낄 수 있는 서비스에 모든 자금을 투자해야 하는 과중한 압박에 시달리기 때문에 내일 더 큰 사회적 영향을 미칠 수 있는 역량을 얻기 위한 투자를 멀리할 수 있다. 우리는 비영리 단체의 서비스 정신이 너무 강해 후원자로부터 자금을 모아 수혜자에게 전달하는 단순 통로로만 생각하는 경향이 있다. 조직을 강화하고 혁신하는 데 오늘 투자하지 않는다면 내일 더 개선된 서비스를 할 수 없다는 사실을 인식하고 있는 자금 후원자들은 얼마 되지 않는다. 심지어 그런 인식을 하고 있는 비영리 단체장들도 많지 않다.

모든 종류의 조직에는 오늘의 압력을 추진력 삼아 미래로 나아갈 수 있는 정신이 필요하다. 앤디 그로브는 "그렇지 않을 경우 우리는 앞으로 할 일이 너무 없을 테고 할 일이 있다 해도 시기가 너무 늦을 것이다"라고 했다. 그는 "변화에 직면해 어떻게 경영을 해야 하는지에 대해 해줄 수 있는 말은, 우리 경영자들이 변화를 정말 혐오한다는 것이고 우리 자신이 그 속에 포함된 변화를 특히 싫어한다는 것"이라고 지적했다. 혁신을 잘 이루어낸 훌륭한 사례로 평가받는 3M은 각 사업 부문으로 하여금 과거 5년간 도입한 제품과 서비스에서 적어도 25%의 매출을 올리라고 요구해 왔다. 1993년 경쟁이 심해지자 3M은 과거 4년간 도입한 제품과 서비스에서 30%의 매출을 달성하라고 기준을 상향 조정했다. 3M이 선택한 구체적인 목표 수치들은 강압적인 면이 있었다. 그러나 우리를 미래로 밀어붙이는 메커니즘과 인센티브는 강압적인 것이 아니라 현실이다.

훌륭한 경영이란 기업가 정신이 충만한 것

멀리 내다보는 경영은 적절한 용기와 강한 정신을 요구한다. 다른 무엇보다도 내일의 약속에 대한 과도할 만큼의 믿음을 갖는 것이 중요하다. 제2차 세계대전이 끝나갈 무렵 휴렛패커드의 방산防産 계약 건수는 급격히 줄어들어 매출이 절반으로 뚝 떨어졌다. 회사를 살리기 위해 빌 휴렛과 데이비드 패커드는 종업원들을 내보내는 수밖에 없었다. 하지만 그들은 그러는 중에도 기회를 보았다. 그들은 다른 방산업체들이 해고하는 유능한 엔지니어들만은 대거 채용한 것이다. 침체기에도 밝은 미래가 올 것이라고 믿었기 때문이다.

조직을 미래로 이끌기 위해 경영자들이 투자하는 것, 즉 감당할 수 있을지는 확실치 않지만 인력을 채용하거나 새로운 제품을 개발하는 등의 일은 경영이 근본적으로 낙관성을 띠고 있다는 점을 말해준다. 19세기에 경제학은 떼낼 수 없는 별칭을 얻었다. 당시 토머스 맬서스Thomas Malthus가 인구는 기하급수적으로 늘어나지만 그 인구를 먹여 살릴 식량은 그렇지 못하다고 예측한 탓에 경제학은 '암울한 학문'이란 딱지가 붙었다. 그러나 분명한 것은 경영의 핵심적인 속성은 맬서스적 비관론이 아니라 치열할 정도로 역동적이고 자신만만한 정신이라는 것이다. 경영의 영역에는 풀지 못할 문제가 없으며 개선시키지 못할 현재가 없다.

우리는 이런 미래 지향적이고 변화 추구적인 태도를 경영자가 아닌 기업가와 연계시키는 경향이 있다. 그러나 훌륭한 경영이란 기업가적인 것이라고 점차 인식하는 추세다. 제2차 세계대전 이후 경제활황 시대에 성장은 파도타기와 같았다. 시장 규모가 커지고 시장이 풍부해지면서 그 시장에 발을 담그고 있으면 시장 참여자는 자연스럽게 성장하는 시대였다. 그러나 오늘날 경제는 다르다. 성장이 어디서 오는지에 대해 우리가 인식하는 수준도 다르다. 폴 로머Paul Romer 같은 경제학자는 혁신과 새로운 아이디어가 보다 강력한 성장동력이라고 주장해 왔다.

미국은 혁신 정신을 불어넣고 조직화하고 목적화한 경영자들에 이끌려 기업가적인 사회로 발전해 왔다. 기업가 정신이 충만한 미국에서는 변화가 기본 정신이다. 가정이나 지역 단체 등 본질상 보수적인 다른 사회적 존재와 달리 현대 조직은 변화를 생산하게끔 고안된 불안정한 존재다. 진정 파격적인 아이디어는 기존 상태에 지분을 전혀 갖고 있지 않은 새로운 조직에서 더 많이 나온다. 네슬레처럼 기존의 관념으로 뭉친 커피 업체에 프리미엄 커피 시장이 형성될 것이라고 가르쳐준 쪽은 스타벅스였다. 그러나 기존 조직이 불리하지만은 않다. 요즈음 대부분의 조직들은 미래를 창조하면서 혁신을 최우선 순위에 두고 있다.

일반인들이 생각하는 고정관념과 달리 경영과 기업가 정신은 상반되는 역할을 하는 게 아니다. 피터 드러커가 수십 년 동안 주장해 왔듯이 경영과 기업가 정신은 동일한 속성을 가진 두 가지 다른 영역이다. 경영하는 방법을 배우지 못한 기업가는 오래가지 못하고 혁신할 줄 모르는 경영자 역시 오래가지 못한다. 차고에서 작업하는 창조적인 천재들과 외로운 발명가들에게 미국은 언제나 특별한 자리를 마련해줄 것이다. 그러나 조직 성장을 가속화시키는 혁신은 협력과 보다 잘 규율된 접근 방식의 산물이다. 우리는 배움만으로 창조적인 천재는 될 수 없지만 혁신을 실행하는 방법을 배울 수 있다.

틀 안에서 사고하기

누구나 혁신할 수 있다는 규율은 최근 많은 사람들을 깜짝 놀라 움츠리게 하는 한 구절로 설명할 수 있다. 바로 1990년을 전후해 우리가 항상 듣고 있는 틀을 깨고 사고하라는 충고다. 이후 이 구절은 현학적인 관용구가 됐다. 이 말을 사용하는 빈도와 정말 그렇게 독창적으로 사고하는 양 사이에는 대개 내부적인 상관관계가 존재하고 있다.

조직 내에서 그런 말들이 확산될 때마다 긁어주어야 할 가려운 곳이 존재하기 마련이다. 적어도 초기에는 말이다. 10여 년 전쯤엔 변화에 대한 저항을 극복하는 것이 모든 조직들이 해결해야 할 과제였다. 경쟁 환경이 날로 심화되어 가고 있었지만 대규모 회사나 조직에 속한 인력은 새로운 사고방식을 빨리 받아들이지 못했다.

틀을 깨고 생각하라는 것과 같은 관용구가 갖는 문제점은 너무 빨리 슬로건이 되고, 광범위하게 적용돼 사람들이 아무 생각 없이 사용히게 된다는 점이다. 이는 문제가 아닐 수 없다. 틀을 깨고 생각하라는 관용구는 제대로만 쓰인다면 보통 사람들이 조직 내에서 머리를 맞대고 독특한 가치를 실제로 창조할 수 있는 방법을 알려주는 적절한 은유이기에 그렇다.

틀을 깨고 생각하라는 말은 '아홉 개의 점을 잇는 문제'로 알려진 수학 퀴즈에서 비롯됐다. 각각 세 점으로 구성된 세 줄의 아홉

점을 보자. 연필을 지면에서 떼지 말고 4개의 직선을 그어 모든 점을 연결해 보라.

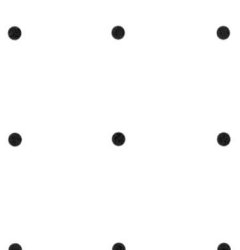

일단 점들을 보고 있으면 보이지 않는 정사각형이 눈에 들어와 우리의 판단력을 흐리게 한다. 눈에 익은 정사각형의 패턴에서 벗어나지 못하는 것이다. 대개의 사람들은 이 퀴즈를 풀면서 무의식적으로 보이지 않는 상상 속의 정사각형 상자에 갇혀버리게 된다. 그러나 4개의 선 가운데 3개를 바깥쪽 점들로 둘러싸인 공간을 벗어나게 그으면 문제는 간단하게 풀린다. 우리가 세상을 보는 익숙한 고정관념에서 벗어나 틀을 깨고 생각하라는 은유를 드는 것은 여기에서 연유한다.

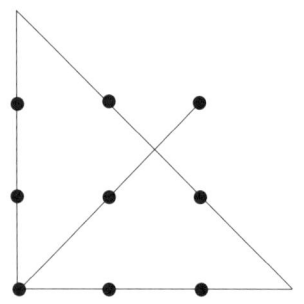

틀을 깨고 생각하라고 말하는 대부분의 사람들은 그 말이 어디서 유래했는지 모르고 있다. 이 말은 창조적으로 생각하라는 의미로 발전해 온 것이다. 심지어 '왜 당신은 그렇게도 창조적이지 못하냐'며 대부분의 사람들을 못난이 취급하고 황당하게 만드는 듣기 거북한 표현으로도 그 의미가 발전했다. 틀을 깨고 생각하라는 말의 유래와는 별개로 그러한 말 자체가 내포하는 오해의 소지도 있다. 사실 정확히 말하자면 가치 있는 혁신은 대개 훌륭한 해결책을 제한하는 상자 같은 요소들, 즉 '연필을 떼지 말 것'과 같은 제한 요소들이 존재하기에 불이 당겨진다. 우리는 창조적인 예술가들을 보통 문제의 해결사로 여기지 않지만 사실 많은 훌륭한 예술 작품들의 경우 구체적이고 때론 아주 좁은 제한 요소 내에서 새로운 해결책을 찾아냈다. 셰익스피어의 소네트는 기존 소네트 형식을 따랐으면서도 동시에 기존 소네트 형식을 탈피했기 때문에 역작으로 평가받는다. 도요타 자동차가 '적시 공급 시스템'을 개발한 동기도 비좁은 재고 창고라는 한계였다.

'아폴로 13'이라는 우주탐사를 다룬 영화를 본 사람이라면 휴스턴 지휘 통제실에서의 회의실 장면을 기억할 것이다. 산소 탱크의 코일 결함으로 발생한 작은 폭발이 우주선에 충격을 주었다. 아폴로 13호는 임무인 달 착륙이 불가능한 상황에 처한다. 진 크랜즈 소장은 달 착륙 대신 승무원들을 안전하게 귀환시키라는 새로운 명령을 내린다. 우주선은 동력이 거의 바닥나 지구로 무사 귀환하기가 어려웠다. 지휘 통제실은 또 다른 비상등이 켜지자 연료를 절감해 우주선을 지구 대기권으로 재진입시킬 수 있는 묘안을 짜낸다. 우주선 내 이산화탄소량은 급격히 높아지고, 지휘 통제실이 승무원들이 우주선 내에서 조달할 수 있는 재료들로 임시 공기필터를 만들 수 있는 아이디어를 내놓지 못하면 승무원들은 그대로 죽을 처지 다. 우주선 대장이 그가 선택한 몇 가지 재료들로 가득찬 세 개의 박스를 던져놓으며 이렇게 말한다. "이것(정사각형의 물건을 집어 들 며)을 이것(둥근 물건을 집어 들며)에 끼워맞춰야 한다. 그러나 이용 할 수 있는 것이라고는 저것(테이블 위의 재료들을 가리키며)밖에 없 다." 플라스틱 호스, 강력 접착 테이프, 비행 계획표 표지, 양말 한 짝으로 조립한 임시 필터는 그렇게 승무원들을 구했다.

지휘 통제실이 어떻게 아폴로 13호의 승무원들을 구한 것일까. 열정과 헌신 그리고 실패를 받아들이지 않는 정신이 있어 가능했 던 것이다. 그러나 목표와 한계에 대한 조직의 명확한 판단력이 없 었다면 성공할 수 없었을 것이다. 모든 사람들은 그들이 풀 수 있 는 문제에 집중했다. 겉으로는 전혀 불가능해 보이는 문제들을 풀 기 위해 창조적인 해결책을 찾은 것일까? 그렇다. 그렇다면 이는 틀을 깨고 사고한 것일까? 그렇다고 할 수 있다. 단 그들이 풀 수 있는 문제와 외면할 수 없는 한계적 상황을 아주 명확하게 인식하 고 있었기에 가능했다는 점을 놓치면 안 된다. 진 크랜즈는 보다 중요한 목표를 다시 제시하고 동력 부족, 급상승하는 이산화탄소 의 양 등 승무원들이 처한 열악한 상황을 실시간으로 종합함으로 써 지휘 통제실이 직면한 상황을 정의하게 된다. 이런 조치들은 문 제를 해결하는 데 너무나 중요한데도 자주 간과되는 요소들이다.

혁신 즉 새로운 가치를 창조하는 데 있어서의 핵심은 이스트먼 이 25달러짜리 코닥 카메라를 대체할 1달러짜리 브라우니를 만든 것처럼 제한된 조건 속에서 문제를 해결하는 것이다. 훌륭한 경영자들은 전략, 수익 모델, 예산 등의 제한 요인을 어떻게 이용해 창조성과 독창성을 촉발시키는 과제로 만들어낼지를 잘 알고 있다. 이것이 바로 효율적인 혁신을 달성하는 규율이다. 찰스 슈왑의 공동 CEO인 데이비드 포트럭은 실제 경영에서 이런 규율이 작동하는 실례를 보여줬다. 그는 어떤 팀에게 고객 불만을 연구해 이를 해결할 수 있는 더 좋은 방안을 마련하라고 지시했다고 한다. 이는 아폴로 13의 예보다 덜 영웅적이지만 우리 대부분이 실행해야 할 혁신 작업과 유사한 면이 많다. 우선 그 팀은 슈왑이 고객의 불만을 처리하는 과정을 분석해 2주일이 걸리던 처리 기간을 며칠 줄일 수 있는 방안을 찾았다. 다음으로 불만 처리 과정을 일주일 절약할 수 있는 보다 공격적인 목표를 설정함으로써 불만 처리 과정을 더 잘 분석할 수 있게 됐다. 예를 들어 모든 사람들은 주식 매매자들과는 서면으로 접촉하는 게 합법적이라며 당연시했다. 그러나 불만 처리 기간을 지연시킨 서면 접촉 방식은 관행이었을 뿐 전혀 법적 요구 사항은 아니라는 사실이 드러났다. 이후 슈왑은 서면 대신 전화로 고객 불만을 처리함으로써 엄청난 시간을 절약할 수 있게 됐다.

그 팀은 불만 처리 기간을 일주일로 줄이는 데 성공했으나 이에 만족하지 않았다. 그들은 불만 처리 응답 시간을 48시간으로 줄일 수 없는가 하는 좀더 과감한 의문을 던졌다. 이런 의문은 또 하나의 해결해야 할 과제가 아니라 아예 근본적으로 불만 처리 문제를 재규정해 보는 것이었다. 불만 처리 과정에서 형성되는 가치에 대해 새롭게 생각해 봄으로써 완전히 새로 시작하는 것이었다. 고객들이 정말 원하는 것은 무엇인가? 그 답은 분명해 보였다. 고객들은 신속한 응답을 원했다. 그러나 정말 그럴까? 고객들은 그보다는 자신들의 요구에 정확히 맞게 불만이 처리되는 것을 더 중요하게 여기는 것은 아닐까? 고객 불만에 대한 신속한 응답이 아니라 고객들이 떨어져나가지 않도록 유지하는 게 근본적인 문제라면 슈왑은 어떻게 달리 대처해야 할까? 이런 질문들과 이를 던지게 할 수 있었던 가치에 대한 통찰 덕분에 그 팀은 고객들이 진정 원하는 것을 제공하려면 얼마의 비용이 필요할지를 묻게 됐다. 그 해답은 슈왑이 고객과의 분쟁을 해결하기 위해 얼마나 많은 비용을 지불해 왔는지를 분석하면 되었다.

그 팀은 슈왑이 고객 불만이 정당한 것인지 분석하기 위해 쓰는 비용보다 적은 비용으로 처리할 수 있는 고객 불만이 80%에 달한다는 점을 간파했다. 슈왑의 목적이 고객 유지라면 고객 불만을 파악하기 위해 돈을 쓰기보다 비용이 훨씬 적게 드는 방식, 즉 고객들의 불만을 있는 그대로 들어주면 되는 것이었다. 문제 자체를 재규정함으로써 점진적으로 개선하는 것을 뛰어넘어 일시에 돌파구를 마련하게 된 셈이었다. 슈왑은 고객과의 분쟁 가운데 80%를 48시간 내에 해결할 수 있게 됐다. 슈왑은 결국 고객 불만을 처리하는 부서의 성과 측정 기준을 고객 응답 시간에서 고객 유지로 바꾸었고 사원 모두가 진정한 핵심이 무엇인지 깨닫게 됐다.

이런 문제 해결은 틀을 깨고 사고하는 방식인가? 다시 말하지만 대답은 '예스'와 '노' 둘 다이다. 문제 자체를 재규정한 것은 본질적으로 새로운 제한을 가진 상자를 새로 하나 설정하는 것이었다. 성공한 경영자들이 여러 가지 다른 은유를 사용해 자신들이 하는 일을 핵심적으로 이야기할 수 있지만, 조직의 혁신 작업은 새로운 가치를 발굴하기 위한 협동 작업이다. 이것이 기업가 정신이 담긴 경영이고 보다 생산적인 미래를 창조하는 것이다. 가치라는 틀 안에서 사고하면 당신이 가지고 있던 과거 고정관념이라는 틀에서 벗어날 수 있는 것이다.

당신이 필요로 하는 정보

그렇다면 가치에 대한 새로운 통찰력은 어디서 나오는가? 다시 말해 상자를 그리기 위해 필요한 정보를 어떻게 얻을 수 있는가? 가치 창조를 다룬 장에서 살펴봤듯이 그 해답은 우리가 고객의 눈으로 즉 바깥에서 안을 들여다볼 때 얻어진다. 개념은 결국 그것이다. 그러면 실행 방법을 알아보자.

'고객의 소리에 귀를 기울여라' 라는 익숙한 관용구가 모든 것을 설명해 주지는 못한다. 보다 나은 베팅을 하기 위해 필요한 정보를 수집하는 일은 단순히 수동적으로 귀를 기울이는 것이 아니라 보다 적극적으로 개입해야 한다. 그것은 자신의 본능은 잠시 묻어두고 다른 사람들이 어떻게 행동하는지 유심히 관찰하는 일, 또 자신의 논리를 적용시키지 않고 왜 그런지 질문을 던지는 일이다.

이런 행동에는 강한 수련과 규율이 필요하다. 사람들은 대개 듣기보다 말하기를 좋아한다. 성공 경험이 많을수록 자신의 비즈니스에선 자신이 가장 잘 안다고 믿는 위험에 빠지는 경우가 더 많아진다. 다른 사람들에 대한 진정한 호기심 즉 남들이 왜 지금 그 일을 하고 있는지를 이해하려고 열렬한 관심을 갖는 경우는 찾아보기 힘들다. 섣부른 판단을 유보하고 다른 사람들을 관찰하는 것, 그리고 다른 사람들에 대한 호기심을 갖는 것이야말로 본능과 직관, 산업적 아이디어를 촉발시키는 훌륭한 첨가제이자 해독제라고 할 수 있다.

시장 조사는 마치 마술처럼 모든 문제들을 술술 풀어내는 통계학적 블랙박스와 같은 이미지를 갖고 있지만 고객 자신들조차 제대로 모르고 있는 니즈needs까지 발견해 내는 기술은 아니다. 정보를 수집하고 새로운 통찰력을 개발하는 과정은 오히려 문화인류학적 방법에 더 가깝다. '전략'을 다룬 장에서 우리는 플라스틱 병을 도입한 펩시의 현명한 도박, 즉 코카콜라의 코를 납작하게 누른 혁신 사례를 설명했다. 이제부터는 펩시가 어떻게 가치에 대한 새로운 통찰력을 갖게 됐는지를 살펴보자.

1970년대 펩시는 미국 콜라 시장에서 코카콜라에 한참 뒤져 있었다. 1등 업체가 되는 방법을 찾기로 한 펩시의 시장 조사팀은 고객들이 청량음료를 사서 마실 때 나타내는 행동을 연구하기 시작했다. 한 연구 프로젝트에서 조사팀은 총 350가족에게 할인된 가격에 매주 원하는 만큼의 콜라를 살 수 있도록 했다. 이들 가족들의 행동을 추적한 결과 아무도 예상치 못했던 사실을 발견했다. 즉 그 가족들이 콜라를 마시는 양의 한계는 집으로 들고 갈 수 있는 양만큼이었다.

여기에서 힌트를 얻은 펩시는 콜라를 묶음으로 판매하는 데 초점을 맞추기 시작했다. 특히 콜라 용기를 보다 가볍게, 가능한 한 손에 들고 가기 편하게 만드는 데 집중했다. 그래서 펩시는 유리병 대신에 플라스틱 용기와 6개가 한 묶음이 아닌 더 많은 수를 팩으로 묶는 방식을 도입했다. 그 결과 지금 세계 어느 슈퍼마켓에 가든지 이를 볼 수 있게 됐다. 그런 혁신은 결코 코카콜라나 펩시콜라 마케팅 담당자의 직관에서는 나올 수 없는 것이었다. 특히 코카콜라의 경우 생각해 낼 수 없는 판매 방식이었다. 왜냐하면 모래시계처럼 생긴 녹색 유리병 용기가 코카콜라의 브랜드 이미지로 너무 강하게 굳어져 있었기 때문이다. 그런 혁신은 또 고객들이 무얼 원하는지 조사한다고 해서 얻을 수 있는 것도 아니었다. 펩시가 혁신에 성공한 것은 다른 사람의 경험에서 힌트를 얻은 데다 열린 마음과 왜 그런가 하는 호기심으로 자세히 관찰한 덕분이다.

혁신하기 위해 너무 창조성에만 초점을 맞추다 보면 호기심의 힘을 간과해 버리기 쉽다. 잭 웰치 전 GE 회장이 차기 회장으로 제프 이멜트Jeff Immelt를 지명하면서 이멜트의 변화 추구 마인드와 자신에 버금가는 호기심 등을 특히 높이 평가한 것은 전혀 놀랄 일이 아니다. 맥도널드의 창립자인 레이 크록은 경험 많은 밀크셰이크 판매사원이었다. 당시 대부분의 레스토랑은 한 대나 두 대의 밀크셰이크 제조기만 필요했다. 기계 하나로 한 번에 밀크셰이크를 다섯 잔 만들 수 있었기 때문이다. 그는, 그때 맥도널드라는 이름을 가진 형제들이 운영하는 캘리포니아 주의 샌버나디노 레스토랑은 왜 밀크셰이크 기계를 여덟 대나 구입하고 있는지 궁금하게 여겼다. 그 가게가 도대체 어떻게 영업을 하길래 한 번에 40잔씩 밀크셰이크를 만들어내는지 의문을 품었다. 결국 그 자신이 직접 알아보지 않을 수 없었다. 1954년 어느 날 그가 맥도널드 형제의 가게를 방문하게 되면서 그렇게 새로운 산업이 하나 탄생하게 된 것이다.

이런 종류의 호기심은 1920년 3M의 혁신 역사에서도 찾아볼 수 있다. 당시 필라델피아의 프린터 업체용 잉크 제조업자인 프랜시스 오키Francis Okie는 광물 및 사포 제조업체 여러 곳에 편지를 보냈다. "사포 제조에 사용하고 있는 모든 광물의 입자 크기 샘플을 보내달라"는 요청이었다. 3M은 원재료를 팔고 있지 않았기 때문에 오키를 고객이라고 생각할 이유가 없었다. 그러나 당시 3M의 CEO였던 윌리엄 맥나이트William McKnight는 회사를 발전하게 하는 흥미롭고 새로운 아이디어를 찾는 데 혈안이 돼 있던 터에 호기심까지 발동해 아주 단순한 질문 한 가지를 스스로 던졌다. '왜 오키 씨가 이런 샘플을 원하는 것일까?' 오키가 연락했던 업체들 가운데 어느 업체도 이런 의문을 제기하지 않았다. 맥나이트의 질문은 오키에게 전달됐고 그 결과 3M은 지금까지 회사 역사상 가장 중요한 제품 중 하나로 꼽히는 방수 사포인 웨토드라이Wetordry의 사용 권리를 인수했고 오키도 고용하게 됐다.

슈왑에서 수많은 혁신이 이루어진 것도 이렇게 사람들의 행동을 유심히 관찰하고 '왜'라는 질문을 던진 덕분이었다. 예를 들어 슈왑의 텔레브로커TeleBroker가 영어를 모국어로 사용하지 않는 고객들에게 왜 그렇게 인기가 있었는지 살펴보자. 텔레브로커는 가격지수를 제공해 매매거래를 실행시켜 주는 전자동, 터치톤touch-tone 방식의 거래 시스템이다. 슈왑은 누가 텔레브로커를 사용했는가, 어떻게 이용했는가를 면밀히 관찰한 결과 충족되지 못한 니즈가 있는 것을 발견했다. 영어를 능숙하게 구사할 수 없는 고객들에겐 그 시스템을 사용하는 것이 친구에게 말을 거는 것보다 더 쉬웠다. 그 시스템을 정말로 필요로 했던 쪽은 중국어와 스페인어를 사용하는 고객들이었으며 슈왑은 곧 그들만을 위한 시스템을 즉시 도입했다.

　때론 사람들이 말하는 것에 의문을 갖고 들어야 한다. 특히 사람들의 말과 행동이 다를 때 그렇다. 슈왑의 고객들에게 지점의 중요성을 묻자 하나같이 지점이 중요하지 않다고 응답했다. 그러나 포트릭은 지점이 중요하다고 생각하는 사람이다. 그는 새 지점을 개설할 때마다 그 지역에서 새 거래가 두 배로 늘어난다고 주장했다. 인터넷 시대의 지혜를 정면으로 거스르는 그의 말은 사실 논란거리다. 슈왑 역시 인터넷을 활용해 지점 개설과 연관되는 고정 비용을 줄이곤 했다. 통계를 보면 슈왑의 주식 거래 가운데 80%가 인터넷을 통해 이루어지지만 새로 개설되는 계좌 가운데 70%는 일선 지점에서 직원들이 고객과 직접 얼굴을 맞대고 상담하면서 만들어진 것이다. 포트릭은 직원이 지점에 상주하는 것은 매우 중요한 일이지만 설문 조사에서는 지점이란 단어가 고객들의 반응을 별로 자극하지 못하는 것일 뿐이라고 지적했다. 그는 "시장조사학은 실제 세계에서 살아가는 사람들이 직접 해석해야 의미있는 것"이라고 결론지었다.

불확실한 미래에 대한 의사결정 내리기

　지금까지 우리가 논의해 왔던 것은 여러분이 미래에 대해 보다 나은 베팅을 하게끔 도와줄 정보를 수집하고 분류하고 선별하는 방법에 관한 것들이었다. 정확한 정보를 획득한다면 당신은 자신에게 유리하도록 도박을 이끌 수 있을 것이다. 그러나 현실에서 아무리 좋은 정보를 갖는다 해도 미래를 알 수는 없는 노릇이다.

비즈니스 성공 스토리의 배경을 살펴보면 항상 그에 걸맞는 필연적인 측면이 있었다는 느낌을 갖게 된다. 휴렛과 패커드가 제2차 세계대전 이후 임대료를 낼 형편이 안 되는 지경인데도 유능한 엔지니어들을 끌어 모았다는 얘기를 들으면 대부분은 다음 문장을 예상할 것이다. "나머지는 역사에 기록되어 있는 대로다. 이때 뽑힌 유능한 인재들은 이후 수십 년 동안 휴렛패커드가 괄목할 만할 정도로 성장할 수 있는 자양분이 됐다"고 말이다. 하지만 역사가인 데이비드 맥컬러프David McCullough가 우리에게 일러주듯이 역사에는 미리 고정되거나 필연적인 것이 없다. 비록 역사는 '지난 과거'이지만 그 역사를 만든 사람들은 혼란스럽고 활기찬 현재에 살고 있는 사람들이었다. 필연적인 것과는 전혀 거리가 멀었기 때문에 그들의 모험적인 비즈니스는 다른 결과를 낳았던 것이다.

모든 것들이 한 가지 이상의 방식으로 결과를 낳는다는 사실은 경영상 의사 결정을 내릴 때도 규정될 수 있는 특징이다. 당신은 오늘 동원 가능한 자원을 불확실한 미래에 성과를 낼 수 있는 방향으로 사용하도록 강요받는다. 당신이 오늘 쏟아부어야 하는 돈은 현찰이지만 미래의 결과는 희망이요 추측일 뿐이다. 그 돈이 구체적인 결실을 만들어낼 수 있을지에 대해서는 아무런 보장도 없다.

오늘 투자한 돈이 실제 어떤 결과를 낳을지는 여러 가지 변수에 달려 있다. 이미 잘 돌아가고 있는 비즈니스나, 당신이 과거에 내린 의사 결정과 유사한 투자는 단기적으로 보면 익숙하고 예측 가능한 영역처럼 보인다. 하지만 새로운 사업을 벌이게 되면 다음 분기에 어떤 일이 발생할지 불확실하기 짝이 없다. 기존 사업을 지속하든 새 사업을 벌이든 향후의 수익 흐름을 보다 멀리 전망하고자 한다면 예상하지 못한 일들이 벌어질 공산은 더 커지게 된다. 즉 기술이나 고객의 기호 변화, 새로운 경쟁자의 부상, 경기침체기 돌입 등등. 당신이 의지할 수 있는 것이라곤 의사 결정을 내리는 데 필요한 모든 정보를 갖고 있지 못하다는 그 사실, 그럼에도 불구하고 결정을 내려야 한다는 그 사실뿐이다. 그래서 어느 시기에는 당신도 빌 휴렛과 데이비드 패커드가 그랬던 것처럼 크게 도약할 수 있다는 신념을 가져야 한다.

중요한 결정을 내릴 때 우리는 불완전한 정보를 갖고 있으면서도 한 번 결정을 내리면 되돌릴 수 없는 베팅을 해야만 할 때가 많다. 이런 상황은 경영자가 매일 내려야 하는 결정들에도 그대로 적용된다. 작가이자 오랜 기간 투자자문가로 활동해 온 피터 번스타인Peter Bernstein은 이런 문제를 '혁신가들의 비애'라는 제목을 달 수 있는 위트 넘치는 시구로 압축했다.

당신이 가진 정보는 원하는 정보가 아니지.
당신이 원하는 정보는 필요로 하는 정보가 아니고
당신이 필요로 하는 정보는 얻을 수 있는 정보가 아니야.
당신이 얻을 수 있는 정보는 당신이 내려는 돈보다 훨씬 비싸다네.

혁신의 규율 가운데 하나는 당신이 가진 정보를 말로 풀어내는 것이다. 가정에 반대되는, 주장에 반대되는 사실들은 무엇인가? 무엇이 알 수 있는 것이고 무엇이 알 수 없는 것인가? 결과는 당신이 갖고 있지 않은 정보에 매우 민감한가? 마지막 질문에 대답이 '예스'라면 큰 결정을 내리기 전에 초기 프로젝트와 실험에서 그 정보를 얻을 수 있다는 것인가? 당신이 갖고 있는 그 정보가 대표성과 얼마나 관련성을 갖고 있는가? 샘플링은 통계학자만의 일이 아니다. 우리는 모두 과거에서 비롯된 부분적인 정보에 근거해 미래에 대한 많은 결정을 내린다. 예를 들어 존 그리샴이 쓴 책을 좋아한다면 그가 내놓을 다음 책도 좋아할 것이라고 가정할 수 있다. 미래에 대한 질문들이 수정 구슬처럼 명확할 필요는 없다. 다만 논리적인 기술이 필요하다.

슈왑이 새 지점을 열거나 스타벅스가 새 시장에 진입할 때 얼마나 많은 고객들이 그 지점이나 시장에 나타날지 누구도 미리 알지 못한다. 그러나 다른 관련 사실을 많이 알 수는 있다. 예를 들자면 어떤 종류의 사람들이 그 서비스를 활용할지를 파악해 고객을 유혹할 수 있는 가능성이 높은 위치를 선택할 수는 있다. 그들은 새 매장에 얼마의 비용이 드는지, 또 그 비용을 충당하기 위해 얼마나 많은 새 고객들이 필요한지도 알 수 있다. 이러한 기술을 손익분기점 분석이라고 부른다. 그리고 나서 그들은 경험을 활용하고 최선의 판단을 내려 앞으로 낼 수익이 합리적으로 기대해도 좋은 규모인지를 스스로 물어볼 수 있다.

불확실성이 없다면 의사결정을 내릴 필요도 없고 단지 실행만 하면 될 것이다. 유능한 경영자는 해결할 수 없는 불확실성에 직면할 때 자신에게 간단한 몇 가지 질문을 던진다. 즉 이 사업 계획을 추진하려면 미지의 X에 대해 무엇을 믿어야 하는가, 그리고 그것은 믿어도 될 만한 합리적인 것인가 등의 질문이다.

어떤 베팅을 할 것인가

모험을 하지 않으면 아무것도 얻을 수 없다. 이 경구의 어원은 16세기로 거슬러 올라간다. 새로 부상한 상인 계층이 그들의 운을 바다에 걸고 있었던 시대다. 셰익스피어의 『베니스의 상인Merchant of Venice』을 기억해 보라. 포트폴리오 이론을 고안해 낸 공로로 해리 마코위츠Harry Markowitz에게 노벨상이 수여되기 약 400년 전에 베니스의 상인은 위험을 다양하게 분산하는 것의 중요성을 간파했다. 그의 비싼 화물은 수십 척의 배로 운반됐으나 각 화물은 서로 다른 항구를 향했다. 베니스의 상인은 계란을 한 바구니에 담지 않는 것 이상을 알았던 것이다.

안토니오와 같은 상인들은 베네치아 리알토의 자본 시장이 초기 발전 단계에 불과했던 시절에도 가치와 확률, 리스크 등을 직관적으로 이해하고 있었다. 안토니오는 빌린 돈을 되갚지 못하면 샤일록에게 이자 대신 자신의 살점을 바치기로 약속하는데, 이 괴이한 거래에서처럼 불확실한 상황에서 내리는 모든 결정에는 결과와 여러 가지 가능성에 대한 계산이 담겨 있다. 사람들은 확률이 아주 좋지 않아도 복권을 사야 할 때를 안다. 그러나 혹시나 했는데 역시나다! 언제나 속지만 복권 구입자들은 대박을 위해 얼마 되지 않는 대가를 치른다고 느낀다.

탐욕과 두려움은 언제나 같이 붙어 다니는 쌍둥이 악마로 리스크와 수익에 대한 우리의 판단을 흐리게 할 수 있다. 위험 회피risk averse는 보다 흔한 문제로 투자 손실에 대한 두려움에 마비되어 가장 합리적인 기회까지도 피하는 것이다. 복권은 다른 심리학에 의존한다. 즉 엄청난 당첨금에 눈이 먼 나머지 리스크를 과소평가하는 것이다.

경영자들은 구경꾼으로 앉아 있을 여유가 없다. 경영자는 자신이 할 베팅에 대해 보다 명확해야 하고 규율에 따라 행동해야 한다. 월스트리트에서는 주기적으로 도박 분위기가 형성되기도 하지만 기업가적인 경영은 단순한 주사위 놀이가 아니다. 오늘날의 경영자들은 불확실성을 포함하는 결정들을 조정할 수 있는 간단하면서도 강력한 도구를 재량껏 사용할 수 있다. 계량학적 방법들, 재무학, 의사결정학, 협상학 등을 배울 수 있기 때문에 불확실한 상황에 대처할 수 있는 체계적인 방법을 구사하는 것이 가능하다. 이런 도구들 덕분에 보통 상인이나 기업가들도 미래를 앞에 두고 어디에 베팅을 할 것인지, 어떻게 베팅을 할 것인지에 대해 예전보다 현명한 선택을 할 수 있게 됐다.

투자할 만한 사업인가?

가치를 창출하는 새로운 기회에는 언제나 가격표가 달려 있다. 헨리 포드의 증손자이며 포드 자동차의 현 회장인 윌리엄 클레이 포드는 루즈 강에 있는 포드 자동차의 공장을 환경 친화적인 모범 사업장으로 바꾸기 위해 20억 달러를 투자하고 있다. 그는 또 고효율 자동차를 개발하는 데도 수억 달러를 베팅하고 있다. 그런 베팅은 투자비 이상의 값어치가 있을 때 진정한 가치를 창출할 것이다. 사업에서의 이런 계산은 명확하다. 그러나 당신이 성취하길 바라는 결과에 가치를 부여하고 위험을 감수하는 비용을 감안하는 일은 절대 명확하지 않다. 지난 50년간 재무 분야에서 가장 유능한 학자들이 이 과제에 매달려왔다.

매우 추상적으로 들리는 자본 비용이란 노동 비용이나 철강 비용만큼이나 현실적이고 구체적인 것이다. 자본 비용은 기본적으로 타인의 돈을 위험한 기업 활동에 이용하는 데 드는 비용이다. 사업의 리스크가 클수록 투자가들이나 자금대여자들은 보다 많은 보상을 요구한다. 따라서 자본 비용은 당신이 미래를 창조하기 위해 치러야 하는 대가의 일부분인 셈이다.

PC와 간편한 전자계산기가 발명되기 전 경영자들은 투자 결정을 내릴 때 자신의 경험에 의존했다. 리스크와 수익을 계산하는 단순한 공식으로서 경영자들은 회수기간payback이라고 하는 도구를 적용했다. 1년 후에 200만 달러의 새 이익을 낼 수 있는 공장에 1,000만 달러를 투입한다면 초기 투자비를 회수하기 위해선 5년이 필요하다는 식이다. 투자회수기간 분석 방법은 간단하다는 장점이 있으나 리스크를 무시하는 단점이 있다. 또 다른 시점에 다른 곳에 투자할 수도 있다는 사실과 다른 불확실성에 직면할 수 있는 경우를 무시하는 결함이 있다. 투자회수기간 방식은 다른 모든 성과 측정도구와 마찬가지로 그 자체에 편향적인 시각을 담고 있다. 투자회수기간 방식이 유일한 잣대라고 한다면 우리는 시스템적으로 의도적이지 않게 단기적인 사업을 선호하게 될 것이다.

재무의 주요 아이디어 가운데 하나로 회사나 조직이 결과에 대한 판단을 내리는 데 있어 가장 중요한 역할을 하는 것이 바로 순현재가치net present value다. 순현재가치는 투자와 관련된 모든 순현금 흐름을 사기 위해 오늘 기꺼이 치르고자 하는 가격이다. 이 도구는 '투자할 만한 사업인가?' 라는 근본적인 물음에 대한 답이기도 하다.

투자의 순현재가치를 계산하려면 우선 미래 현금 흐름을 모두 할인해야 한다. 내일의 달러 가치가 오늘의 달러 가치보다 낮다는 사실과 여기에 더해 투자에 어느 정도의 위험이 뒤따를 수 있다는 사실을 반영해야 하기 때문이다. 이것을 현가할인 분석discounted cash flow analysis이라 부른다. 그리고 나서 회수된 달러의 현재 가치에서 투자된 달러의 현재 가치를 뺀다. 순현재가치가 플러스이면 파란불이라 할 수 있다. 이는 사업 리스크를 조정한 뒤에도 투자한 것보다 많은 수익을 올릴 수 있다는 의미이기 때문이다.

순현재가치 방식은 지난 30년간 전문경영인들이 투자에 대한 의사 결정을 내릴 때 통상적으로 이용해 왔던 재무 도구인데, 오늘날에는 전 세계적으로 통용되는 글로벌 스탠더드가 됐다. 순현재가치는 손으로 계산하기는 복잡하지만 전자계산기가 나온 뒤 계산이 쉬워졌다. 순현재가치는 단순한 재무 도구 이상으로 하나의 마인드로 정립됐으며 세계를 보는 방식, 즉 가치 평가를 언급하기 위한 보편적인 언어로 자리매김했다.

그러나 '투자할 만한 사업인가' 라는 질문에 대답하는 것은 엑셀 같은 프로그램에 키보드로 숫자를 쳐 넣는 것이 아니다. 당신은 창조하려고 하는 미래에서 역으로 계산할 때 목표를 달성하기 위해서는 어느 정도 기간에 어떤 자원이 필요한지, 성공적인 결과물이 어떤 형태일지 자신에게 물어봐야 한다. 그러나 대개의 경우 어려운 질문들은 잘 하지 않고, 질문을 하더라도 무성의하게 우발적으로 툭 던지고 말 것이다. 사람들은 종종 바라던 대로 되는 최선의 경우best case를 그렇게 될 가능성이 가장 높은 기본적인 경우-base case와 혼동한다. 현금 흐름이란 것도 다음과 같은 질문들에나 적합한 답일 뿐이다. 잘못될 수 있는 일은 무엇인가? 제대로 될 일은 어떤 것인가? 그런 일들이 일어날 수 있는 가능성은 얼마나 될까?

순현재가치에 힘입어 경영자들은 통제력을 갖고 미래를 전망할 수 있게 되었다. 이것이 순현재가치의 강점이자 약점이다. 통제력은 대개 정확할 것이라는 환상에서 나오는 것이기 때문이다. 우리는 수치가 너무 구체적이어서 단순한 숫자가 아니라 실제라고 생각한다. 그래서 다른 모든 재무 도구와 마찬가지로 순현재가치 역시 수많은 가정에 의존하고 있다는 점을 잊어버리게 되는 것이다. 그 가정이란 첫째, 미래에 발생하는 사건에 대한 기대치를 구체적인 매출과 비용으로 예측할 수 있고 둘째, 그런 현금 흐름을 조정하기 위해 사용하는 할인율에 포함된 리스크와 시간의 영향을 감안할 수 있으며 셋째, 일단 그런 현금 흐름이 제시하는 길을 선택할 경우 앞으로 그 과정에서 마음을 바꾸지 않을 것이라는 점이다.

이런 가정들을 분명하게 인식한다면 당신은 미래를 창조하는 데 중요한 많은 투자 결정을 계량화하고 구조적으로 엮어내는 다양한 방법을 얻게 될 것이다. 반대로 이 가정들을 무시한다면 정신없이 숫자들을 따라가게 되고 그릇된 확신감에 차 무모한 행동을 하게 될 것이다.

순현재가치는 현실 모델로서 중요한 한계를 갖고 있다. 순현재가치는 전략적 투자를 결정하는 학습과 행동 등의 역동적인 흐름을 포착하지 못한다. 예를 들어보자. 한 제약 회사가 신약을 개발하기 위해 투자했다고 하자. 이 회사는 신약 개발에 성공하면 다음 투자에 나설 것이다. 즉 신약 제조 설비에, 그것을 내다 팔 영업 직원에, 다음 세대 신약 개발을 위한 연구 개발 등에 투자하게 될 것이다. 현가할인 분석은 사람들이 현실 세계에서 일어나는 사건들에 반응하는 적극적이고 탄력적인 방식을 잡아내지 못한다. 우리가 무얼 학습하느냐에 따라 사업 규모를 줄이거나 늘릴 수도 있고 사업 전반을 뒤바꿀 수도 있다는 점을 포착하지 못하는 것이다.

컴퓨터의 발달과 재무 이론의 발전이 결합됨으로써 이런 종류의 투자에 대해 가치를 매길 수 있는 대안이 개발됐다. 그 대안은 주식 파생 상품 시장의 옵션 가격을 설정하기 위해 이용되는 방식에 기초를 두고 있다. 주가가 오를 것 같아 사고는 싶은데 확신하지 못한다면 오늘 결정된 가격으로 미래에 그 주식을 매입할 수 있는 권리를 보장해 주는 옵션을 살 수 있다. 그런 다음 그 주식 자체를 사기에 앞서 앞으로 주식 가격이 어떻게 움직일지 기다리면 된다. 옵션은 보험이나 마찬가지다. 주가가 곤두박질치면 옵션을 사기 위해 지불한 비용만 날리면 된다. 이것은 화재 보험에 들고 집에 불이 나지 않아 납입한 보험료만 아까워하는 상황과 유사하다. 반면 주가가 상승세를 타게 되면 당초 설정된 가격으로 주식을 살 수 있는 옵션을 행사해 차익을 얻을 수 있다.

옵션에 깔려 있는 개념은 행동할 수 있는 권리를 갖고 있는 것에 가치가 있고, 길을 따라 내려가다 보면 더욱 큰 것을 얻을지도 모를 곳에 첫 발자국을 내딛는 것도 가치가 있다는 것이다. 학습과 그에 따른 행동에도 가치가 있다. 옵션 가격을 매기는 것은 그런 가치를 계량화하는 것이다. 파생 상품 시장의 콜call이나 풋put처럼 재무적인 옵션 가격을 매기는 사고방식이 기업들이 미래를 위해 만드는 새 공장, 신약 테스트와 같은 현실 투자 계획에도 점점 확대 적용되고 있다.

한때 '주식회사 미국'을 상징했던 제록스는 미래를 다루는 데 너무나 미숙했다. 혁신할 능력이 없었기 때문이 아니라 혁신을 상업화하는 데 실패한 탓이다. 실패한 이유 가운데 하나는 혁신을 가치화하는 과정에서 잘못된 도구에 의존했다는 사실이다. 1970년대 제록스는 업계 최초로 PC를 개발했다. 애플이나 IBM의 PC가 개발되기 수년 전이었다. 그러나 알토라고 이름 붙여진 제록스의 PC는 시장에 나와보지도 못했다. 제록스의 CEO였던 아키 맥카델Archie McCardell과 엔지니어링 및 제조책임자인 짐 오닐Jim O' Neill은 제2차 세계대전 후 로버트 맥나라마Robert McNamara가 포드 자동차에 만든 재무 부서에서 같이 일한 동료들로 숫자에 밝은 재무통들이었다.

맥카델과 오닐은 제록스에서 숫자를 중시하는, 즉 중요한 의사결정은 순현재가치 테스트를 거치도록 하는 문화를 만들었다. 알토가 실패한 것은 사실 놀랄 만한 일도 아니다. 새로운 기술이나 새로운 시장에 뛰어드는 저돌적인 행동들이 늘 그렇듯 알토도 독립적인 투자로 계산할 때는 합리화될 수가 없었다. 제록스가 알토를 컴퓨터 사업을 계속 영위할 수 있도록 하는 실제 옵션으로 취급했다면 컴퓨터 발전사는 분명 달라졌을 것이다. 실제 옵션은 비록 실험이 실패하더라도 새로운 것을 시도하고 학습하는 것이 가치가 있다는 점을 일깨워준다. 옵션은 불확실한 상황에 직면했을 때 앞으로 발생할 결과의 가치를 측정하기 위한 규율적이면서도 탄력적인 접근 방식이라고 할 수 있다.

미래 설계하기, 불확실성 걷어내기

당신에게 두 가지 중 하나를 베팅할 수 있는 선택권이 주어졌다고 가정하자. 당신은 어느 쪽을 선택할 것인가? A는 1달러를 베팅해 25달러의 수익, B는 1달러를 베팅해 100달러의 수익을 얻는 것이다. A의 승률은 50%, B의 승률은 10%다.

이것은 간단한 문제다. B가 더 높은 수익률을 제시하나 승률을 고려하면 A쪽을 선택하는 게 더 현명한 베팅이다. 10회를 베팅한다면 5회는 25달러를 얻을 수 있고 나머지 5회는 매번 1달러씩만 날리면 된다. 확률로 베팅 결과를 가중평균한 이 베팅의 기대가치는 12달러다. B의 경우 10회 중 9회는 달러를 잃게 되는 구조다. B베팅의 기대가치는 단지 9.10달러다. 즉 가중평균 계산 방식을 적용하면 $(0.1 \times 100) + (0.9 \times (-1)) = 10 - 0.90 = 9.10$달러가 나온다. 그러나 미래를 창조하는 일은 베팅을 하고 수동적으로 결과를 기다리는 것처럼 간단치가 않다. 대개의 경우 초기 결정과 바라는 결과 사이에는 수많은 불확실성과 미지의 선택들이 기다리고 있다. 게임 테이블과 달리 현실에서는 불확실성이 또 다른 불확실성을 낳기도 하고 그런 점을 감안한 현명한 결정이 내려지기도 한다. 게다가 경영은 적극적인 것이지 수동적인 것이 아니다. 시간을 두고 일이 터질 때마다, 새 정보가 나타날 때마다, 그리고 학습하고 반응할 때마다 수백 번의 의사 결정을 내린다. 의사 결정을 내리는 순간마다 앞으로의 기대가치를 다시 한 번 분석할 필요가 있다.

의사 결정이 연속적일 때는 의사 결정 나무decision tree의 형태로 의사 결정들을 그릴 수 있다. 이 방식은 개인적인 일이든 비즈니스든 불확실성을 안고 있는 모든 종류의 의사 결정에 대해 체계적으로 사고할 수 있는 유용한 도구다. 의사 결정 나무를 그리려면 오늘 내린 의사 결정으로부터 시간이 흐른 후 해결될 불확실성과 미래 의사 결정들에 이르기까지 앞을 내다보고 생각할 수 있어야 한다. 의사 결정 나무를 그리려면 사업에서 돈을 투입해야 할 때와 사내에 학습 효과가 쌓이는 때 등을 순차적으로 생각할 수 있어야 하는데 그 사고 과정이 특히 유용하다. 예컨대 신약을 개발하는 것은 위험이 큰 비즈니스다. 하나의 신약이 시장에 선보이기 전에 그 프로젝트는 엄청나게 많은 과학적, 규제적 리스크에 직면한다. 실험실에서는 아주 전망이 있어 보이는 화합물도 동물 임상 실험에서는 실패할 수 있다. 그렇게 되면 불확실성 하나는 해소되는 것이다. 한편 동물에겐 안전하고 효과가 있어도 인체를 대상으로 한 임상 실험에서 실패할 수도 있다. 그렇다면 또 다른 불확실성이 해소된 것이다. 또는 신약이 인체 실험을 통과했어도 정부의 승인을 얻는 데 실패할 수도 있다. 이렇게 된다면 세 번째 불확실성도 해소되는 것이다. 이런 장애물을 통과하더라도 신약은 시장에서 온갖 리스크에 직면하게 된다. 즉 다른 회사들이 더 나은 신약을 시장에 내놓을 수도 있고, 우수한 판매 인력으로 대응해 올 수도 있으며, 이미 한발 앞서 신약을 출시했을 수도 있다.

　의사 결정 나무를 그리려면 당신은 중요한 불확실성들에 대해 각각의 성공 가능성을 부여해야 한다. 그리고 가치의 전개가 이어지는 맨 마지막 가지까지 따라가야 한다. 이 연습을 통해 항상 드러나는 것이 있다. 안개 속 같은 여러 상황과 의사 결정 과정에서 최종 결과를 변화시킬 수 있는 잠재력을 가진 빙산 같은 중요한 불확실성을 한 두개 찾아낼 수 있게 된다. 의약 개발에 있어서는 출시 시점, 즉 신약 부문에서 첫 번째 출시인지 아니면 두 번째, 세 번째 출시인지가 항상 빙산인 것이다. 의약 개발에서는 콜레스테롤 수치를 낮추는 것이든, 골다공증이나 관절통 치료제든 간에 여러 기업들이 주어진 한 문제에 대해 동일한 접근 방식을 추진하는 경우가 많다. 여기서는 누구든지 그 목적에 최초로 도달한 쪽이 보상의 막대한 부분을 차지하고 유지할 가능성이 높다. 의사 결정 분석을 하면 한 달이나 1년 일찍 출시하는 것이 얼마나 가치가 있는지 계량화하는 데 큰 도움이 된다.

머크Merck 사의 신약 연구 책임자인 에드워드 스콜니크Edward Scolnick 박사의 입장이 되어보자. 1994년 머크는 COX-2 억제제로 알려진 새 진통제를 개발해 출시를 위한 치열한 경쟁에서 몬산토를 뒤쫓고 있었다. 몬산토의 셀레브렉스라는 진통제는 머크의 바이옥스라는 진통제보다 훨씬 앞서 출시됐었다.

성공 가능성이 있는 COX-2 억제제 두 가지가 회사 내 동물을 대상으로 한 실험에서 그 효과와 안전성에 대한 테스트를 통과했다. 다음 단계인 인체 실험에서부터는 제약 회사들이 엄청난 수표를 날리기 시작하는 단계다. 다시 말해 큰 베팅이 이루어지는 시점이라는 얘기다. 스콜니크 박사는 무엇을 해야 하는가? 그는 먼저 여러 화합물 중 한 가지를 실험할 수 있을 것이다. 그게 실패하면 두 번째 화합물을 같은 방법으로 실험할 것이다. 이렇게 하면 비용이 조금 덜 든다. 하지만 두 화합물을 동시에 테스트할 수도 있을 것이다. 그러면 첫 번째 실험 방식보다는 속도를 높일 수 있다.

스콜니크 박사는 어떤 과정을 선택했을까? 더 빠른 두 번째 방식을 선택했다. 그 방식으로 몬산토를 제치지는 못했으나 1999년 출시됐을 때 바이옥스를 히트시키고 몬산토와의 격차를 줄일 수 있었다. 나중에 밝혀진 일이지만 머크의 화합물 중 한 가지만 제대로 효과를 냈다. 스콜니크 박사는 이렇게 회고했다. "하나는 실패하고 다른 하나는 성공했다. 그런데 미리 약효 데이터를 볼 수가 없어 어떤 화합물이 맞는 것인지 예상할 길이 없었다. 그 중 하나를 택해 성공한 것은 기막힌 운이었다."

기막힌 운이라는 것도 맞는 얘기다. 그러나 현명한 의사 결정도 있었다. 이 경우에는 베팅이 컸다는 점에서 제대로 벌인 도박이었다. 설혹 머크가 운이 나빠 두 가지 화합물에서 모두 실패했더라도 스콜니크가 내린 결정은 옳았다. 이 얘기는 훌륭한 경영자란 단지 베팅을 한 다음 결과가 어떻게 나올지 앉아서 기다려서는 안 된다는 점이다. 훌륭한 경영자들은 혁신을 통해 베팅할 새 기회들을 만들어간다. 다시 말해 적극적으로 베팅하고 가장 큰 불확실성에 초점을 맞춰 자신에게 유리하도록 상황을 만들어가는 것이다.

스콜니크 박사가 그랬던 것처럼 훌륭한 경영자들은 자신이 결과에 영향을 미칠 수 없을 때는 미래의 성공에 위협이 되는 리스크를 회피할 방법을 찾을 것이다. 예를 들어 항공사의 수익성을 결정하는 핵심 요소 중 하나가 항공유 가격이다. 그러나 당신이 항공사를 운영한다 해서 항공유 가격을 조정할 수는 없다. 대신 항공사들은 대부분의 사람들이 어쩔 수 없는 손실을 막기 위해 하는 것처럼 보험을 든다. 항공사는 항공유에 대한 선물이나 선도 계약을 매입한다. 그것을 통해 미래의 가격을 묶어둘 수 있고 경영 성과에 치명

타를 줄 수 있는 변화무쌍한 항공유 가격에 휘둘리는 경우의 수를 줄이는 것이다. 월스트리트에서 리스크를 헤징하는 복잡한 계약 방식만큼이나 낯설지만 이런 계약은 기본적으로 보험과 같은 성격을 갖고 있다. 기업들이 감당할 수 없는 손실을 피함으로써 리스크를 관리할 수 있게 하는 것이다.

미래를 창조하는 작업은 리스크가 큰 비즈니스다. 이것이야말로 경영자에게 좋은 소식이다. 불확실성이 없다면 가치를 창조할 기회도 적어지기 때문이다. 가치와 시간, 리스크를 잘 이해하고 있다면 경영자와 개인들은 좀더 현명한 투자 결정을 내릴 수 있을 것이다. 또한 자본 시장도 보다 효율적으로 혁신과 성장의 자금줄 역할을 할 수 있다. 오늘날 우리는 그 어느 때보다 리스크를 이해하고 관리하는 좋은 도구와 불확실성에 직면했을 때 의사 결정을 제대로 내릴 수 있는 도구를 갖고 있다. 이런 도구는 오늘과 내일 사이의 균형을 보다 명료하게 볼 수 있도록 해주고 내일의 발전을 담보하는 자본을 보다 유용하게 사용할 수 있도록 도와준다.

그러나 잊지 말아야 할 것은 이런 도구들은 복잡한 문제를 구조적으로 분석해 판단을 내리는 데 도움을 주는 보조 역할에 그친다는 점이다. 결국 풀리지 않는 불확실성에 직면해 최선의 판단을 내리고 미래를 창조하는 어려운 의사 결정을 내리는 것은 도구가 아닌 사람이다. 혁신과 위험성 없이는 경제적 발전도 있을 수 없다. 혁신이라는 위험한 비즈니스가 향후 수익을 가져다 줄 확률을 높이는 역할을 하는 것이 바로 경영의 규율이다.

8 경영의 성과내기
−당신이 먼저 집중하라

> 경영 성과는 문제를 해결함으로써가 아니라 수많은 기회를
> 이용함으로써 얻어진다.
>
> − 피터 드러커

해가 바뀔 때마다 성과를 내놓을 수 있는 능력은 노련한 프로의 상징이다. 경영자들 사이에서 실적을 내놓는 인물이라고 부르면 이는 정말로 높이 평가받는 사람으로 통한다. 이 말은 넓게 보면 일을 맡기면 제대로 처리할 수 있는, 절대적으로 신뢰할 수 있는 사람이란 뜻이다. 협의적으로 해석하자면 하루 결산이나 분기 결산 혹은 연말 결산 때 남들을 놀라게 하지 않는 사람이라는 의미를 담고 있기도 하다. 이런 사람이 있다면 회사나 조직은 당초 계획을 달성할 것이다.

경영 성과는 저절로 생겨나는 게 아니다. 또 열심히 일한 결과도 아니고 마지못해 일한 결과도 아니다. 성과를 내는 능력은 운 좋은 사람들만 우연하게 타고 나는 것도 아니다. 보통의 경우 도제식

으로 일을 배우는 과정에서 얻게 된다. 이는 수십 년간의 시행착오를 거치며 진화해 온 몇 가지 기본적인 성과 규율에 크게 의존하기 때문에 가르치는 데 더 효과적이다. 이런 규율은 몇 가지 단순한 원칙을 바탕에 깔고 있다.

첫 번째는 파레토의 법칙이다. 이 법칙은 80/20 법칙으로 더 잘 알려져 있으며 불균형 원칙으로도 불린다. 80/20은 무엇을 의미하는가? 이 질문에 대한 답으로서 다음과 같은 질문을 해보겠다. "몇 %의 원인이 몇 %의 성과를 낳는가?" 대개 한 회사의 매출액이나 이익의 80%는 20%의 고객 덕분에 벌어들이는 것이다. 또는 이익의 80%는 20%의 제품에서 생긴다. 가계지출의 80%는 가계 예산 항목 가운데 20%에서 나간다. 잭 웰치는 GE의 CEO라는 그의 책무를 "가장 우수한 직원들에게 가장 큰 기회를 주고, 가장 많은 자금을 가장 적합한 부문에 투자하는 것"이라고 설명한 적이 있다. 바로 파레토의 법칙을 확인한 것이다. 파레토의 법칙을 조직에 적용한다면 성과는 단지 몇 가지 일을 아주 잘하느냐의 여부에 불균형하게 달려 있다고 할 수 있다. 변화를 가져올 활동에 조직의 자원을 맞추는 게 중요하다고 말하는 것도 이 때문이다.

두 번째 원칙은 여러 이름을 갖고 있다. 실리콘밸리에서는 '무어의 법칙'이라고도 불리는데 컴퓨터 처리 속도가 개선되는 속도와 관련된 말이다. 일본에서는 점진적인 개선을 의미하는 것으로 '카이젠kaizen'이라고 부른다. 자동차 도시인 디트로이트와 다른 제조업체 중심지에서는 '지속적인 개선continuous improvement'이라고 불린다. 이런 용어들은 1980년대 이후 경영계에서 중요하고도 유용한 유행어로 자리잡았다. 그러나 자발적인 개선이라는 규율은 미국 역사에 뿌리를 두고 있다. 『벤저민 프랭클린 자서전The Autobiography of Benjamin Franklin』 요약본을 읽어본 사람이면 쉽게 알 수 있다. 아이디어는 간단하다. 오늘은 어제보다 더 잘해야 되고 내일은 오늘보다 더 잘해야 한다는 것이다. 샘 월튼은 이렇게 말했다. "한 번 성과를 냈다고 계속 그 방식으로 일할 수는 없다. 주위의 모든 것이 항상 변하기 때문이다."

우선순위 두기와 80/20 법칙

메그 휘트먼은 1998년 e베이의 CEO로 선임된 후 5주가 지난 뒤 이틀 동안 마케팅 부문 단합대회를 갖고 회사 고객에 대한 자료를 훑어보았다. 당신이 e베이를 통해 판매자들이 거래하는, 물론 e베이도 거래하는 그 규모를 안다면 두 칸으로 된 리스트를 쉽게 작성할 수 있을 것이다. 첫 번째 칸은 가장 큰 거래에서 가장 작은 거래의 순으로 고객들의 순위를 매긴다. 두 번째 칸은 누적 거래 규모를 기록한다. 첫 번째 칸의 고객이 5만 달러, 두 번째 고객이 4만 달러를 거래했다면 두 번째 칸의 첫 번째 숫자는 5만 달러이고 두 번째는 9만 달러 하는 식으로 계속 기입할 수 있을 것이다. 이제 두 번째 칸에서 아래로 쭉 내려가 e베이 총거래 규모의 80%에 해당하는 총매출 숫자가 되는 지점에서 선을 긋는다고 상상해 보라. 이 선은 어디에서 정확하게 그어질까? 과연 e베이의 매출은 어느 고객들에게서 집중적으로 발생하는 것일까?

휘트먼과 마케팅팀은 20%의 고객이 매출의 80%를 올려준다는 사실을 발견했다. 이 정보를 발견했다는 것 자체가 중요한 게 아니다. e베이는 성장성과 수익성을 결정짓는 중요한 의사 결정을 내리는 데 있어 아주 중요한 정보를 제공하고 있는 것이다. e베이 경영진은 20%의 고객들에 초점을 맞추고 그들이 누구인지 연구하기 시작했다. 그들은 20%의 대부분이 맹렬 수집가들이라는 점을 알아냈다. 그래서 휘트먼과 마케팅팀은 이들 고객들을 따라다니는 광고 전략을 전개하기로 했다. 다른 웹사이트들과 달리 주요 포털사이트에 광고 계약을 맺지 않고 이들 수집가들이 모이는 곳, 예를 들면 「돌컬렉터Doll Collector」와 「메리 베스의 비니 세상Mary Beth´s Beanie World」 등과 같은 전문잡지에 광고를 실었고 수집가들이 벌이는 교환 행사 같은 곳에서 광고를 하는 전략을 폈다.

이와 함께 e베이는 주요 고객의 성과를 개선시킴으로써 e베이의 성과도 올릴 수 있도록 고안한 파워셀러스PowerSellers 프로그램을 개발했다. 이 프로그램을 통해 주요 고객들을 세 가지로 구분해 부가혜택을 제공하고 특별 대우를 해주고 있다. 한 달에 2,000달러의 매출을 올려주는 동메달급, 1만 달러의 매출을 올려주는 은메달급, 2만 5,000달러의 매출을 올려주는 금메달급으로 분류했다. 이들 파워셀러들이 구매자들로부터 높은 점수를 얻고 있으면 e베이는 사이트에 올려진 그들의 이름 옆에 독특한 아이콘을 붙여주고 차별화된 고객 서비스를 제공하고 있다. 예를 들어 금메달급 고객들에게는 24시간 고객지원 핫라인을 제공한다.

80/20법칙은 경영적 사고 규율에 있어 가장 기초가 되는 것이라고 할 수 있다. 인생의 많은 부분에서 그런 것처럼 회사나 조직에서도 이 규칙은 보편적으로 들어맞는다. 즉 적은 비중의 X, 예를

들면 의사 결정, 제품, 고객, 유통망 등 어떤 것이든지 간에 경영 성과 가운데 균형에 맞지 않을 정도로 많은 부분을 산출하는 경우가 실제로 많다. 이탈리아 경제학자인 빌프레도 파레토Vilfredo Pareto는 19세기 말 80/20 법칙의 밑바탕에 깔린 원칙, 즉 원인과 결과 사이에는 놀랄 만한 불균형이 존재한다는 사실을 발견했다. 파레토는 부와 소득의 분배를 연구하다가 자신의 이름이 붙은 파레토 법칙을 찾아냈다. 그러나 수십 년이 지난 뒤에야 파레토 법칙은 경영의 세계에 수용됐다. 오늘날 파레토의 법칙은 그의 이름을 한 번도 들어보지 못한 수백만의 사람들이 일하는 방식에 영향을 미치고 있다.

수치 그대로 80/20 법칙을 받아들이는 것은 무리지만 실생활에서 이와 비슷한 비율이 적용된다는 것은 놀라운 일이다. 미국의 경우 10가지 사망 원인 가운데 2가지가 사망자 67%의 사인이라는 통계도 있다. 이 같은 원인과 결과의 불균형이 대부분의 인과관계를 설명하고 있다. 파레토 법칙의 핵심은 대부분의 경우 몇 가지 소수의 일들이 나머지 다른 일보다 훨씬 중요하다는 것이다.

오늘날 제대로 운영되는 모든 조직들은 e베이의 예에서 설명한 일들을 벌이고 있다. 지난 2000년 미국인 가운데 가장 부유한 20%가 새로운 차종의 거래 금액 중 60%를 냈다. 이는 10년 전 40%에 비해 20% 높아진 비중이다. 자동차 회사들은 이런 변화를 수시하고 제품을 만들어왔다. 이것이 가죽 시트, 고출력 스피커 시스템 등과 같은 고가 옵션을 많이 붙일 수 있는 대형차를 출시하는 경향을 보인 이유다.

패스트푸드 산업도 '핵심 소비자들heavy users'에 의존하고 있다.

매점 방문 횟수의 60%를 차지하고 매출과 이익 기여도는 그보다 더 높은 20%의 단골들 말이다. 그들은 30세 미만의 독신남으로 한 달에 20회 이상 점포를 방문하고 있다. 이미지 문제상 패스트푸드 회사들은 광고할 때 이들 단골들에게 직접 호소하지는 않는다. 대신 단골들의 니즈를 충족시키는 데 집중한다. 한 예로 KFC는 운전할 때 뼈를 발라내는 것을 유난히 싫어하는 운전자들이 단골들임을 간파하고 그들을 위해 특별히 만든 새로운 치킨 샌드위치를 선보였다. KFC의 소비자 담당 수석임원은 「월스트리트 저널」과의 인터뷰에서 "우리 단골은 예전엔 다른 곳에서 톤 단위로 엄청난 양의 치킨 샌드위치를 사 먹던 사람들이다"라고 말할 정도였다.

80/20 법칙에서 추론할 수 있는 중요한 점은 총수치나 평균적인 수치가 특별히 나쁜 결과를 낳지는 않더라도 그것은 사실 별 소용이 없다는 것이다. 왜냐하면 평균적 수치나 총수치가 성과를 내는 데 중요한 의사 결정을 희석시킬 수 있기 때문이다. 고객들이 회사 수익에 도움이 되지 않을 경우엔 그 고객들이 누구인지 파악할 필요가 있다. 예를 들어 뮤추얼펀드 회사나 은행은 평균적인 고객들에게 의존해 돈을 벌 수도 있다. 그러나 이는 소규모 계좌가 오히려 수익을 까먹고 대규모 계좌들이 모든 수익을 낸다는 사실을 덮어버린다. e베이가 그랬던 것처럼 총수치를 세부 항목으로 쪼개 들어가면 의미있고 실행에 옮길 수 있는 수치들을 발견할 수 있다. 은행들이 새로운 금융 서비스에 대해 많은 수수료를 매기는 이유는 e베이와 같은 분석 방법을 실행하고 있다는 것을 뜻한다. 소규모 계좌를 꺼리는 전략을 세우거나 손익분기점을 맞출 수 있을 정도로만 소규모 계좌를 받아들이는 전략을 사용하는

것이 대표적 예다.

평균치나 총수치가 갖는 문제점은 세부적인 수치에 숨어 있는 중요한 차이를 가린다는 사실이다. 방 세 개짜리 아파트의 실내 평균 온도가 21°C라면 편안할 것이라고들 생각할 것이다. 하지만 그 평균치가 세 가지의 다른 수치들로 구성되어 있다면 어떻게 봐야 하나? 부엌 온도가 영하 6°C, 침실이 48°C, 거실이 21°C라면 말이다. 얘기가 달라진다. 각각의 온도가 그렇다면 우리가 취할 수 있는 행동도 달라진다. 히터를 더 세게 틀든지, 창문을 열든지, 온도를 그대로 유지하든지 해야 한다. 평균치 1,000이라는 수치는 1,000이란 숫자가 100개 있는 것일 수도 있고, 1999번째에 500이라는 숫자가 있는 경우 혹은 첫 번째에 500이라는 숫자가 있는 경우도 될 수 있다. 즉 비록 평균치는 1,000이지만 정말 꼭 맞는 1,000이라는 숫자는 하나도 없을 수 있다는 얘기다. 80/20 법칙은 경영자들에게 중요한 의미를 찾을 때까지 총수치를 세부적인 수치로 잘게 쪼개라고 말한다. 20인가 아닌가를 따지는 분석가들은 충혈된 눈으로 이런 과정을 자백할 때까지 데이터를 고문하라는 식으로까지 설명하고 있다.

1980년대 이전 대부분의 기업들은 모든 고객이 똑같이 수익을 올려준다고 여겼다. 이후 80/20 법칙의 확산으로, 특히 데이터를 구하기가 쉬워지고 컴퓨터가 발달하면서 전체 수치를 쪼개서 분석하는 방식이 보편화됐다. 어떤 고객을 타깃으로 할 것이냐가 전략의 핵심 영역이 됐다. 오늘날 컴퓨터의 발달로 고객 선택customer selection이 점차 중요한 활동으로 여겨지고 있다. 핵심 고객들에 대한 데이터로 무장했기 때문에 e베이는 고객들이 만족할 만한 자원을 많이 배분해 줬고 e베이 사이트에서 더 많은 사업을 벌이도록 권할 수 있었다. 항공 업체들은 자사 항공기를 자주 이용하는 고객들을 모니터링하면서 자원 배분의 일종으로 특별 혜택을 부여하고 있다. 가장 수익성 있는 고객들의 충성도를 자극하기 위해서다. 은행과 뮤추얼펀드 회사들은 당신이 계속 관리해야 할 고객인지를 파악하는 데 별 어려움을 느끼지 않는다. 은행이 당신을 고객 명단에서 제외시키려 한다고 생각된다면 당신의 판단이 아마 옳을 것이다.

파레토의 법칙과 품질 혁명

지난 20년간 전 세계적으로 경영이 잘된 회사들은 엄격한 품질을 영업에 적용하는 것을 추구해 왔다. 1951년에 발간된 조셉 주란Joseph Juran의 『품질관리 핸드북Quality Control Handbook』은 품질 혁명에 불을 붙인 불씨 중 하나였다. 루마니아 태생의 미국 산업공학자인 주란은 불량품에 파레토의 법칙이 숨어 있다는 사실을 발견했다. 비교적 적은 수의 품질 문제들이 불량에 관련된 손실 대부분을 차지했다는 것이다. 여기에 착안한 그는 80/20 법칙을 생산 과정에 적용하여 품질을 획기적으로 개선시킬 수 있다고 결론 지었다. 매우 혁명적인 이 아이디어는 처음에 미국에서 무시됐으나 일본에서는 열광적으로 받아들여졌다. 품질에 천착한 또 다른 미국 학자 에드워즈 데밍W. Edwards Deming은 주란과 함께 일본에서 영웅으로 받들어졌다. 결국 미국과 유럽 제조업체들이 일본 경쟁업체들에게 충분히 굴욕을 당할 시점에서야 이 아이디어는 전사적 품질관리 total quality management, 6시그마라는 경영 원칙으로 서구로 돌아와 훨씬 증폭된 의미로 유행됐다.

GE의 6시그마는 이 규율을 구성하는 모든 요소들을 설명해 준다. 6시그마는 바깥에서 안으로의 시각에서, 즉 고객들이 어떤 제품과 어떤 서비스를 왜 가치있게 평가하는지에 대해 문제 의식을 갖는 것으로부터 시작한다. GE에서는 이런 요소들을 CTQ라고 부르는데, 이는 Critical To Quality의 줄인 말로 품질에 핵심적인 영향을 미친다는 뜻이다. 이런 요소들에 보다 광범위하게 사용된 개념은 중요한 비즈니스 용어인 동인動因이란 뜻의 드라이버driver이다. 비용 절감 드라이버, 품질 드라이버, 수익성 드라이버 등으로 사용되는데 각각의 경우 드라이버는 80/20 법칙에서 20에 해당한다. 결과의 거의 대부분을 좌우하는 가장 큰 원인이라는 얘기다. GE 경영자들은 일단 CTQ를 찾고 나면 공정에 있어서 각각의 중요한 과정들이 일관되고 불량 없는 결과를 낳는지 확신할 때까지 사업 요소들을 낱낱이 파헤치는 과정을 거친다. 품질 수준이 6시그마에 미치지 못하면 GE 경영자들은 그 원인을 분석하고 80/20 법칙에 따라 가장 중요한 원인을 개선한다. 고객이 요구하는 수준으로 돌아가 개선하고, 허용할 수 있는 한계를 벗어나는 어떤 결점이라도 개선함으로써 6시그마라는 낮은 불량률을 성취하는 것이다.

지난 2000년 GE가 홈데포Home Depot와 파트너십을 맺어 구축한 인터넷 기반 직배송 시스템을 보자. 이전까지 GE가 부품을 홈데포로 실어 보내면 그 물건은 팔릴 때까지 재고 창고에 쌓여 있었다. 홈데포는 고객들에게 많은 선택권을 주고 싶었지 많은 재고를 유지하고 싶지는 않았다. 홈데포는 해결책으로 매장 내에 간이주문대를 설치하고 판매원을 두어 GE 전자제품을 사려는 사람들의 주문을 받도록 했다. 주문은 곧바로 이메일을 통해 가장 가까운 GE의 유통 창고로 전달됐고 제품은 홈데포를 거치지 않고 바로 고객의 가정으로 배송됐다.

홈데포 측이 모든 고객에게 이런 서비스를 제공하고 싶다고 밝히자 GE는 주의 깊게 귀를 기울였다. 이 새 시스템은 소매 시장에서 지배적인 위치를 점하고 있던 홈데포와의 관계를 더욱 공고히 할 아주 좋은 기회였다. 그러나 영악한 GE는 즉각 예스라고 답을 해주지 않았다. GE는 우선 수치 분석 작업을 거쳤다.

고객들의 CTQ가 무엇인지를 면밀히 분석하고 자신들의 능력을 평가한 후 GE는 대부분의 고객을 만족시킬 수 있지만 모든 고객을 만족시킬 수 없다는 것을 깨달았다. GE의 부품 창고에서 멀리 떨어진 곳에 사는 사람들은 택배를 통해 효과적인 서비스를 받을 수 없었다. 그래서 GE와 홈데포는 모든 고객들에게 좋은 서비스를 제공하기 위해 몇몇 소수 고객에게는 서비스를 제공하지 않는다는 데 합의했다. 너무 멀리 떨어진 고객들은 여전히 기존 방식대로 부품을 구입했다. 즉 GE에서 홈데포의 재고 창고로 부품을 보낸 후 다시 고객들에게 전달되는 방식이 유지됐다.

CTQ를 분석하다 GE는 새로운 사실을 발견했다. 고객들이 24시간 내에 제품을 전달받는 것도 중요하지만 그보다는 GE의 직원들이 자신들을 어떻게 응대하느냐를 더 중시하고 있다는 점이었다. GE의 직원들이 친절하고 전문적이라면 고객들은 제품 전달이 늦어도, 심지어 고장난 제품을 받아도 참을 수 있다는 것이었다. 이처럼 전혀 예상치 못했던 새로운 정보를 얻게 된 뒤 GE는 제품 배달 및 설치 담당 직원들이 고객들과 접촉하는 기술을 익히도록 훈련시키는 데 투자했다. GE는 고객들의 시각에서 80/20 법칙에 집중했기 때문에 자원을 적절하게 배분할 수 있었다. 당신이 돈을 지출할 때 이런 법칙을 지속적으로, 합리적으로 적용한다면 GE가 지난 20년간 그랬듯 당신도 최고의 성과를 올리게 될 것이다.

대부분의 사람들에게 파레토의 법칙은 좋은 소식과 나쁜 소식을 전해준다. 나쁜 소식은 우리는 자신이 효율적이라고 생각하는 만큼이나 시간과 노력을 허비하고 있다는 사실이다. 우리가 하는 일들의 80%는 변변치 않은 20%의 결과를 가져다 주는 데 불과할 뿐이다. 좋은 소식이란 어떤 일이든 개선할 수 있는 여지가 있을 뿐 아니라 실제로 개선을 통해 성과를 올릴 수 있는 방법도 있다는 사실이다. 이런 의미에서 주란의 발견은 특히 좋은 뉴스였다. 왜냐하면 많은 원인을 갖고 있는 품질 문제들을 체계적인 접근을 통해 해결할 수 있다는 것을 의미했기 때문이다. 주란의 발견은 성과를 개선하는 규율을 제공한 셈이다.

경영의 다른 규율들과 마찬가지로 80/20 법칙을 적용하는 일은 그 규칙이 직관적이지 않기 때문에 아주 중요하다. 우리는 대개 해결해야 할 문제들이 너무나 많은 원인을 갖고 있고 그래서 해결할 수 없다고 쉽게 가정하는 경향이 있다. 게다가 우리가 생활하는 다른 부분에서처럼 일터에서도 우리의 주위를 끄는 것들은 언제나 많다. 대부분의 일들이 노력을 분산하기에는 너무 쉽고, 한꺼번에 너무 많은 전투를 치를 수도 없다. 모든 게 똑같이 중요하고 생산적인 것이라 착각하고 있기 때문에 한 가지 일을 하고 그 다음에 또 한

가지 일을 이어서 하면서 우리는 영원히 시간이 모자라게 된다. 직원들이 주당 90시간 일한다고 불평하자 잭 웰치는 그들이 하고 있는 일들을 20가지 리스트로 작성한 다음 뚫어지게 살펴보라고 했다. 웰치는 "20가지 중 10개는 말도 안 되는 것들"이거나 아니면 직접 할 필요가 없는 일이라고 말하곤 했다. 파레토의 법칙은 우리가 보다 적은 노력으로 보다 나은 결과물을 얻을 수 있도록 한다.

결과를 내기 위해서는 가장 큰 효과를 가져다 주는 20%에 초점을 맞춰야 한다. 잘 훈련된 경영자들은 80/20 법칙에 중점을 두면서 개선책이 효과를 발휘할 만한 부분의 큰 비용과 이익 항목들에 집중한다. 전체적으로 보면 한 회사나 조직이 투자한 시간에 대해 적절한 성과를 얻기 위해서는 이렇게 집중하는 것이 가장 효과적인 방법이라고 하겠다.

'안 된다'고 말하기가 가장 어려운 부분 : 자원 배분

자원 배분이란 용어는 별로 유쾌하지 않고 관료적인 용어 가운데 하나로 사람들의 눈을 희미하게 하는 역할을 한다. 자원 배분은 가치 창조라는 단어와 마찬가지로 추상적이고 특색이 없다. 인간적인 면모를 느끼기 어려운 용어다. 그렇다고 그 뜻을 기회가 있는 곳에 자원을 지원해 주는 것 따위의 쉬운 말로 규정하는 것은 진부하다. 이는 마치 "주식 투자를 하려면 가격이 낮을 때 사고, 높을 때 팔아라"는 식의 조언처럼 너무나 당연한 얘기여서 사람들은 자원 배분이라는 단어에 대해 별 신경을 쓰지 않는다. 그러나 경영에서 자원 배분은 매우 중요하다. 말하기는 쉽지만 실행하기는 정말 어려운 일이다.

자원을 지원해 주기가 어려운 것은 정보 때문이다. 우리는 어떤 기회가 있을 때 그것이 얼마만큼의 가치가 있는지 모르고, 특히 수백 가지의 기회 가운데 어떤 것이 가장 좋은 기회가 될지에 대해서는 더욱 알기 어렵다. 또 이런 결정을 내리는 데 필요한 정보를 서로 자원을 획득하려 경쟁하는 다른 프로젝트 리더들이 갖고 있는 경우도 적지 않다.

당신이 완벽한 정보를 갖고 있다고 하더라도 적절한 곳에 조직의 자원을 집중하는 것은 절대로 말처럼 쉽지 않다. 서로 가장 중요하다고 생각하는 것들이 달라서 우선순위에 대한 동의를 이끌어내기 어렵기 때문이다. 사람들은 저마다 회사 내에 자신만의 제국을 세우고 스스로의 영역을 지키려고 애쓰며, 과거의 경험과 익숙한 영역에 매달린다. 또 현재 하고 있는 일을 중단하는 것은 매우 꺼리는데 남들에게 이제까지 실패한 것처럼 보이고 스스로도 그렇게 느껴지기 때문이다. 우선순위를 설정하는 작업은 사실 간단하다. 그러나 설정한 우선순위대로 행동하기는 어렵다. 자원을 여기에 배분한다는 것은 저기에 배분하지 않을 것이라는 것을 의미하기 때문이다. 달리 말해 "그렇게 하자"고 말하면 쉽기도 하고 동의를 이끌어낼 수도 있을 시점에 당신은 "안 된다"고 말해야 할 때가 적지 않다는 얘기다. 계량화는 조직의 성과에 중요한 영향을 미치는 우선순위를 결정하는 과정에서 정치적 고려를 없애는 데 도움이 된다. 그러나 그렇다고 하더라도 우선순위를 결정하는 것은 매우 어려운 일이다.

미디어, 일반 대중, 심지어 회사나 조직의 구성원들에게 있어 자원 배분과 연관된 사람들 하면 떠오르는 얼굴은 대개 패배한 개인이다. 버젓한 직장에 다니다 구조조정된 그럴듯한 인물로 앞으로의 인생이 예전 같지 못할 그런 사람 말이다. 그러나 이런 소위 패배자의 얼굴에 초점을 맞추게 되면 큰 그림을 잊기 쉽다. 그 결과 규율을 제대로 지키지 못하는 자원 배분이 이루어지기도 하고 그래서 실제로 자원이 더 필요했을 사람들에게 피해를 주게 된다. 특히 이 문제는 의료보호 문제와 관련해 심각하다. 우리는 인간적이며 정의로운 사회의 구성원으로서 누구라도 보살핌을 받을 수 있다. 그러나 보험료 납입자로서 우리는 보험금 지출을 억제할 것과 각자 내는 보험료를 능력 범위 내로 한정해 줄 것을 동시에 요구한다. 경영진으로서는 해결하기 매우 어려운 과제가 아닐 수 없다.

대형 건강보험 회사인 휴매나Humana는 지출 내용을 분석했을 때 이런 딜레마에 빠졌다는 것을 알았다. 병 상태가 가장 나쁜 10%의 환자가 비용의 80%를 차지한다는 사실을 발견한 것이다. 특히 해마다 미국 전체에서 170억 달러가 소요되는 만성 질환인 심부전증 환자들이 가장 많은 비용이 들어가는 집단이었다. 그래서 휴머나는 질병 관리disease management라고 불리는 방식을 심부전증에 적용했다. 그것이 코르솔루션CorSolution 프로그램이다.

가장 상태가 나쁜 환자들에게 간호사들을 배정해 전화상으로 환자들의 식이요법이나 투약 등을 상의하고, 필요할 때 보살핌을 주도록 조치했다. 이런 과정을 통해 환자들이 병원에 장기 입원해 내게 되는 비싼 입원료를 줄인 것이다. 미국 전체에서 심부전증으로 진단된 5명 가운데 1명은 진단 첫해에 사망한다. 휴머나는 코르솔루션 프로그램을 통해 사망률을 절반으로, 즉 10명당 1명 꼴로 낮추었다고 보고했다. 이런 해결 방식이 사실 진정한 바텀라인이라 할 수 있다.

여기에서 이해 당사자들의 의견 충돌이 발생했다. 심부전증 환자에게 더 많은 인력을 배치하는 것은 곧 다른 환자들로부터 자원을 빼앗아가는 것을 의미했다. 휴매나가 보기에는 같은 곳에 쓰일 자원이 아니었지만 환자들이 느끼는 것은 달랐다. 휴매나의 의사 결정은 자신들이 받고자 하는 혜택을 놓친 사람들에게 고통을 주는 것이었다. 그들은 휴매나를 고소했고 결국 승소해 8억 달러의 보상액을 얻어냈다. 편을 들자는 게 아니다. 자원 배분에 대한 의사결정을 내리기가 얼마나 어려운지, 조직의 성과를 내는 게 얼마나 중요한지를 강조하는 것이다. 자원이 희박한 부문에서는 결과를 얻기 위해 양자택일을 해야만 한다. 경영자들은 조직이나 회사의 바깥에 있는 사람들을 위해 어떤 가치 창조를 해야 할지에 대해서 잘 알고 있으면서 또 적절하게 재원을 지원받아야 이런 양자택일을 제대로 할 수 있다. 그렇지만 어떤 경영자라도 심지어 잭 웰치라해도 사회가 바라는 빵과 고기를 만들어내는 기적을 행할 수는 없다.

자원 배분에 대한 의사 결정은 고통스럽기 때문에 건강보험보다 감정적으로나 정치적으로 비난이 덜 심한 부문, 즉 대기업들이 수년 동안 도식적인 접근 방식으로 의존해 왔다. A사업 부문이 회사 매출의 20%를 차지하면 투자 자원 가운데 20%를 얻곤 했다. 비용을 10% 줄여야 한다면 이사회를 통해 그런 비용감축 지침을 내리곤 했다. 수치에 의한 자원 배분은 정치적인 갈등을 제거하고 고통을 해소시킨다. 그러나 그런 방식은 사고와 판단을 배제시키기도 한다. 다양한 기회에 자원을 보다 알맞게 배분할 수 있는 선택권을 배제시키기도 한다.

도식적인 접근은 관료주의의 전형이다. 외부적으로 결과를 얻는 것보다 조직 내부적인 일에 초점을 맞추는 일의 전형인 것이다. 군의 각 부문으로 투입되는 미국 국방비 배분 방식이 수십 년이 지나도록 바뀌지 않고 있다는 사실은 어떻게 설명해야 할까? 국가안보에 대한 위협과 군사기술 부문에 일어날 엄청난 변화에도 불구하고 말이다.

조직체가 외부의 힘에 압박을 덜 받을수록 내부적인 타협 논리에 따라 자원을 배분할 가능성은 더 커진다. 그렇게 하면 배가 흔들리는 것은 피할 수 있다. 하지만 의사 결정이 내부 조직원들만 계속 만족시키는 데 집중된다면 그 조직은 자기 관성의 함정에 쉽게 빠질 수 있다.

성과 지향의 기업은 성장기 인텔의 유명한 일화에서 볼 수 있듯 자원 배분 의사 결정을 내릴 수 있는 보다 현명한 방법을 알고 있다. 오늘날 인텔은 컴퓨터 구동칩인 마이크로프로세서 부문에서 선두를 달리고 있다. 이 고부가가치 제품 덕분에 인텔은 최근 15년 간 전에 없던 성과를 얻었다. 그러나 1980년대 초만 해도 인텔은 주로 D램을 생산하며 미국 반도체 업체들의 영역을 급속히 잠식하고 있던 일본 반도체 업체들과 경쟁하고 있었다.

인텔이 메모리칩에서 마이크로프로세서를 만드는 회사로 전환한 이야기는 앤디 그로브가 쓴 책 『편집광만이 살아남는다Only the Paranoid Survive』에 잘 소개되어 있다. 인텔의 고위 임원들이 기존 D

램 사업의 향후 전망을 놓고 씨름하기 전에 인텔의 중간 관리자들은 사업 부문 변화의 기반을 마련한 자원 배분 의사 결정 작업에 조용히 착수하고 있었다. 반도체를 생산할 제조 능력이 달리자 인텔의 생산담당 기획자들과 재무담당 책임자들은 공장에서 쏟아져 나오는 제품을 어떻게 믹스할 것인가에 대해 매일 의사 결정을 내려야 했다. 그들은 또 은밀하게 생산하지 말아야 할 것을 결정하고 있었다. 기획자들은 생산 설비를 가장 수익성이 높은 칩, 인텔의 개념대로라면 웨이퍼 한 장당 가장 높은 마진이 남는 칩에 배분했다. 그런 우선순위에 근거해 마이크로프로세서가 D램을 제치고 인텔의 주력 사업으로 부상했던 것이다.

이 같은 결정은 그 당시 산업계에 연이어 발생했던 현상들에 비춰 보면 멍청한 짓처럼 보인다. 일본 업체들은 D램의 전략적 중요성을 확신하고 설비에 막대한 투자를 단행했다. 일본 업체들의 대규모 투자는 D램 가격을 떨어뜨렸고 동시에 미국 업체들이 D램 사업에서 손을 떼게 했다. 이후 한국 기업들이 D램 반도체 사업 경쟁에 합류했다. 저가 칩이 범람하면서 D램 사업은 빛을 잃었다. 지금은 명확하게 보이겠지만 앤디 그로브가 "메모리칩은 곧 우리 자신이었다"고 얘기했듯 1985년에는 그 답이 뚜렷하지 않았다. D램은 인텔 정체성의 핵심이었다. "과거에서 극적으로 벗어나기 위한 현명한 수단을 강구하기 전 무자비한 적자를 봐야 했다." 다행히 인텔의 중간관리자들은 "객관적인 시각에서 자원 배분과 수치들"을 다루고 있었다. 고위 임원들이 메모리 사업에서 발을 빼야겠다고 의사 결정을 내릴 무렵엔 이미 인텔의 생산 방향이 마이크로프로세서로 상당히 재조정되어 있었다.

그로브는 "인텔 생산기획 담당자들은 마이크로프로세서가 보다 수익성이 높다고 판단했기 때문에 메모리칩에서 마이크로프로세서로 웨이퍼 설비를 전환시켰다"고 말한다. "하지만 우리의 상층 경영진은 과거의 성공이란 타성의 함정에 빠져 있었다."

포기를 결정할 수 있는 규율

앤디 그로브가 언급했듯 기존의 활동을 중단한다는 것은 고통스런 경험이 될 수 있다. 아울러 경영 성과를 낼 수 있는 중요한 요소이기도 하다. 제약 산업에서 연구 개발 부문을 맡았던 경영자라면 "제약 부문에서는 예상했던 대로 결과가 나타나지 않는 프로젝트는 일찌감치 손을 떼고 정확한 프로젝트에 베팅하는 것이 성과이다"라고 말할 것이다. 신약 개발은 너무 많은 시간과 비용이 들어가기 때문에 연구 개발 프로젝트 책임자들은 경력에 따라 5개 내지 6개의 프로젝트에 매달릴 수도 있다. 이 경우 프로젝트를 계속 진행시키기 위해 받는 압박과 회사 측이 프로그램을 제거하는 상황이 개인적으로 얼마나 비참한 일일지 상상해 보라.

그러나 그런 의사 결정은 연구 개발 부문은 물론 전반적인 부문에 걸쳐 필요하다. 그런 의사 결정이야말로 어제의 우선순위에서 자원을 해방시키는 유일한 길이다. 언제나 인간 행동을 예리하게 관찰하는 피터 드러커는 조직체의 혁신에 가장 큰 장애물은 어제의 성공을 기꺼이 포기하지 않는 것이라고 수없이 강조했다. 또한 결과에 더 이상 기여하지 않는 자원을 포기하는 것을 주저하는 일

또한 마찬가지라 했다. 그는 한때 성과가 시원찮은데도 예민하게 집착하고 있는 제품과 사업을 "경영적인 자기 아집에 투자하는 것"이라고 말했다. 드러커는 그 해결책이 '체계적인 포기'의 훈련이라고 말한다. 이 훈련은 잭 웰치가 1981년 GE 구조조정에 돌입하면서 적용했던 방법이다. 우리는 피터 드러커가 한 다음과 같은 어려운 질문을 스스로에게 할 필요가 있다. "그 사업을 하지 않고 있는데 오늘 그 사업에 진출하겠는가?" 대답이 아니오라면 두 번째 어려운 질문을 던져보라. "그 사업에 대해 무엇을 할 것인가?"

사람들은 자신의 영역과 체면, 시간을 잃는 것을 싫어한다. 그들은 경제학자들이 매몰 비용sunk cost이라고 부르는 정신적 함정에 빠진다. 매몰 비용은 회수될 수 없는, 다른 용도로 사용할 수 없는 시간과 돈을 투자하는 것을 말한다. 쉬운 말로 하자면 배수구로 빨려 들어간 돈이다. 이 개념은 기초 재무학 강의 초기 단계에서 다룬다. 매몰 비용의 교훈은 중요하다. 당신이 오늘 투자할 것인지의 여부를 평가할 때 이미 투자한 것은 무시해야 한다. 대신 스스로에게 질문을 던져봐야 한다. 이후 내가 투자할 시간과 돈에서 좋은 수익을 얻을 수 있는가를 말이다.

이 교훈은 대부분의 사람들이 어떻게 감정적으로 연결됐는지를 알려주는 것이 아니기에 배워야 한다. 심리학자들은 사람들이 이미 저지른 결정에서 벗어나길 싫어한다는 사실을 이미 알고 있었다. 이런 사실은 투자 심리학에 초점을 둔 행동재무학 분야의 연구로 새롭게 발견됐다. 주식을 매입하거나 신제품을 개발하거나 직원을 고용하는 데서 실수를 저질렀는지의 여부는 중요하지 않다. 사람들은 자신들이 결정한 일들이 정당화될 것이라고 바라면서 결정을 실행하는 것을 훨씬 선호한다. 매몰 비용 훈련은 경영자들이 이런 함정을 피하도록 해 상황이 악화되면서 많은 돈을 버리는 것을 방지해 준다.

경쟁 속도가 빨라지고 있기 때문에 사업을 하려면 어느 때보다 포기하는 훈련을 쌓아야 한다. 그러지 않으면 내일을 위해 축적해야 할 자원을 허투루 낭비하게 될 것이다. 공공 분야에서도 이런 도전은 생겨나고 다루기도 더 어려워진다. 더욱이 정부는 일단 한 번 내린 결정이 시행되면 관련 프로그램을 중지할 자연스런 메커니즘이 부족하다. 그 프로그램들은 종종 관련 투자 비용과 함께 중지되지 않고 끝까지 살아남는다.

비영리 조직에서도 유사하다. 사람들은 조직의 모든 활동이 동일하게 훌륭하기 때문에 지속될 가치가 있다는 믿음에 사로잡히기가 아주 쉽다. 왜냐하면 각각 그 사업을 지지하고 있기 때문이다. 실제 어떤 활동이 항상 다른 활동보다 효과적이고 생산적일 수도 있다. 그러나 비용과 매출을 일치시킬 수 있는 수단과 자본 시장이라는 외부 규율이 결여된 상태에서 비영리 조직체들은 여러 경쟁적 우선순위 가운데 어려운 선택을 할 수 있는 동기를 거의 갖고 있지 못하다. 사회 단체들이 스스로 포기하는 규율을 갖추지 않는다면 중요한 자원을 가장 생산적인 부분에 사용할 가능성은 없다.

어제를 이겨라

컴퓨터 혁명이 막 시작될 무렵인 1960년대 중반, 인텔의 전설적인 공동 창립자 고든 무어는 칩 용량이 18개월마다 두 배로 늘어날 것이라고 예언했다. 이 예언은 무어의 법칙으로 알려졌다. 실리콘 밸리에서는 무어의 법칙이 신성한 계율이 됐다. 믿기 어려울 정도의 기술 발전 속도를 설명하는 의미로도 사용되기 때문에 무어의 법칙은 물리학의 법칙처럼 들린다. 그러나 그렇지 않다. 사실 무어의 법칙은 인텔의 경영자들과 엔지니어들이 가장 즐겨 사용한 비즈니스적인 목적이요, 설정된 목표다.

컴퓨터 칩과는 완전히 무관하게 무어의 법칙은 아주 오랫동안 존재해 온 자기 개선을 향한 태도를 반영한다. 비즈니스 연보에는 서로 영향을 주는 사람들로 가득 차 있다. 작업을 좀더 효율적으로 계속할 수 있다는 믿음을 깔고 있는 테일러의 과학적 관리가 꼬리를 물고 꾸준히 실천되고 있다. 이는 헨리 포드나 조지 이스트먼과 같은 사람들의 지속적으로 반짝이는 아이디어와 쉼 없는 정신에서도 뚜렷하다. 그러나 지난 20년 동안 한때는 특이하고 존경할 만한 것처럼 보였던 부지런한 소수들의 습관들이 히스테릭하게 대중을 사로잡는 어떤 것으로 변모했다. 고든 무어의 후계자인 앤디 그로브는 이런 캐치프레이즈를 만들어냈다. "편집광만이 살아 남는다."

그렇지만 벤치마킹과 우수 사례인 베스트 프랙티스best practice가 경영계의 유행어가 되기 훨씬 전 샘 월튼은 매점 관리자들에게 전년 대비 동일한 날과 비교한 매출을 하루하루 적어나가는 매출장부를 "어제를 이겨라"라는 말로 채워 넣으라고 시켰다. 이런 장부는 벤저민 프랭클린의 어린 시절 일기에서도 발견될 만한 것이다. 월마트의 경영자들은 오늘의 성과를 내일의 성과와 비교함으로써 지속적으로 영업 실적을 늘리는 강한 자극을 얻을 수 있었다.

월튼은 이런 방식으로 무엇을 달성하려 했는지 설명했다. "우리는 처음부터 가장 우수한 영업 운영자, 가장 전문적인 관리자가 되고자 노력했다. 내가 프로모터의 기질을 가졌다는 것은 의심할 여지가 없다. 하지만 그런 기질 때문에 나는 항상 운영자의 정신을 갖고 있었다. 모든 일들이 잘 해결되도록 더 잘되도록 가능한 한 가장 잘되도록 원하는 운영자 말이다." 월튼은 직원들이 새로운 아이디어를 내고 실천에 옮길 수 있도록 권장하는 여러 가지 메커니즘을 통해 이런 정신을 제도화시켰다. 예를 들어 그가 개발한 '매점 안의 매점' 조직은 관리자들에게 자신의 매점 안에서 혁신할 수 있는 자율권을 주었다.

비용을 줄이고 서비스 질을 높일 수 있는 새로운 방법에 대한 실험이 성공적일 때마다 그 방식은 모든 매점으로 확산됐다. 월마트의 전매 특허로, 매점에 발을 들여놓는 고객들을 반갑게 맞이하는 '친절한 접객인' 제도는 매점의 도난을 줄이기 위해 루이지애나 크롤리에서 실시한 성공적인 실험의 결과였다. 사람들 대부분이 접객인을 추가 서비스로 여기지 비용을 줄이기 위한 방법으로 여기지 않는다는 사실은 그 아이디어를 훨씬 더 빛나게 한다.

30년 혹은 40년 전 월튼이 본능적으로 실천했던 것을 요즘 경영자들이 벤치마킹과 베스트 프랙티스라는 기치 아래 좀더 체계적으로 실천하고 있다. 이와 관련된 훈련들은 조직체를 지속적인 개선이란 꾸준한 북소리에 맞춰 앞으로 행진하게 한다. 그 아이디어는 조직이나 산업 외부의 것들이라도 가장 뛰어난 제품과 과정이라면 당신의 것과 비교하라는 것이다. 목표는 누가 가장 잘 해내느냐를 파악하는 것이다. 그것이 유통센터를 운영하는 일이든, 주문을 처리하는 일이든. 또한 그들의 사례를 통해 당신의 것을 얼마나 개선시키느냐를 배우는 것이다. 벤치마킹은 1980년대 경쟁이 심화되던 때 생산성과 품질을 개선시키기 위한 필요성에서 광범위하게 확산됐다. 오늘날 벤치마킹은 지속적인 개선을 유지하는 것은 물론 기업에 새로운 아이디어를 불어넣기 위한 방법으로 널리 채택되고 있다.

이런 훈련의 효과는 패스트푸드 산업에서 분명히 나타나고 있다. 맥도널드의 창립자인 레이 크록의 업적은 사실 요즈음 베스트 프랙티스라는 사고로 불리는 것의 결과로서, 그는 가치를 창조하는 통찰력을 갖고 있었다. 크록이 베테랑 밀크셰이크 기계 판매원이었다는 사실을 기억하는가? 그는 다른 가게들이 밀크셰이크 기계를 한 대나 두 대 구입할 때 맥도널드 형제는 어떻게 해서 8대를 구입했는지 호기심을 가졌다. 크록이 1954년 그 이유를 알아보려고 직접 맥도널드 형제의 가게를 찾았을 때 그는 깜짝 놀라고 말았다. 일렬로 정리된 메뉴와 전광석화같이 빠른 서비스로 맥도널드 형제는 음식 사업에 효율성을 접목시키고 있다는 것을 발견했기 때문이다. 수백 개에 달하는 가게 영업을 관찰한 크록은 맥도널드 형제 가게에서 베스트 프랙티스를 찾아냈던 것이다. 이로써 엄청난 글로벌 산업이 될 만한 일이 탄생한 것이다.

웬디스를 세운 데이브 토머스Dave Thomas는 1970년대에 운전석에 앉은 채로 패스트푸드를 사 먹을 수 있는 '자동차 운전자용 판매대

drive-through window'를 도입해 식당 공간과 추가 인력을 들이지 않고서도 매출을 크게 늘리는 잠재력을 일깨웠다. 웬디스는 그런 방식으로 경쟁업체들보다 훨씬 많은 수익을 누릴 수 있었다. 이후 그 아이디어는 확산되기 시작했다. 본래 운전석에 앉은 채 패스트푸드를 사 먹을 수 있는 방식은 어찌하다 보니 얻은 아이디어였다. 오늘날 이 아이디어는 패스트푸드 매출의 65%를 차지하는 주력 사업이 됐으며 식당 내에서 판매해 수익을 올리는 방식보다 훨씬 빠르게 성장했다. 이런 이유로 제품 개발 자원은 차량 내 컵 홀더에 쏙 들어가는 용기에 포장된 샐러드처럼 차 안에서 쉽게 먹을 수 있는 새로운 메뉴를 개발하는 데 초점이 맞춰졌다.

베스트 프랙티스를 찾는 작업은 델 컴퓨터의 사례처럼 스피드에 맞춰졌다. 낮은 비용이 들기 때문이 아니라 고객들이 스피드 자체를 가치있는 것이라고 여겼기 때문이다. 운전석에 앉아 음식을 사가는 고객들에게는 특히 그랬다. 맥도널드의 CEO인 잭 그린버그Jack Greenberg에 따르면 자동차 운전자용 판매대에서 아낀 6초는 매출을 1% 증가시킨다. 그러므로 모두가 자동차 운전자용 판매대의 속도를 측정하고 그 속도를 더 빠르게 하기 위해 최신의 계산기와 기술을 사용하고 있는 것은 놀랄 일이 아니다. 예를 들어 맥도널드는 운전자들이 현금 계산 창구를 지나는 시간을 단축하려 했다. 고속도로 통행요금을 자동으로 지불하는 방식을 적용한 것이다. 다른 지역의 웬디스 매점 관리자들이 벤치마킹하는 베스트 프랙티스의 대상으로 자리매김한 코네티컷의 다리엔Darien 매점은 눈이 휘둥그레질 만한 첨단 기술을 도입한 매점이다. 자동차 운전자용 판매대 차선상 여러 지점의 땅 밑에서, 센서를 장착한 타이머들이 가게의 거의 모든 성과를 체크한다. 이는 주문이 신속하게 처리되지 않으면 문제가 되는 위치를 버저로 알려준다. 다리엔이 최근 측정한 자동차 운전자용 판매대 통과 시간은 채 2분이 걸리지 않았다. 웬디스 체인점의 평균 소요 시간인 2분 30초보다 짧은 시간이었다. 당신이 이 글을 읽는 시간보다 다리엔의 서비스가 더 빠르다는 사실을 보장할 수 있다.

웬디스와 맥도널드의 사례가 보여주듯, 패스트푸드 산업에서 '패스트fast'는 저절로 가능한 게 아니다. 성과를 재는 정확한 방법을 기업들이 발견한 것이다. 꾸준히 그 방법을 추구하고 새로운 방식을 상상하며, 상상한 방식이 제대로 작동할지를 테스트하면서 체계적으로 개선한 결과다. 프렌치프라이 주문을 전달하는 데 걸리는 시간을 수초 줄이는 것은 사소한 일처럼 보일지도 모른다. 그러나 생명을 구하는 일이라면 어떨까? 이 분야의 베스트 프랙티스는 고귀하다. 1994년 유타 주에 있는 인터마운틴 헬스캐어 Intermountain Health Care의 킴 베이트만 박사는 유타 지역에서 가장 큰 사망 원인 중 하나인 폐 감염병 즉 지역 질병인 결핵을 치료하는 베스트 프랙티스를 찾아 나섰다. 그는 베스트 프랙티스를 발견하고는 깜짝 놀랐다. 101명의 환자를 연구한 결과 이들이 68가지 다른 항암제를 결합한 약으로 치료됐다는 사실을 알아냈다. 아울러 거의 모든 환자 사례에서 어느 한 가지 투약 방식이 가장 좋다는 사실도 발견했다. 베이트만 박사는 인터마운틴 헬스캐어가 이 투약 방식을 채택하면 매년 50명의 생명을 구할 수 있을지 모른다고 추정했다.

병원 컨소시엄인 노던 뉴잉글랜드 컬래버러티브Northern New

England Collaborative는 그 지역에서 가장 낮은 심장질환 사망률을 기록했다. 이 같은 성공적인 결과는 그 지역 병원들의 환자 사망률이 상당한 차이를 보이고 있다는 한 연구와 함께 시작됐다. 컬래버러티브 의사들은 많은 의사들이 사실이라고 믿기 거부하는 이 연구 결과를 묻어버리지 않고 자신들의 프랙티스와 결과에 대한 정보를 서로 교환하기로 했다.

뉴햄프셔 다트머스의 히치콕 메디컬 센터의 수석 심장외과 의사인 빌 뉴전트는 처음에 PBS 다큐멘터리 방송에서 그 데이터에 대해 "테러"라는 반응을 보인 것을 회상했다. 그는 노출의 두려움과 문제점들을 어떻게 다루어야 할지 모르는 데서 오는 무력감을 설명했다. 그러나 머지않아 그와 컬래버러티브 내의 동료들은 여러 가지 베스트 프랙티스를 확인하고 채택했다. 베스트 프랙티스란 다름이 아니라 수술을 하기 전에 환자들을 어떻게 일으킬지부터 수술하는 동안 어떻게 수혈해야 하는지, 어떻게 수술실에서 중환자 병동까지 외부인의 접근을 금지시킬 수 있는지 등이었다.

이런 변화를 채택함으로써 컬래버러티브 병원의 사망률은 24% 줄어들었다. 베스트 프랙티스가 환자 4명 중 1명을 살린 것이다.

경영 비용을 줄일 뿐 아니라 의료 서비스를 개선시킬 수 있는 베스트 프랙티스에 대한 관심은 의료계로 확산되고 있다. 미네소타 주는 경영 마인드적인 의료 서비스를 개발하는 데 오랫동안 선구자 역할을 해왔다. 2001년 미네소타 주는 또 다른 큰 걸음을 내디뎠다. 미네소타 주의 5대 보험 회사가 50가지 질병을 치료하는 가이드라인을 지지할 것이라고 선언한 것이다. 그 가이드라인 혹은 치료 방식은 미네소타 주 전역에 있는 병원의 물리사들과 메디컬 센터에 의해 개발됐다. 신약과 치료방법이 가능함에 따라 그 가이드라인은 지속적으로 업데이트할 수 있을 것이다.

이런 모든 예들은 경영 규율이 어떤 성과를 낳는지를 보여준다. 이 장에서는 물론 앞 장에서 우리가 꾸준히 다뤘던 주요 아이디어를 재차 강조하는 예들을 말했다. 당신이 어디 서 있는지 알려주는 수치들이 필요하다. 그러나 성과는 수치만의 문제가 아니다. 수치는 자신의 방어력을 넘어설 만큼 다른 것들을 신뢰한다. 수치는 현실을 직시하는 용기를 주고, 어떤 상황인지를 묻는 호기심을 가지고 있고, 혁신적인 프랙티스를 어디에서 찾을 수 있는지를 알려주는 개방성을 갖고 있다. 이 모든 것들이 경영 성과를 가져다 주는데 필수적이다. 신뢰 없이는 그리고 사회적인 가치 규범 없이는 생겨날 수 없는 것이기도 하다. 다음 장에서 자세히 살펴보자.

9 인적자원관리 :
–어떤 가치들이 왜 중요한가

어떤 이가 이렇게 말한 적이 있다. 고용할 사람을 찾을 때는 성실함, 지능, 에너지 등 세 가지 자질을 따져 보라고. 고용한 사람에게 성실함이 없다면 그 사람의 지능과 에너지가 고용주인 당신을 죽일 것이다. 잘 생각해보라. 성실함이 없는 사람을 고용하면 당신은 그 사람이 바보처럼 멍청해지거나 게을러지는 게 차라리 낫다고 생각하게 될 것이다.

—워렌 버핏

마지막 장에서 인력을 주제로 삼으면서 마지막을 위해 가장 좋은 주제를 아껴두고 있었다고 우겨도 될 법하다. 그러나 더 중요한 점은 우리가 맨 처음부터 지금까지 사람 외에는 아무것도 얘기하지 않았다는 것이다. 무엇보다 조직을 활성화시키는 사람들의 역할에서부터 경영을 통해 그 역할을 성과로 바꾸는 법을 배우는 일들까지, 다시 말해 공통의 현실을 만들어내는 일부터 자원을 배분하는 일까지 우리가 지금까지 논의한 모든 규율들은 개인들의 전문성을 조직 내의 성과로 전환시키는 데 도움이 된다.

경영학과의 학생들과 교수들은 세계를 숫자와 사람, 이 두 가지 영역으로 구분하는 경향이 있다. 재무와 같은 '어려운' 주제가 있는가 하면 리더십과 조직 행동처럼 '쉬운' 주제가 있다. 이 같은 이분법은 경영사상이라는 영역의 역사를 보면 더욱 뚜렷해진다. 경영사상은 테일러의 과학적 관리의 후계자들을 한 축으로 하고 사회적 관계학파를 다른 한 축으로 한다. 마치 서로 경쟁적인 이론인 것처럼 말이다.

그러나 그런 구분은 교실에서나 설득력을 얻는다. 뛰어난 경영자들이라면 경영의 핵심적 도전이 그 둘을 빈틈없이 효율적인 전체로 통합하는 것임을 알고 있다. 조직은 경제적인 기계이며 사회적 시스템이기도 하다. 기계는 언제나 명령받은 대로 일을 한다. 기계는 자신이 하는 일에 대해 싫어하거나, 믿거나, 소중히 다룰 필요가 없다. 감사하다는 인사가 없다고 시무룩해 하지도 않는다. 또 기계는 영감을 받았다고 해서 기적을 이루지도 않는다. 이에 비해 사회적 시스템은 더 복잡하다. 그 시스템을 구성하는 개인들도 마찬가지다.

모든 일에 통제권을 행사하는 경영자들에게 이런 것들은 언제나 실망감을 가져다 주었다. 병적일 정도의 지도력과 통솔력을 지닌 헨리 포드는 회사를 위해 자기 혼자서 모든 사고를 할 수 있다고 생각했다. "근로자들의 두 손만 있으면 되는데 왜 머리까지 고용해야 하느냐"며 두고두고 불평했다. 피터 드러커는 헨리 포드의 말을 빌려 "단순히 손만 빌릴 수 없다"고 썼다. 손을 빌리면 당연히 전체로서의 한 사람이 같이 따라온다.

바로 그게 문제다. 전체로서의 사람 없이는 어떤 일도 할 수 없지만 때론 전체로서의 사람 때문에 오히려 어떤 일을 해내기가 어렵다. 우리는 자신의 아집에 사로잡혀 항상 우리 자신의 길과 다른 사람의 길을 방해한다. 대다수의 사람들이 자신이 관리 대상이 되는 것에 엄청난 저항감을 갖고 있다는 것도 마찬가지 문제다. 사람을 관리하는 일에 있어 궁극적인 목표는 사람을 관리하지 않는 것이다. 가장 뛰어난 실행가는 스스로를 관리할 수 있는 능력이 있는 사람이다. 이 장에서는 경영자와 비경영자 모두에게 그것이 무엇을 의미하는지를 설명할 것이다. 개인이 스스로를 관리할 수 있는 가치범주의 제공이 경영의 또 다른 책임이라는 것, 또 개인이 자신의 성과에 책임진다는 말이 뜻하는 것에 대해 알아보겠다.

대부분의 노동이 근육 운동과 관련되던 시절에는 일 자체가 관리될 수 있었고, 분석될 수도 있었으며 조직화, 구체화될 수 있었다. 노동자들은 시킨 것만 정확히 하면 됐다. 감독자들도 노동자들이 지시에 잘 순응하는지만 감독하면 됐다.

오늘날의 경영에서 감독 요소는 상당히 축소됐으나 우리는 여전히 권위와 통제를 혼동한다. 권위를 통해 상과 벌을 주고 감독하는 것과 한 개인의 성과를 통제할 수 있다는 것은 동일하지 않다. 사람들은 처음으로 경영자가 됐을 때 가끔 황당한 일을 경험하게 된다. 마침내 통제권을 갖게 됐다고 느끼는 순간 자신이 오히려 인질이 돼 버렸다는 사실을 깨닫게 된다. 그리고 자신이 전에 없이 의존적이 되었다는 사실을 깨닫게 된다. 경영이란 다른 사람들을 통해 성과를 내기 때문이다. 다른 사람들의 적극적인 협조 없이는 경영은 별 성과를 거둘 수 없다.

이는 대부분의 일에 서비스 요소가 들어 있고 상당한 규모의 지식이 필요한 현대 경제학에서 특히 그렇다. 가치의 가장 강력한 원천은 사람들의 머리와 마음에 들어 있다. 당신은 엔지니어에게 보다 좋은 소프트웨어 코드를 작성하라고 시킬 수 없다. 환자를 돌보라고 간호사에게 명령할 수도 없다. 상관보다 자신의 일을 더 잘 알고 있는 지식 경영자들에게 감독은 그야말로 지옥이다. 감성적인 노동자emotional labor에게도 마찬가지다. 감성적인 노동자란 말은 사회학자인 알리 혹스차일드Arlie Hochschild가 만들었다. 비행기 승무원들처럼 과도하게 친절해야 하는 사람들 혹은 요금 징수원들처럼 낯이 아주 두꺼워야 하는, 사람들에 따라 성과가 달라지는 일을 설명하기 위한 조어다.

바로 이런 것이 경영에 심각한 도전이다. 성과는 개인들의 기여에 달려 있다. 개인들이란 엄격히 말해 각각이 개인 그 자체고, 각각 자신의 가치를 느낄 필요가 있는 인격체들이다. 다른 한편으로는 개인들이 기반이 되나 조직과 조직의 목적이 우선한다. 성과는 협력, 팀워크는 물론 자신의 재능과 자신 이상으로 큰 것을 위해 최선의 노력을 다하는 개인들에 의해 좌우된다. 개인과 조직 간의 이런 긴장을 해소하는 것이 경영의 핵심이다. 이런 긴장 해소는 가치를 통해 이루어진다. 가치는 조직 내에서 무엇을 위해 노력해야 하는지 개인들에게 알려주는 공통분모다. 개인들이 치열하게 노력하도록 자유를 주는 기본적 신뢰이기도 하다. 전체에 대한 자신들의 독특한 공헌을 인정하는 개인들을 존중하는 것이다.

기업 문화 경영, 사회적 차원

1992년 GE의 최고경영진들이 플로리다 보카 라톤에서 회의에 참석하고 있었다. 그 해는 실적이 아주 좋아 축제 분위기였다. 잭 웰치 회장이 연설했다. "여러분, 주위를 둘러보십시오. 작년보다 참석 임원들이 5명 줄었어요. 실적 때문에 한 명이 해고됐고 4명은 가치 문제 때문에 해고된 결과입니다."

웰치는 이어 경영자들을 4가지 타입으로 구분해 구체적으로 설명했다. 첫 번째 유형은 "모든 사람들이 인정하는 스타급입니다. 재무적인 부문을 포함해 다른 부문들에서 회사가 제시하는 성과를 내면서 회사가 제시하는 가치를 공유합니다." 그가 말하는 두 번째 형은 정반대다. "회사가 제시하는 성과를 내지도 않고 가치도 공유하지 않아요. 또한 오래 살아남지도 못하지요." 세 번째 타입은 열심히 노력한다. 몇 가지 성과를 놓치기도 하나 다른 사람들과 잘 협조하고 가치를 공유한다. 그들은 실수를 하더라도 기회가 더 주어진다. 네 번째 유형은 실적을 내긴 낸다. 그러나 사람들을 쥐어짜 강제적으로 실적을 내는 부류다. 웰치는 "이런 부류의 임원은 직원들이 사라져줬으면 하고 바라는 폭군이나 다름없습니다"라고 말했다. 웰치는 1997년 주주들에게 보낸 편지에서 이렇게 말했다. "네 번째 타입의 임원을 제거하기 시작했습니다. GE 직원들이 개방적이고 적극적으로 목소리를 내고, 가치를 공유하길 원한다면 반드시 실행해야 하는 작업입니다."

웰치는 어떤 가치에 대해 이야기했을까. 그 가치는 속도에 대한 사랑, 관료주의에 대한 혐오, 변화에 대한 흥분이었다. GE가 높이 평가하는 가치들이다. 이런 가치들은 보편적이고 윤리적인 원칙도 아니요, 절대적인 도덕적 가치도 아니다. 특수한 조직의 문화를 구성하는 공통의 믿음이다. 조직 문화는 우리가 어떻게 일을 하고, 우리가 누구인지를 상정하는 것이다. 한 조직의 가치는 윤리와 달리 정직한 사람들이 동의하지 않을 수도 있는 그들만의 깊은 신뢰다. 문제는 한 기업의 가치들이 다른 기업의 가치들보다 더 나은지의 여부가 아닌 것이다. 조직의 목적을 달성하기 위해 가장 적합한지가 문제의 여부다.

사우스웨스트Southwest Airlines란 항공사를 보라. 믿을 수 없을 정도로 성장하고 수익을 내는 이 항공사는 항공업계에서 이제 대성공을 상징하는 업체로 지난 30년을 자리매김해 왔다. 사업 초기부터 그들의 전략은 달랐다. 대부분의 항공사는 주요 공항을 거치고, 식사와 특별 좌석을 제공하면서 A지역에서 B지역으로 당신을 태워줄 것이다. 때론 비행기를 바꿔 태우기도 하면서 말이다. 그러나 사우스웨스트는 전혀 다른 것을 제공한다. 모든 항로가 아닌 어떤 항로에 초점을 맞추고, 부가 서비스나 덜 붐비는 짧은 거리, 정기 항로를 애써 강조하지도 않으면서 싼 가격에 당신을 데려다줄 수 있다. 사우스웨스트는 모든 승객에게 모든 것을 제공하려고 노력하지 않기 때문에 대부분의 항공사보다 비용이 더 낮다. 델이나 월마트처럼 낮은 가격을 고객에게 요구하는데도 이익은 난다. 저비용을 유지하는 것은 사우스웨스트가 성공하는 데 필수 요건이다. 바로 전략인 것이다.

전략이 세워졌으면 다음은 실행이다. 사우스웨스트의 비용 비교 우위는 일정 부문에만 집중된 서비스를 제공하는 것 이상이다. 생산성이 높고, 일할 의욕이 많은 인력이 비교 우위다. 사우스웨스트는 노조가 강력하다. 그러나 해야 할 일이 생겼을 때 직원들이 열심히 일하지 못하도록 방해하는 어떠한 제한적인 근로 규칙도 없다. 그 결과 노동 비용이 더 낮다. 그들의 항공기들은 경쟁사에 비해 더 많은 유료 승객들을 실어다 나른다. 항공기의 게이트 도착과 게이트 출발 사이의 시간인 공항 게이트 회전율이 인력을 통한 사우스웨스트의 비용 비교 우위의 예로 종종 거론된다. 사우스웨스트의 지상 근무 직원은 6명으로 지상 업무를 끝내는 데 15분이 걸린다. 반면 다른 항공사 지상 근무 인원은 12명으로 35분이 걸린다.

사우스웨스트는 가격뿐 아니라 서비스 부문도 차별화하고 있다. 저비용 전략을 유지하면서도 승객들을 정성껏 친절하게 모신다. 고급 도자기 쟁반에 좋은 식사를 대접하는 값비싼 친근함을 제공하는 것이 아니다. 사우스웨스트의 창업자이면서 CEO인 허브 켈러허Herb Kelleher는 그런 서비스를 제공하는 전략의 핵심은 직원들을 최우선시하는 것이라고 믿고 있다. "직원들이 행복하고 만족하고 헌신적이면서 의욕이 넘치면 승객들을 정말 잘 모실 것이다. 그래서 승객들이 행복을 느낀다면 다시 우리 항공기를 이용할 것이다. 그렇게 함으로써 우리 주주들도 행복해진다." 사우스웨스트에서 사람과 이윤은 직접적인 연관성을 가진다. 모든 사우스웨스트의 직원은 다른 메이저 항공사들이 엄두도 못 내는 기록적인 실적을 자기네 항공사가 어떻게 지난 25년간 지속적으로 낼 수 있었는지 교육받는다.

사우스웨스트의 기업 문화는 직원들을 행복하고 만족하고 헌신적이며 의욕이 넘치도록 만든다. 일은 재미있어야 한다는 생각이 사우스웨스트의 핵심 가치 중 하나다. 그 가치는 모든 사람이 성과를 내고, 위엄과 존중으로 대해줘야 한다는 개념과 같다. 이런 단어들을 단지 입으로 내뱉기는 쉽다. 그러나 말로만 열심히 떠들어서 성공한 기업들은 거의 없다. 사우스웨스트는 직접 실행했다는 점에서 달랐다.

사우스웨스트는 그런 가치들을 강화하기 위해 광범위한 시스템과 활동을 이용한다. 직원들의 대학 교육 지원에서부터 파티, 축하행사, 사내 콘테스트에 이르기까지 갖가지 보상을 제공한다. 예를 들면 승무원들에게 승객들을 즐겁게 하기 위한 상상력을 동원하도록 권장한다. 승무원이 '항공기 내에서 양말에 가장 큰 구멍이 난 승객 찾기' 등의 즉석 아이디어를 냈다면 축하해 준다. 그런 사례는 수십 가지나 금방 들을 수 있을 정도다. 그러나 요점은 사우스웨스트가 실시하는 어떤 한 가지 활동만 얘기하자는 게 아니다. 하나의 기업 문화로 결집시키는 전체가 중요하다는 것이다. 지속적인 노력만이 그런 문화를 유지시킬 수 있다.

다른 항공사가 파산했을 때 사우스웨스트는 그 항공사에서 일자리를 잃은 직원들을 인터뷰하도록 관련 팀을 시카고에 파견했다. 사우스웨스트는 이런 일에 있어 냉혈적으로 처리해 온 다른 기업들과는 다르게 사람들을 대했다. 사람을 존중한다고 말로만 떠들지 않고 실천한 것이다. 사우스웨스트 직업 훈련팀은 자신들이 재용되지 않을 것이라고 생각하는 사람들에게도 이력서를 작성하도록 도왔다. 모든 사람들에게 인터뷰 제의를 했다. 사람들이 인터뷰를 기다리지 않도록 인터뷰 시간을 정했다. 반면 경쟁사인 유나이티드항공United Airlines은 동일한 사람들에게 구직서류를 작성하도록 하는 데 꼬박 2시간 동안 줄을 서서 기다리게 했다.

아인슈타인은 이렇게 말했다고 한다. "모범을 보이는 것은 다른 이들에게 영향을 끼치기 위한 주요 수단이 아니다. 단지 당연한 수단일 뿐이다." 분명 샘 월튼, 허브 켈러허와 같은 리더들은 모든 직원들이 따라 할 가치들을 실현시키면서 자신들이 설립한 조직을 차별화시켰다. 켈러허는 유머 감각이 풍부한 사람으로 유명한데 '단순하고 현명하게'라는 회사 슬로건 사용권을 따내기 위해 다른 회사 CEO와 팔씨름을 하기도 했다. 그는 엘비스 프레슬리 복장을 한 채 회사 이미지 광고지에 등장하기도 했다. 언론은 개성이 화려한 리더들을 좋아한다. 개성이 다채로운 리더들은 개성이 기업 문화를 주도한다는 개념을 강조한다. 하지만 효율적인 조직을 뒤처지지 않도록 이끄는 카리스마 강한 사람들도 많다. 물론 그 반대도 많다. 개성은 있을 수도 없을 수도 있다. 그러나 중요한 것은 리더들이 차별화된 기업 문화를 만들어 내면 직원들을 인도하고 자극시킬 지속적인 가치 범주들이 생기게 된다는 것이다.

추상적인 가치를 생동감 있게 만들기

기업 문화를 구축하는 일은 어려운 작업이다. 보통 이상의 커뮤니케이션이 필요하다. 기업 문화는 단순한 메시지를 반복하고 또 반복하는 데서 꽃 핀다. 이는 잭 웰치가 늘 강조하는 것이기도 하다. 뒷줄에서도 볼 수 있도록 과잉 행동하고 크게 제스처를 취하기 위해서는 가끔 재능이 필요하다. 상징화와 스토리텔링story telling에도 타고난 재능이 요구된다. 우리는 앞에서 어떻게 성과 측정이 한 조직의 사명을 구체화시켰는지 살펴봤다. 이와 비슷하게 일화story, 정기적 행사, 상징은 가치를 실현시키는 강력한 수단들이다.

가치는 추상적이다. 그러나 예화라는 옷을 입히면 생동감이 생긴다. 일화는 올바른 행동을 위한 우화가 된다. 일화는 기억하기 쉬울 뿐 아니라 영감을 주기도 하고, 평범한 사람이 영웅이 될 기회를 주기도 한다. 가장 유명한 일화 중 하나는 노드스트롬Nordstrom 이야기다. 노드스트롬은 직접 구매한 사실을 입증하든 안 하든 고객이 반품한 제품을 기꺼이 받아주는 정책으로 유명한 기업이다. 수습 직원들에게 여러 번 들려준 이 일화의 주인공은 노드스트롬이 생산하지 않는 제품인, 심하게 닳아빠진 중고 타이어 세트를 받아준 판매원이다. 고객의 태도에 격분할 법한 일인데도 그 이야기는 모든 사람이 이해할 수 있는 원칙을 제시하고 있다. 노드스트롬은 고객 만족에 철저하다. 이 일화는 우리가 고객을 만족시키기 위해 얼마나 노력해야 하는 지를 잘 설명해 주고 있다.

다른 기업들의 일화도 소개해 보겠다. 이는 각 기업들의 목적과 전략에 맞게 구성된 일화들이다. 3M은 혁신을 강조하기 위해 일화를 즐겨 이용한다. 교회 합창단에서 찬송가를 부르는 과학자의 얘기다. 그는 노래를 부를 때마다 찬송가 책에서 책갈피가 떨어지지 않으면 좋겠다고 바랐다. 바로 어디서나 흔히 볼 수 있는 노란색 포스트잇에 대한 얘기다. 사우스웨스트의 경우 승객들에게 눈에 돋보이는 서비스를 한 직원들의 영웅담에 포커스가 맞춰지고 있다. 예를 들면 탑승을 체크하는 직원의 눈썰미와 관대함으로 한 승객의 휴가가 망쳐지지 않은 얘기다. 한 여행객이 애완동물을 데리고 비행기에 탑승할 수 없다는 것을 모른 채 애완견을 데리고 탑승하려고 했다. 그 직원은 애완견 때문에 승객이 휴가를 망치지 않도록 2주 동안 그 개를 돌봐줬다.

청년 자원 봉사자들을 1년간 지역 사회 봉사에 배치하는 비영리 단체인 시티이어는 회사의 가치와 결속력을 다지는 기업 문화를 구축하는 데 어려움을 겪고 있었다. 시티이어는 의도적으로 직원들을 해마다 교체하면서 조직을 지속적으로 재구축한다. 또 자원 봉사자들의 학력·경제적 배경·인종 또한 다양하며 어린이들이 다양한 사회의 시민이 되도록 가르치는 활동을 한다.

시티이어의 목적은 성숙한 시민을 양성하는 일이다. 병사들을 만들어내는 게 아니다. 그러나 그들은 군으로부터 지속적인 결속력을 다지기 위해 어떻게 상징들과 행사들을 활용하는지 배웠다. 시티이어는 어린이들을 10명에서 12명이 한 조인 팀을 구성해 '하나의 군단'이라는 팀워크를 통해 리더십을 강조하는 강한 문화를 만들도록 했다. 시티이어는 다른 조직에서 베스트 프랙티스를 빌린다. 즉 엘리트 군대 조직의 충성심, 비즈니스의 책임성, 정치 선거전의 긴박감, 가족의 상호 관심과 같은 가치들을 차용하는 것이다.

시티이어에서 규율과 에너지는 조직의 변화 이론에 필수적인 핵심 가치들이다. 그 가치들은 밝은 색의 유니폼과 아침 운동으로 상징화되었다. 시티이어의 이상주의는 감동적인 일화들과 단체의 정체성 마인드를 심어주는 공통 단어들 속에 녹아 있다. 구성원들은 자신들의 아이디어를 "남의 입장이 돼서 생각해 보라"고 권유하기도 한다.

기업 문화를 통해 표현된 가치들은 에너지를 쏟아 헌신해 볼 만한 가치를 지닌 공동의 목적을 지닌 메시지를 전달한다. 그런 가치들은 직원들의 의욕을 북돋우는 엄청난 힘을 지니고 있다. 그동안 조직체들은 근로 규칙과 금전적 인센티브에 과도하게 의존해 왔다. 이런 가치들을 무시할 수는 없다. 사람들은 역할, 권위, 책임성에 대한 명확성을 필요로 한다. 또한 그들은 자신들의 노력에 대해 적절한 대가를 받아야 한다. 이런 필요 조건들을 '기초 위생법'이라 한다고 해서 모든 조직이 그런 조건들을 올바르게 얻는다고 할 수는 없다.

그렇지만 지식과 서비스 업무의 생산성은 다른 도전을 던진다. 당신이 조직 구조와 절차, 또는 금전적 인센티브만을 통해 어떻게 사우스웨스트의 탑승 게이트 직원과 승객의 개에 얽힌 일화에 녹아 있는 행동을 끌어낼 수 있겠는가? 현대 경제학에서 그것은 성과가 어떤 것인지를 알려주는 대목이다.

사우스웨스트에서 가치들은 사규보다 훨씬 더 중요하다. 사우스웨스트는 1990년 무렵 300페이지에 달하는 사규집을 폐지키로 결정을 내렸다. 그리고 인력자원팀을 인력부People Department로 명칭을 바꿨다. 당시 인력자원팀의 총책임자인 앤 로즈는 자신의 부서가 많은 조직에서 볼 수 있는 정책기능을 담당하는 부서가 되지 않을까 우려했다. 사우스웨스트의 사장이자 최고 영업담당 임원인 콜린 바렛Collin Barret은 그 메시지를 강조하기 위해 쉬운 말로 설명했다. "사규가 어떻든 간에 어떤 직원도 승객을 유치하기 위해 훌륭한 판단을 내렸다면 벌 같은 것을 받는 일은 없을 것이다".

경영의 황금률, 신뢰

우리는 어릴 때 다른 사람들이 우리를 대하는 것처럼 다른 사람들을 대하기 위해 황금률을 따르라고 배웠다. 다른 사람을 친절과 존경으로 대하라는 금언이다. 경영에도 황금률이 있다면 이것일 것이다. '다른 사람들이 당신을 신뢰하도록 하려면 다른 사람들을 신뢰하라.' 혹은 '당신이 약속한 것을 실천하라.'

이에 대한 경제학적 설명도 있다. 경제학은 점점 '숫자들'을 주제로 삼는 계량적인 학문이 돼왔다. 그러나 경제학의 밑바탕을 흐르는 목표는 언제나 인간 행동을 설명하려는 것이다. 애덤 스미스와 같은 18세기 경제학 선구자들은 윤리와 도덕적 철학을 공부했다. 스미스는 유럽의 모든 국가들 중 "가장 상업적인 네덜란드 사람들이 약속을 가장 잘 지킨다"고 말했다. 그는 이를 민족성이라고 말하지 않았다. "사람들은 서로를 대할 때 자신의 인격에 해를 끼칠 수 있어도 교묘한 속임수로 더 많은 것을 얻을 수 있기 때문에 언제나 어느 정도의 사기에는 노출돼 있다"고 설명했다. 우리는 인터넷상에서 익명의 상인에게, 또 가짜 롤렉스 시계를 파는 길거리 노점상한테 사기당하는 것을 우려하면서 지금까지도 적용되는 애덤 스미스의 진실을 재확인하고 있다.

현대 행동경제학을 연구하는 경제학자들은 그런 설명을 자기 이익의 영역을 넘어 확대한다. 2001년 저명한 존 베이츠 클라크 메달John Bates Clark Medal을 받은 매튜 래빈Mattew Rabin은 사람들이 공정함과 상호이익에 반응한다는 사실을 예로 들었다. 사람들은 다른 사람들이 자신들에게 똑같이 행동할 것이라고 생각하면서 다른 사람들에게 행동한다고 설명했다. 그런 행동이 소득이나 복지를 최대화시켜주지 않는데도 말이다.

기업, 브랜드, 혹은 개인적인 것이든 간에 명성은 비즈니스에서 중요하다. 명성은 성실함에 기초해 쌓인다. 당신은 겉으로 보이는 당신인가? 약속을 지킬 것이라고 당신은 신뢰를 받을 수 있는가? 애덤 스미스의 상업적 경제 시대에서의 명성은 요즈음의 것보다 더 의미가 컸다. 이제는 정보의 전파 속도가 더욱 빨라지고 정보를 담아내기도 훨씬 어려워져 명성은 더욱 빨리 바래고 있다. 썬 마이크로 시스템즈의 CEO 스콧 맥닐리Scott McNealy는 오늘날 그 어느 때보다 신뢰가 더욱 중요하다고 주장한다. 그는 "약속은 누군가 상품을 전달해줄 때까지만의 약속이다. 명성이 여전히 모든 것을 기초하는 바탕이다. 일상과 마찬가지로 비즈니스에서도 인격이 중요하다. 그리고 성실함도 마찬가지다. 그런 가치들은 눈에 보이지 않을지 모르나 있는 현실 그대로를 보여준다"고 말한다.

입으로는 이것을 말하면서 행동은 다르게 하는 개인이나 조직은 한동안은 소비자를 속일 수 있다. 하지만 그들에게는 위대함을 성취할 가능성이 없다. 경영에 신뢰성이 없다면 직원들은 가장 좋은 아이디어를 공유하지 않을 것이고 최선을 다해 일하지 않을 것이다. 신뢰가 없다면 조직은 구성원들에게서 믿음을 얻지 못할 것이며 개인은 동료들에게서 믿음을 얻지 못할 것이다. 사람들이 나쁜 사람을 신뢰하길 꺼린다면 팀워크와 협조를 기대할 수 없다. 다시 말해 신뢰가 없다면 성과 달성은 점점 멀어져갈 것이다.

신뢰 붕괴의 유형은 여러 가지다. 2000년 여름, 미국 통신노동자 협회The Communications Workers of America는 통신 회사인 버라이즌Verizon

을 상대로 18일간의 파업을 실시했다. 파업의 쟁점 중 하나는 스트레스였다. 스트레스의 가장 중요한 원인 중 하나는 서비스 직원들이 문장으로 된 멘트를 한 단어 한 단어씩 모두 준수해야 하는 버라이존의 업무 규칙이었다. 모든 통화를 다음과 같은 멘트로 끝내야 했다. "제가 오늘 고객님께 최상의 서비스를 제공했나요?" 이런 버라이존의 업무 규칙은 직원들에게 '우리는 직원 여러분이 스스로 생각하고 적절히 행동하는 것을 믿지 않는다' 는 메시지를 던지는 것이다.

노조 관계자는 그 통화 멘트의 문제점에 대해 "너무 자연스럽지 않다"고 말했다. 안내원을 진실하지 않게 보이는 어감을 준다는 것이었다. 한 직원이 언급하듯 그 끝맺음 멘트는 통화 고객이 자신을 정말 '멍청이' 로 느끼게 한다. 고객은 버라이존 직원들에게 "당신은 내가 통화한 안내원 중 가장 친절한 안내원이군요"라고 말했다.그래서 그 직원은 간단하게 "감사합니다"라고 말하면서 통화를 끝내려고 했다. 그러나 상사가 그녀와 고객의 통화를 감독할지 모른다고 여겼다. 그래서 마지못해 자신의 판단과 달리, 예의 통화 끝맺음 메시지를 읽었다. 물론 통화 고객은 황급하게 전화를 끊어버렸다.

버라이존 직원들은 한 손에는 멘트가 적힌 원고를 들고 다른 한 손에는 회사의 가치를 들고 있어야 했다. 회사측은 그 가치들이 성실함, 존경심, 상상력, 열정, 서비스라고 주장한다. 원고의 단어들과 회사 측 행동 간의 충돌은 여전히 직원들에게 스트레스를 주었다. 버라이존은 『성공하는 기업들의 8가지 습관Built to Last』이라는 책에서 회사의 가치들에 대해 힌트를 얻었다고 밝혔다. 그 책은 위대한 기업을 더 위대하게 만든다는 책이다. 불행히도 버라이존은 그 책의 저자인 짐 콜린스Jim Collins와 제리 포라스Jerry Porras가 주장한 가치의 키포인트를 놓쳤다. 무엇보다 한 기업을 생동감 있게 만드는 핵심 가치는 진실해야 한다는 점 말이다.

조직 외부의 사람들은 그런 가치들을 좋아하지 않을 수 있다. 많은 사람들이 필립모리스 담배 회사나 전미 총기협회National Rifle Association의 가치들을 싫어하는 것처럼 말이다. 그러나 그런 가치들이 조직 내 사람들에게 정말 존중받고 비즈니스 모델과 전략에 부합한다면 조직원들을 자극해 성과를 내도록 유도할 것이다. 그런 가치들은 사람들이 정말 집에서 일하는 것 같은 분위기의 조직을 선택하는 데도 도움을 줄 것이다. 자신의 에너지와 조직의 목적을 융합시킬 수 있기 때문이다. 그것이 바로 위대한 조직체들이 왜 광신교와 같은 기업 분위기를 갖고 있는지 말해주는 이유다. 여러분이 일하기에 적합하다고 여기면 한번 근무해 볼 만한 직장이 되는 것이다. 잭 웰치가 얘기했듯 조직이 자신에게 적합하지 않다면 회사 내에서 오래 버틸 수 없을 것이다.

반면 그저 그런 조직은 진실되지 못한 '커뮤니티'를 만든다. 직원들은 아무도 믿거나 따르지 않는 가치들에 립 서비스만 해야 한다. 직장은 냉혈한의 게임장이 된다. 생존자만 있을 뿐이지 진정한 승자가 없다. 현대 직장에서 이런 스트레스 요인은 스콧 애덤스Scott Adams의 만화 주인공 딜버트Dilbert가 자주 애용하는 주제다. 비록 웃고 넘기는 게 속편할지 모르지만 대부분의 사람들은 자신의 충성심과 신뢰가 평가받는 그런 조직에서 일하길 간절히 바라고 있다.

개인 존중

개인 존중만큼 더 광범위하고 거창하게 주장되는 가치는 없다. 가치 창조나 기존의 틀 밖에서 사고하기와 같은 말처럼 개인 존중 역시 너무 많이 들어왔기에 사람들을 멈칫거리게 한다. 그럼에도 신뢰와 마찬가지로 개인 존중 역시 경영의 근본적 가치다. 성과를 내는데 필수적이기 때문이다. 경영은 성과를 만들어낼 수있는 틀을 만들 수는 있으나 결국 성과를 내는 쪽은 개인들이다. 민주주의가 모든 사람들은 평등하게 태어났다는 전제 위에 세워진 것처럼 효율적인 경영은 개인 존중이라는 기초 위에서 달성된다. 이런 가치들이 가끔 어겨진다고 해도 그 중요성은 희석되지 않는다.

개인 존중이란 무엇을 의미하는가? 어떻게 경영적인 프랙티스로 해석할 수 있는가? 우선 각각의 모든 사람은 다르다는 사실을 받아들이는 것을 의미한다. 그래서 개인들이 각기 다른 일들을 잘할 수 있는 재능을 갖고 있다는 사실을 수용한다는 것을 뜻한다. 우리는 다른 재능과 태도, 사고방식을 갖고 있다. 성과를 내는 데 가장 중요한 것은 업무에 가장 적합한 개인을 확보하는 일이다. 경영의 역할은 개인의 재능을 발견하여 성과에 기여할 수 있는 위치에 배치하는 것이다. 실제로 적합한 사람들을 채용하는 일은 경영의 가장 중요한 역활 중 하나다.

이는 아주 오래된 구식 사고다. 업무에 가장 적합한 사람을 채용하는 것은 프레데릭 윈슬로 테일러가 100년 전에 전개한 과학적 경영의 핵심 원칙 중 하나였다. 그는 철강 회사인 베들레헴 철강 Bethlehem Steel에서 근무하는 75명의 선철 근로자들을 대상으로 연구한 결과 8명 중 1명이 육체적으로 그 업무에 적합하다는 것을 발견했다. 테일러는 또 자전거용 볼 베어링 공장에서 근무하면서 여러 가지의 생산성 향상 아이디어를 내놨다. 그 중 가장 두드러졌던 것은 육체적 반응 속도가 빠른 나이 어린 여직원들을 뽑는 게 볼베어링 공장에 가장 적합하다는 것이었다.

적합한 사람을 채용하고 그들을 어디에 배치할 것인지 판단하는 일은 인적 자원 배분이다. 또는 잭 웰치가 자신의 역할을 설명했듯 "가장 능력이 뛰어난 사람을 가장 기회가 큰 부문에 배치하는 것"이다. 그런 일을 가장 효율적으로 하기 위해 웰치는 500명에 달하는 GE의 최고경영진 모두를 꿰찼다. 승진시킬 때는 개인적으로 직접 사인을 했다. 외부 인사를 500명의 최고경영진 중 한 명으로 영입시킬 때는 직접 채용 인터뷰를 했다. 실행력으로 유명한 조직들을 둘러보라. 채용, 승진, 해고에 대한 탄탄한 프로세스가 구축돼 있음을 알게 될 것이다.

사우스웨스트의 사례를 다시 보자. 1990년대 말쯤 사우스웨스트는 해마다 약 20만 명의 채용 희망자를 심사했다. 그 가운데서 추려 3만 5,000명을 인터뷰하고 최종적으로 4,000명을 뽑았다. 인터뷰는 인력자원팀 전문가들이 담당하지 않았고 동료들이 했다. 즉 항공기 파일럿이 파일럿을 채용하고 수하물 담당자가 수하물 담당자를 뽑았다. 사우스웨스트가 펀fun 경영에 초점을 둔 것은 그 회사가 고도로 그런 쪽으로 훈련돼 있다는 것을 의미하지는 않는다. 회사가 필요로 하는 능력을 규정짓기 위해 가장 훌륭한 프랙티스를 받아들인 것이다. 인력부는 최상위 35명의 파일럿을 골라내 그 35명이 공통적으로 가진 재능을 확인하기 위해 인터뷰 절차를 거쳤다. 팀 기술이 중요하다는 결론이 나왔다. 사우트웨스트는 팀워크의 구체적인 모범 사례를 만들기 위해 지원자들을 검증한다. 항상 '우리'가 아니라 '나'라고 말하는 지원자들은 경계 대상이 된다. 한 예로 사우스웨스트는 뛰어난 비행 경력을 가진 한 파일럿을 받아들이지 않았다. 그가 채용 과정에서 사우스웨스트의 안내원에게 무례하게 굴었기 때문이다.

허브 켈러허는 다른 무엇보다 "우리는 훌륭한 자세를 가진 사람을 채용한다. 당신의 기술이 아무리 뛰어나더라도 태도가 훌륭하지 않다면 채용하고 싶지 않다. 기술 수준은 훈련을 통해 높일 수 있다. 그러나 태도는 바꿀 수 없다"고 말한다. 태도는 사우스웨스트의 가치다. 사우스웨스트가 소중하게 여기는 사람 존중, 펀 경영이라는 가치와 연결되기도 한다. 가치들이 팀워크를 강화해 준다. 그런 가치들이 최신 유행의 경영 방식이기 때문이 아니라 회사의 비용을 낮춰주고 고객들의 충성심을 길러주기 때문이다. 그것이 바로 사우스웨스트의 '훌륭한 태도론'이며, 회사의 성과에 필수적인 요소이다.

켈러허와 모든 뛰어난 경영자들은 각 개인이 다르다는 점을 잘 알고 있다. 훌륭한 경영자들은 무엇이 가르칠 만한 것이고 그렇지 않은 것인지 구별할 줄 아는 지혜를 갖고 있다. 어떤 경영자든 직원들이 자신의 능력을 발견하도록 도와주고, 특기가 있는 부분을 더 잘 할 수 있도록 도와줄 수 있다. 그렇지만 그 사람 됨됨이 자체를 바꿀 능력은 없다. 그리고 바꿔서도 안 된다. 대부분의 조직에서 적합한 인력을 채용하고 재능을 이해하는 데 너무 적은 시간이 사용된다. 대신 고칠 수 없는 약점들을 고치려 하는 데 너무 많은 시간을 허비하고 있다.

중요하고 기본적이라는 많은 경영 교훈들처럼 이런 점은 전통적 경영 지혜다. 전통적인 단순한 프랙티스는 아니다. 이같이 생명력이 긴 진실들은 주기적으로 재발견되어 다시금 급진적이고 새로운 통찰력으로 제시된다. 그러나 진정한 통찰력은 겸손한 통찰력이다. 실천하기에 쉽고 자연스런 통찰력이라면 그대로 실행하기만 하면 된다.

우리는 성과를 내지 못하는 채로 부서에 버티고 있는 사람을 회사가 해고할 필요가 있다는 점을 좀더 부드럽게 그러나 덜 비판적으로 수용하곤 한다. 사람을 내 보내는 데 실패하면 가치를 실행하는 데 방해를 받는다. 해고를 지연하면 전체 조직에 해가 된다. 그리고 문제가 있는 개인에게는 더 큰 해가 된다. 그 사람이 향후 결코 성공하지 못할 부적합한 부서에 배치돼 있다는 의미이기 때문이다. 인력을 채용할 때 사우스웨스트는 심혈을 기울이지만 언제나 가장 적합한 사람을 채용할 수 없다는 점을 인식하고 있다. 콜린 베렛이 말했다. "우리는 채용한 사람의 성과를 그 사람의 수습기간 동안 아주 세심히 관찰해야 한다. 그런 경영은 가족과 같은 회사라는 이미지와는 맞지 않을 것이다. 일단 팀워크나 회사가 바라는 자세에 부적합한 인물이라면 한두 번 그를 카운셀링해야 할 것이다. 그렇지 않으면 회사가 괴로울 것이다"라고.

개인들이 업무에 부적합할 때 해고를 너무 지연하는 것은 조직의 모든 단계에서 점점 확산되는 문제다. 특히 바텀라인 즉 성과의 규율 없이 경영해야 하는 비영리 단체를 괴롭히는 문제다. 그런 환경 속에서 성과미달은 겉으로 보기와는 달리 전혀 결과를 발생시키지 않는다. 분기 이익이 시원찮은데도 주가가 떨어지지 않는 것과 마찬가지다. 그러나 목표를 달성하는 조직의 능력은 방해를 받게 된다. 그게 바로 심각한 문제다. 윌리엄 브래튼이 1990년대 중반 뉴욕 경찰 당국을 개조했을 당시 결과에 역량을 집중시키는 새 시스템을 개발했다. 그리고 그와 함께 그는 구역별 지휘자들 중 75%를 물갈이했던 것이다.

고객과 자본 시장에 대한 규율도 없이 경영하는 탓에 비영리 단체들은 이사회가 그런 역할을 해줄 것이라고 믿는다. 고객과 자본 시장은 언제 회사가 성과를 낼 수 없는지 곧바로 알려주는 외부인들이다. 이사회의 책임 중 하나는 개인들이 자신들의 성과에 책임지도록 만드는 것이다. 그러나 실제로 그렇게 하는 경우가 드물다. 예술 단체의 한 이사는 이렇게 설명했다. "20년 동안 나는 이사회에 배치할 똑똑한 사업가들을 신중하게 채용했다. 그들은 책임성을 알고 있는 듯 모든 것을 체크하는 것처럼 보였다. 그러나 자신들의 회사 내에서라면 도저히 참을 수 없는 행동과 성과를 용인했다. 사실 그들은 품위와 신사적인 것에만 열중한 나머지 성과에 대해서는 전혀 생각하지 않는다."

조직체는 가장 고귀한 목표를 가질 수 있다. 전 세계에서 가장 훌륭한 전략을 세울 수도 있다. 그러나 적합한 인력이 없다면 절대로 그런 목표와 전략을 실행할 수 없을 것이다. 인력 채용과 해고가 중요한데도 경영 교육에서는 상대적으로 별 주목을 끌지 못하고 있다. 아마 인력 채용과 해고에 대한 가장 귀중한 교훈들이 교실에서는 얻기 어려운 감성적인 교훈들이기 때문일 것이다. 하버드 경영대학원은 수년 전 전설적인 대학원이 됐다. 왜냐하면 인력의 문제를 독특하게 다뤘기 때문이다. 다음의 예를 보자. 1년간 같은 주제로 연구한 85명의 1학년 학생들은 경영자와 지도자에게 주어진 선택의 문제에 대해 열심히 토론하고 있었다. 그들은 로마 원형극장 같은 무대에 반원을 그리며 둘러앉았다. 원형극장의 맨 아래에 선 교수는 당시 깐깐하기로 소문난 전설적인 양반이었다.

"어떻게 할 겁니까." 교수가 질문한다.

"그를 해고해야죠." 한 학생이 대답한다.

잠시 침묵이 흐르고 그 학생의 눈을 보면서 교수는 말한다.

"교실에서 떠나주십시오. 책을 들고 여기서 나가주십시오."

"뭐라고요?" 당황한 기색이 역력한 학생이 말한다.

"나가라고! 학생은 더 이상 내 수업을 들을 자격이 없어. 다신 수업에 들어오지 마."

교실엔 다시 불편한 침묵이 흘렀다. 그 학생은 자기 소지품을 챙기더니 출구 쪽으로 난 복도를 따라 나가기 시작했다.

"돌아와 앉으세요. 자, 해고당한 기분이 어떤지 알겠지요?"

경영자가 배울 수 있는 가장 중요한 교훈이 어떤 것인가를 강조하기 위해 내세운 이야기 중 하나다. 또 강조할 교훈은 외부에서 안을 들여다보는 시각이다. 다른 사람들의 눈을 통해 세상을 보는 일이다. 다른 사람들과 효율적으로 일하는 것은 당신 자신이 가진 권위의 한계를 수용하고 당신 자신이 가진 시각의 한계를 받아들인다는 뜻이다. 가치 창조는 고객의 눈으로 세상을 보는 일부터 시작한다. 훌륭한 협상가는 상대방의 눈을 통해 협상의 타결 여부를 본다. 우리가 일을 할 때 맺는 관계는 상하든 다층적이든 점차 협상의 모습을 닮아가고 있다. 단지 상대방에게 귀를 기울이는 것 이상이 요구되는 것이다. 상상력을 동원해 다른 사람의 세상으로 기꺼이 들어가볼 필요가 있다. 그것은 개인을 존중하기 위해 꼭 필요한 경험이다.

우리 자신을 경영하기, 안에서 밖을 내다보기

경영은 사람들로 하여금 자신을 경영할 수 있도록 하는 많은 것들을 수행한다. 조직의 목표와 일치된 가치를 지닌 문화를 만들어 나가는 것도 그런 일들 중 하나다. 업무에 적합한 개인들을 선발하고 그들이 능력을 개발하게 하는 것은 또 다른 일이다. 게다가 훌륭한 경영자는 사람들이 자신을 경영하게끔 도와준다. 그들이 자신의 장단점이 무엇이고, 어떻게 일하면서 배우고, 무엇이 가치 있는 것이고, 무엇이 의욕을 북돋아주는 것인지 생각하도록 가르쳐준다. 다시 말해 그들은 자기 인식self-knowledge의 능력을 기르는 것이다.

"너 자신을 알라." 고대 그리스인들에게 이 금언은 선량한 삶의 기초였으며 평생 동안 실천하려 했던 원칙이었다. 그 실천은 사실 어렵고 시간이 많이 걸리는 일이다. 기업들은 종종 지름길을 택하라는 유혹을 받는다. 질문 항목들과, 자기 인식을 단번에 높일 수 있다고 약속하는 다른 도구들로 무장한 컨설턴트를 고용한다.

마이클 루이스는 1980년대 중반 실리콘 그래픽스Silicon Graphics란 회사에서 있었던 그런 개입의 한 사례를 설명한다. 당시 CEO였던 에드맥크래켄Ed McCracken은 자신의 아이디어와 가치관이 다른 엔지니어들을 통제하기 위해 노력하고 있었다. 그는 그들과 직접 얼굴을 붉힐 수도 있었다. 하지만 그는 그렇게 하지 않았다. 대신 기업 심리분석가를 고용하고선 3일간 외부 연수시설에서 워크숍을 가졌다. 각 엔지니어들은 심리분석가가 준 질문서에 기입했다. 심리분석가는 그 질문서를 다시 받아 각 엔지니어의 성격을 그래픽으로 묘사했다. 그리고 전체 엔지니어 앞에 한 사람씩 불러내 작은 의자에 앉히고 묘사된 자신의 모습을 다른 사람들이 잘 살펴볼 수 있게 들고 있도록 했다. 그 심리분석가는 서로 잘 알기 위한 작업이라며 "전혀 나쁜 사람은 없고 나쁜 모습도 없습니다. 그냥 묘사된 모습일 뿐입니다"라고 계속 강조했다. 그때 한 엔지니어가 자신의 모습이 그려진 것을 높이 들더니 "와, 완벽하네요."라고 비아냥거리듯 말했다. 결국 성격 테스트에 대한 올바른 답과 틀린 답이 존재했다.

이런 사례는 심리학이 오용된 경우이고 권한의 남용이다. 경영과 조작의 사이엔 뚜렷한 선이 존재한다. 그 선은 추상적이어서 어디에 그어야 할지 어렵다. 그러나 사람들은 그 선이 언제 교차할지 알고 있다. 그들은 심리학이 언제 자기 인식의 보조 도구로 적절하게 사용되고 언제 통제 도구로 사용되는지 알고 있다. 도구는 현명하게 사용하면 도움이 된다. 그러나 개념상 자기 자신을 아는 것은 우리 모두 스스로 도달해야 할 어떤 것이다. 경영자들이 우리를 정말 경영할 수 없다는 사실을 알고 있기 때문에 우리는 우리 자신의 성과에 책임질 필요가 있다. 우리는 다르다는 사실을 알기 때문에, 성과는 각각 다른 차이점에서 비롯된다는 것을 알기 때문에 책임의 대가는 자기 인식이란 점을 수용해야 한다. 이 점에 있어 우리는 경영자든 비경영자든 같은 배를 타고 있다.

피드백은 도움을 준다. 피드백 경영 자체는 구식이다. 100년 전 테일러가 이룬 혁신 중 하나가 적용된 베들레헴 철강은 성과를 피드백한 시스템이었다. 테일러는 "모든 작업 인부들을 개별적으로 다뤘다. 만약 한 사람의 근로자가 자기 업무를 하지 못하면 회사는 유능한 감독관을 보내 어떻게 자신의 업무를 가장 훌륭히 수행할 수 있는지, 가이드하고 도와주고 격려했다"고 말했다.

피드백과 이런 종류의 코칭은 쉬워야 한다. 피드백은 당신이 피드백을 주는 쪽이든 피드백을 받는 쪽이든 어렵다. 중립적인 용어인 피드백은 비인간적인 것 같은 관행일지라도 우리 중 대부분이 비난으로 경험한다는 사실을 전제로 하고 있다. 그것은 이어 두 번째 피드백을 주길 원하는 가장 의도된 코치를 못하게 한다. 이런 사이클을 무너뜨리고 우리가 우리의 삶에서 보다 나은 선택을 할 수 있도록 해주는 자기 인식을 향해 첫걸음을 떼게 하는 것은 우리가 덜 방어적이도록 혹은 적어도 우리의 방어력이 노출되지 않도록 해주는 방법을 배우는 것을 의미한다.

우리는 우리가 누구인지, 우리가 무엇에 최선을 다해야 하는지를 생각할 필요가 있다. 그런 자기 검증은 상당한 규율을 요구한다. 요즘 사람들은 과거보다는 자신의 삶에 대한 선택권을 더 많이 가지고 있다. 우리 대부분에게 있어 일은 고도로 전문화된 것이고 우리 정체성의 한 부분을 차지하는 중요한 것이다. 따라서 어떻게, 어디에 기여할지 이해해야 하는 부담은 우리 자신의 어깨 위에 놓여 있다.

우리 자신을 경영할 때 스스로 던져야 할 질문들이야말로 경영의 기초적인 질문들이다. 질문 항목 중에는 목적이 가장 먼저 온다. 왜 나는 일해야 하나? 돈을 벌기 위해서인가? 달라 보이려고? 살아가기 위해? 일은 내 인생의 보다 큰 계획 중 어디에 어떻게 끼워 맞춰야 하나? 이와 같은 질문들이 다시 너무 많은 질문들을 동반할지도 모른다. 그러나 비즈니스 모델을 개인적으로 구상한다고 생각해 보라. 당신이 누구인지에 대해 이야기하고 싶은 일관적인 스토리를 구성해야 한다면 모두 필요한 질문이다.

개인으로서 우리는 가치 창조의 원칙들을 우리 자신의 노력에 적용시키는 데 느리다. 우리는 우리가 달성한 결과보다는 얼마나 열심히 일했는가를 따져 성과를 규정하려고 고집한다. 그런 기존 마인드를 깨버리는 것보다 더 어려운 일은 없다. 기존 마인드를 깨뜨릴 때까지 우리는 무엇 때문에 우리가 다르며, 무엇을 잘하고, 어떤 상황에서 최선을 다해 일할 수 있는가를 전략적으로 생각하는 데 어려움을 겪을 것이다. 이런 질문들에 대한 답이야말로 성과를 위해 오래 버틸 수 있게 해주는 유일한 기초다. 어떤 조직도 우리가 누구인지, 어떻게 우리가 행동하는지에 대해 우리 자신만큼 잘 알지 못한다. 몇몇 사람들은 회사원이 아니라 독립적인 요원처럼 자기 개인의 재산을 늘려갈 것이다. 대부분의 사람들은 자신에게 맞는 회사를 '고용'할 필요가 있다. 자기 자신과 가치가 일치하거나, 자기가 잘하는 분야를 지향하는 회사를 선택할 필요가 있다는 이야기다.

이 책의 앞부분에서 우리는 경영의 역할을 설명하면서 현대 경제의 패러독스를 지적했다. 고등 교육을 받을수록, 전문화될수록, 우리는 개인적인 기여자로서 일해야 하고 우리 자신을 독립적인 요원이나 독립적인 프로로서 생각해야 성공의 가능성이 높다. 그러나 성과를 내기 위해서는 다른 사람을 더 필요로 하게 된다. 우리는 우리 자신의 세상에 살고 있고 개인들로서 기여할 수 있다. 하지만 이것은 몇몇 형태의 조직이 우리가 하는 전문화된 일을 생산적이도록 만들기 때문에 가능한 것이다.

여기 패러독스가 하나 더 있다. 그것은 다른 사람들을 통해 일을 더 많이 할수록 우리 자신을 더 잘 이해해야 할 필요가 있다는 사실이다.

다음 단계들

경영 이야기는 원래 맺음말로 끝나지 않는다. 대신 다음 단계의 과제를 제시한다. 왜냐하면 일이라는 것은 그 본질상 끝이 없기 때문이다. 그리고 오늘 우리가 배운 것은 더 배워야 하겠다는 결심과 노력의 방아쇠를 당기기도 한다. 따라서 에필로그에서 우리가 생각해야 할 것도 다음 단계란 무엇인가 하는 점이다.

첫째로, 당신이 속하거나 염두에 두고 있는 조직이 어떻게 일하고 있는지를 자기 자신에게 물어보라.

경영진이 하는 일이란 우리가 책 머리에서 말한 대로 제대로 돌아가는 조직을 만드는 것이다. 나라 경제와 국민의 삶에 심각한 영향을 끼친 이론이나 경영 방법론들은 모두 업적을 남기겠다는 의지를 밑바탕에 깔고 있다. 이 책이 제대로 쓰였다면 알듯 말듯한 경영이란 단어의 의미가 훨씬 명확해졌을 것이다. 당신은 이제 한 사람 한 사람의 경영자들과 그들의 경영이 완전히 다르다는 것을 알게 됐을 것이다. 무대 위에는 경영자들만 있기 때문에, 때로는 그 밑바탕에 있는 원칙들은 종종 보이지 않는다. 그러나 그 원칙이야 말로 우리가 어떤 조직이 잠재력을 다 발휘하고 있는지, 아니면 한참 모자란지 평가해 볼 수 있는 가늠자인 것이다.

우리는 이 책에서 먼저 무엇이 경영이 아닌지를 살펴봤다. 경영은 다른 사람을 감독하는 것이 아니고 응용 경제학이 아니며 계급제도상 가장 높은 특권층 자리를 차지하기 위한 것도 아니며 영리회사에만 해당되는 것도 아니다.

이제까지 여러 가지 용어들을 정의했기 때문에 이제 감히 경영이라는 무엇인가를 얘기할 수 있게 됐다.

경영이란 공동의 성과joint performance를 가능하게 해주는 규율이다.

경영의 사명은 가치를 창출하는 것인데, 그 가치란 조직 바깥에서 안쪽으로 정해주는 것이다. 기업의 경우는 고객과 소유주가 그 가치를 정하는 것이요, 정부 기관이나 비영리 기관의 경우는 그보다 더 넓은 의미에서 사회가 정하고 조직에 요구하는 것이다.

목적이 먼저 경영은 성취할 만한 사명과 함께 즉 창출하려고 하는 가치와 함께 시작된다. 복잡한 것이나 특수한 것이나 모두 성과를 낼 수 있게 만들 정도로 경영이 발달하면서 우리가 상상할 수 있는 다양한 모든 사명들을 맡을 수 있게 됐다. 그것이 인간 게놈 지도를 만드는 것이든 문맹을 타파하는 것이든 예전보다 훨씬 바삭바삭한 프렌치프라이를 생산하는 것이든 상관없이 말이다. 모든 성과의 기본이 되는 공통 요소는 바로 목적을 명확히 하는 일이다. 그래서 제대로 된 경영이냐 아니냐를 판단하는 첫 질문은 이런 것이어야 한다. '성취하려는 것이 무엇인지 명확하게 이해하고 있고 조직 내의 모든 사람들이 그 목적을 제대로 알 수 있도록 효과적인 의사소통을 했는가?'

그 목적에 맞는 디자인 제대로 된 경영인지를 알아보는 두 번째 테스트는 조직이 그 목적을 달성하기 위해 어떻게 해야 하는지에 대해 또박또박 설명할 수 있는지의 여부다. 모든 성공적인 기업은 가치에 대한 통찰을 밑바탕에 깔고 있고 모든 효과적인 비영리 기관은 변화의 이론에 입각해 만들어진다. 정합적인 시스템 즉 일하는 전체 안에서 그런 통찰력을 발휘하는 것이 좋은 비즈니스 모델이 하는 일이다. 중요한 단계로 한 걸음 더 나아가기 위해서는 전략이 경쟁 환경이라는 현실을 공략한다. 전략을 통해 한 기업이 다른 기업들과 어떻게 차별화할 것인지가 정해진다. 회사의 활동 범위를 어디까지로 정할 것인가? 명령 체계를 어떻게 그을 것인가? 등 조직의 구조를 디자인하는 것은 전략 수행 도구를 창조하는 것이다. 그래서 제대로 된 경영인지를 알아보는 두 번째 테스트는 이런 것이다. '회사를 위한 디자인이 목적에 부합될 뿐만 아니라 외부적 경쟁 상황과 회사가 갖고 있는 능력에 대한 내부적 현실, 그리고 가치를 전달하기 위해 실행해야 할 조치들과 조화를 이루고 있는가?'

실행하는 일 여자들끼리 자주 얘기하는 오래된 농담 가운데 무용수 프레드 아스테어Fred Astaire와 그에못지 않은 능력은 있지만 좀 덜 유명한 파트너인 진저 로저스Ginger Rogers에 대한 얘기가 있다. 프레드는 진저에 비해 훨씬 많은 갈채를 받았지만 진저라는 여인도 프레드가 하는 것은 똑같이 전부 다 했다. 다만 뒤쪽에서 춤을 췄고 하이힐을 신고 했다는 차이가 있을 뿐. 실행이라는 것도 아마 항상 진저 신세일지 모른다. 실제로 받아야 하는 것보다 훨씬 인정을 받지 못하고 있다. 전략이 항상 훨씬 주의를 끄는 주제가 된다. 그럼에도 불구하고 제대로 된 경영인지를 알아보는 세 번째이자 마지막 테스트는 이것이다. '약속한 대로 결과를 내놓고 있는가?' 실행이 하는 일은 목표를 설정하고 그 진척도를 측량하도록 추적하는 것이다. 또 오늘의 성과를 내일의 성과와 조화가 되게 만드는 혁신 활동이기도 하다. 우선순위를 정하고 그에 따라 자원을 배분하는 것도 실행이 하는 일이다. 책임을 부여하고 직원들에게 책임감을 부여하는 것도, 공통된 사명을 추구하기 위해 사람들에게 에너지를 불어넣고 고무시키는 일도 실행의 몫이다. 만일 이런 모든 것을 제대로 하지 못한다면 경영은 성공할 수 없다.

모든 것이 인간이 하는 일인 만큼 인간적인 오류를 범할 수밖에 없다. 만일 당신이 한 조직의 성과를 진단하려고 한다면 이런 것들을 첫 번째로 살펴보아야 할 것이다. 성과를 내야 한다는, 특히 성장해야 한다는 압박에 시달리는 경영자들은 한꺼번에 여러 가지 목적을 추구하려는 유혹에 빠지기 쉽다. 그래서 전략은 종종 정직하지 못했을 때, 자기 인식이 제대로 되지 못했을 때 실패한다. 다시 말해 이런 실패는 현실을 직시하지 못한 데 따른 실패인 것이다. 조직을 이끄는 데 필수적인 낙관주의나, 경영에 있어서 필요한 '할 수 있다'는 정신은 바라는 대로 모든 것이 될 것 같은 착각으로 빠뜨리기도 하고 최악의 경우는 자기 기만의 결과를 낳기도 한다. 엉터리 전략은 대개의 경우 스스로의 능력을 과신한 결과로 만들어진다. 이럴 때 지금 회사가 하고 있는 일이 바로 핵심역량core competence 즉 경쟁우위의 원천이라고 주장하지만 실제로는 다른 회사들이 훨씬 잘할 수 있는 것을 잘못 붙잡고 있는 경우가 대부분이다. 실행에 있어서의 실패는 대개 내부적인 정합성, 적합성, 신뢰등이 붕괴된 결과인 경우가 많다. 만일 목표 및 메트릭스가 회사의 목적과 맞지 않는다면 회사는 올바른 것들을 측정할 수 없다. 조직은 X를 하길 원하는데 회사의 상벌 시스템이 사람들로 하여금 Y를 하도록 만드는 일이 생기는 것이다.

두 번째로 전체 경영진 팀의 문맥에서 개별 경영자들을 평가하라. 경영이 다루는 범위는 대부분의 인간 능력 범위를 넘어서는 것이기 때문이다. 그래서 대부분의 조직들을 경영하는 데는 한 사람이 아닌 경영진이 필요한 것이다.

골프가 경영자들 사이에서 가장 인기있는 이유 가운데 하나는 골프가 항상 파 즉 각 홀마다 정해진 타수에 홀에 공을 넣는 것만을 목표로 할 수 없는 게임이라는 데 있다. 골프와 마찬가지로 경영이라는 것도 보기보다는 훨씬 어렵다. 점점 더 전문화돼 가고 있는 세상이지만 경영은 아마도 제너럴리스트의 마지막 피난처일 것이다. 경영에는 기술적 지식과 인간적인 통찰력 둘 모두가 필요하다. 엄청난 복잡성, 불확실성, 변화를 감당할 수 있는 시야와 기질이 있어야 한다. 분석력과 감수성, 정열과 호기심, 결단력과 인내력도 요구된다. 경영자는 무엇이든 물어볼 정도로 의심이 많아야 하고 어떤 것도 당연시해서는 안 되며 그러면서도 다른 사람들이 일을 제대로 하도록 만들기 위해 그들을 믿어야 한다. 터무니없는 요구로 느껴질지도 모르겠지만 실제가 그렇다. 경영자도 인간인 이상 우리를 자주 실망시킨다. 그러나 경영이 제대로 이루어지는 수준은 개인이 스스로의 힘만으로는 도달하기 어려울 정도로 높다.

한 사람이 모든 분야에서 탁월하기는 어려운 일이다. 원칙적으로 이 개념은 아주 단순하고 쉬운 것이다. 그러나 실제로는 많은 이들이 능력이 모자란다며 개별 경영자들을 비난한다. 사실 경영의 일부분을 제대로 잘한다는 것만으로는 충분치 않다. 여러 개의 공을 번갈아 던져 돌리는 곡예사는 돌리는 공 가운데 어떤 것이 가장 중요한 것인지 말할 수 없다. 하나만 떨어뜨려도 공연은 끝나고 만다. 이와 마찬가지로 잘못된 방향으로 이끄는 경영자를 따라가는 것도 잘못이지만 동기를 가질 만한 목적도 없이 기계적으로 일하는 것도 그에 못지않게 나쁘다. 범위도 넓어야 하고 균형 감각도 있어야 하는 두 가지 요구 때문에 경영은 서로 보완적인 재능을 가진 사람들이 있을 때 가장 좋은 성적을 내는 팀 경기라고 할 수 있다. 이 팀에 있는 모든 사람들이 반드시 가져야 하는 것은 성실성과 자신만의 이익이 아닌 공동의 사명에 대한 헌신적인 자세다.

세 번째로 우리가 앞에서 사회 및 공공 부문에서의 경영의 한계를 살펴보았듯이 시민들은 경영자들이 창출해야 하는 가치가 무엇인지 결정해 주어야 할 것이다.

경영자들이 새로운 과제를 계속 접하게 되면서 규율로서의 경영도 계속 진화할 것이다. 새로운 이론을 기다릴 수는 없기 때문에 경영자들은 일이 돌아가도록 하기 위해서 자신들의 사업을 처리해 나갈 것이다. 항상 그래왔듯 경영자들은 시행착오를 겪으며 계속해 나갈 것이며 시간이 흐르면 새로운 해결책들이 활자화되어 우리가 지금까지 이야기한 이론과 노하우 위에 더해질 것이다. 그럼에도 불구하고 우리가 토론한 중심 아이디어들은 그대로 남을 게 분명하다. 왜냐하면 경영 세계의 기본적인 현실과 그 책임이라는 두 가지를 반영하고 있기 때문이다.

20세기에 있었던 가장 큰 논쟁 중의 하나는 경영의 한계에 관한 것이다. 물론 사람들이 그런 용어를 사용하며 의식적으로 한 것은 아니지만 말이다. 경영이라는 것이 전체 경제만큼이나 크고 다양한 조직에도 적용될 수 있을까? 역사는 이에 대해 그럴 수 없다고 답한다. 중앙통제방식과 자유시장경제의 이념적 투쟁에서 자유시장경제는 확실한 승리를 거두었다. 여러모로 볼 때 중앙통제적인 의사 결정에 맡기기에는 경제 체제 전반이 이룩해야 할 사명이 너무 많고 시스템이 지나치게 복잡하다.

그렇다면 다른 방면에서 경영의 한계를 시험해 보자. 경영이 전통적으로 정부나 비영리 기관의 영역이었던 분야에서 제 역할을 할 수 있을까를 물어보자. 상업적인 문맥에서 발전해 온 경영의 규율이라는 것이 그 목적이 상업적인 것과는 거리가 먼 교육, 예술, 의료, 사회봉사 등의 조직에도 적용될 수 있을까?

당신이 이제까지 읽었듯이 우리의 답은 '그럴 수 있다'이다. 이 책 전반을 통해서 우리는 경영의 규율을 사용해 여러 가지 방법으로 사회적인 가치를 창출한 조직들을 인용했다. 해비타트 포 휴머니티와 시티이어는 지역 사회를 발전시켰고 시민의식을 고양했다. 자연보호회와 브롱크스 동물원은 생물학적 다양성을 보호하는 역할을 하고 있다. 아라빈드 안과 병원은 돈이 없는 환자들에게 의료 서비스를 제공하고 있고, 인터마운틴 헬스케어는 여유가 있는 환자들을 위해 의료보호 수준을 높여가고 있다. 또한 뉴욕 경찰국은 공공의 안전을 보호하고 향상시키고 있다.

경영의 규율이 사회적 복지에 더 많이 기여할 수 있을까? 그에 대한 대답도 '그렇다'이다. 그러나 시민들이 그런 서비스를 현명하게 사용할 수 있는 책임감을 갖고 있을 때만이 그럴 수 있다. 만일 우리가 그런 경영자들에게 상충되는 사명을 추구할 것을 요구한다면, 예를 들어 우리가 학교 교육을 받은 학생이 어떤 특징을 가져야 할지에 대해서 결정을 내리지 못한 채 또는 우리가 어느 정도 수준의 의료보호를 어느 정도 값에 원하는지에 대해서도 알 지 못한 채 공공 및 사회 분야 경영진들은 그 잠재력을 절대로 전부 발휘하지 못할 것이다.

그러나 그 잘못은 그 경영진의 것이 아니라 우리의 몫이다. 정치라는 것은 다양한 이해관계를, 완전히 의견일치는 보지 못하더라도 조정할 수 있는 화해의 기술이다. 이에 반해 경영이란 양자택일의 기술로, 길 위에 두 갈래 길이 있으면 조직의 목적에 부합하는 가장 좋은 길을 선택하는 것이다. 화해라는 것은 정치적 영역에서는 필수적인 것인지 몰라도 관리되고 있는 조직에서 이는 성과를 갉아먹을 수밖에 없다. 한 조직이 명확한 목표가 없다면, 개념상 조직이란 명확한 목표가 있어야 성과를 내는 만큼, 성과는 제대로 나타날 수가 없다. 정치에서는 모든 사람에게 모든 것을 준다는 식이 어느 정도 유리한 면도 있다. 그러나 경영에 있어서는 절대로 있을 수 없는 일이다.

그렇다면 우리는 어떤 종류의 가치들을 공공 사회 부문의 경영자에게 요구할 것인가? 우리가 가장 소중하게 생각하는 것을 경영자들이 해주기를 바란다면, 우리는 이런 것들이 가장 성과 측량이 어려우면서도 다른 사람의 동의도 구하기 힘든 것이라는 두 가지 사실을 반드시 염두에 두어야 한다. 이런 이유들 때문에 결과에 대한 진정한 책임 의식을 기르는 일이 가장 중요시되어야 한다. 우리가 모든 이를 위해 더 좋은 교육과 의료보호를 원한다면 가장 중요한 다음 일은 비록 불완전한 것일지라도 경영진들에게 일의 진척도와 성과를 평가할 수 있는 측정도구들을 찾도록 지원해 주는 것이다. 점수로 나타나는, 이런 단 하나의 측정도구가 그런 일을 할 수는 없다. 그래서 그것은 어려운 일이지만 그렇다고 완전히 불가능한 것도 아니다.

책임의식은 앞으로 다가오는 시대에 가장 중심에 서는 단어 가운데 하나가 될 것이다. 이는 우리가 시민으로서 아주 중요한 과제를 진지하게 붙잡고 있어야 가능한 일이다. 그 중요한 과제란 바로 우리 인생에 있어 가장 중요한 것이 무엇인지를 어떻게 측정할 것이냐 하는 문제다. 이런 것들은 너무나 소중한 것이어서 결코 공짜가 되어서는 안 된다. 경영을 제대로만 한다면 그런 일들을 누구나 이용할 수 있게 만들 수 있다. 그러나 이는 모든 사람들이 각자의 분야에서 책임감을 가질 때만이 가능한 일이다. 우리가 교육이나 의료보호 분야에서 경영자들이 제대로 일해 주기를 원한다면 반드시 그 경영자들이 우리에게 무엇이 정말 가치가 있는 것이고 얼마나 값을 치를 의사가 있는지를 물을 때 대답할 준비를 하고 있어야만 한다. 우리는 현실을 냉정하게 보고 경영자들이 목표를 달성하기 위해 양자택일을 할 때 받아들일 수 있어야 한다. 그것이 경영이 이루어지는 방식이기 때문이다.

다시 경영의 기본으로

"경영 이론이라는 게 다 말장난 아닙니까?"

나는 이런 말을 심심찮게 들어왔다. 그런데 문외한이 아니라 '알만한' 사람이 이렇게 이야기하는 경우가 많다. 그것도 경영 관련 세미나 같은 데서 티타임을 가질 때 여러 사람들 앞에서 말이다. 그럴 때마다 나는 당황스럽고 의아하기도 해서 이런 생각을 하게 된다. '왜 저 사람은 귀중한 시간과 돈을 들여 이 세미나에 왔을까?'

물론 그런 말을 하는 이들을 전혀 이해 못하는 건 아니다. 다른 학문에 비해 경영학의 역사가 짧고, 또 한번 성공한 기업이라도 계속해서 성공하지는 못한다는 점에서 경영을 허망한 것으로 보는 시각을 피하기 어려울지도 모른다. 그러나 경영을 말장난 정도로 보고 간과하는 사람은 스스로 손해를 각오해야 한다. 경영이란 이 책에서도 자주 언급되듯 '가지고 있는 자원으로 최대의 성과를 올리는 일과 그 방법론'이다. 다시 말해 '성과'를 내는 실용적인 도구라는 말이다. 오늘날처럼 변화의 속도가 빨라지고 모든 부분에서 불확실성이 높아지는 시대에 성과를 내며 성공하려면 눈을 크게 뜨고 세상의 변화를 보려고 애써야 한다. 새로운 얘기에 항상 귀를 기울이고 어쩌다 기회를 발견하면 바로 낚아채려는 자세를 갖고 있어야 하는 것이다. 특히 중요한 것은 미세한 것에서라도 '차이'를 발견하는 일이다. 똑같은 대상이라도 조금만 다르게 보면 전혀 다른 결과를 낼 수 있다고 믿고 세세하고 미묘한 그 무엇을 찾아내려고 노력해야 한다는 말이다. 거기에서 경영 마인드를 가진 사람과 그렇지 않은 사람의 차이가 극명하게 드러난다. '다 똑같은 것'이라며 팔짱 끼고 앉아 있으면 기회는 놓치고 후회만 쌓이게 된다.

한편 경영에 대한 또 다른 편견도 있다. 앞에서 말한 것과 완전히 반대되는 경우인데, 경영이라면 무조건 좋은 것으로 보는 시각이다. 경제 중심 시대다 보니 정치인들도 '경영 마인드' 'CEO 마인드'를 갖고 일하겠다는 식으로 이야기한다. 이들은 한마디로 "관료주의로 대충 떼우지 않고 사업에 성공한 대기업 사장처럼 조직을 이끌겠다"는 것이다.

이런 구호를 즐겨 사용하는 정치인은 주로 공직이나 학계 출신이 아니라 기업 출신인 경우가 많다. 그들은 자신을 다른 정치인들과 차별화하기 위해 이와 같은 단어들을 사용하며, 기업의 경험을 정치에도 적용하려고 애쓴다. 하지만 기업체에서 하던 방식을 그대로 적용한다고 해서 성과도 그대로 나는 것은 결코 아니다. 그래서 이런 구호들도 허망한 것으로 끝날 때가 많다. 정작 스스로 그 경영이 무엇인지에 대해서는 잘 모르고 있기 때문에, 그리고 조직마다 그 방법론이 달라져야 한다는 사실에 대해서 잘 모르고 있기 때문에 구호는 요란스럽게 내놓지만 정작 성과를 내지 못하는 일이 벌어지는 것이다.

이 책을 번역하기로 한 것은 이런 현실을 바꾸는 데 작은 도움이 될 수 있다는 믿음에서였다. 경영의 'ABC'에 대해 제대로 쓴 책, 그것도 최근의 변화를 담은 책이 필요하다고 생각했다. 더욱이 풍부한 예화와 간결한 문체, 일관된 논리는 이 책의 가치를 더욱더 빛내고 있다.

나는 독자들이 이 책을 통해 경영의 기본을 익히고 나면 회사와 비즈니스를 보는 눈이 달라질 것이라고 믿는다. 또한 세상의 작은 변화도 놓치지 않는 예리한 눈과 더불어 경영 마인드까지 갖게 되리라 확신한다.

경영은 회사나 조직을 책임지고 있는 경영자나 관리자만의 일이 아니다. 자신이 갖고 있는 자원을 썩히지 않고 최대한 활용하려는 사람이라면 누구라도 경영에 관심을 가져야 한다. 이 책을 통해 많은 이들이 경영이 바로 자신의 일이라는 것, 그리고 잘 이용하면 큰 도움을 받을 수 있다는 것을 깨달아 경영에 재미를 느끼기를 기대해 본다. 이 책이 그들에게 큰 도움을 줄 것으로 믿는다.

권영설

머리말 경영이라는 보편 규율

피터 드러커의 『경영의 실제The practice of Management』(뉴욕, 1954)는 일반 경영에 관한 고전적인 소개서다. 『비영리 조직 경영하기 : 실천과 원칙Managing the Nonprofit Organizaiton : Practices and Principles』(뉴욕, 1990)은 사회 분야에서 같은 역할을 하는 책이다. 드러커의 저작들은 크게 보아 두 가지 범주로 나눌 수 있다. 첫 번째는 『효율적인 경영진The Effective Executive』(뉴욕, 1966)처럼 경영자들이 역량을 발휘할 수 있도록 돕기 위해 쓰인 논문과 책이다. 두 번째는 경제, 정치, 사회적 이슈들을 다룬 『자본주의 이후의 사회Post-Capitalist Society』(옥스퍼드, 1993)와 같은 대작이다. 인문학적인 상상력을 갖고 있으면서 어떻게 경영에 대해서도 끝없이 관심을 가질 수 있는지 의심스런 사람들은 드러커의 자서전인 『구경꾼의 모험Adventures of a By-Stander』(뉴욕, 1979)을 읽으면 두 가지가 동시에 가능하다는 강력한 증거를 확인할 수 있을 것이다.

1장 가치 창조 | 회사 밖에서부터 안으로

'사진의 마법사The Wizard of Photography'는 조지 이스트먼의 일생을 다룬 매력적인 다큐멘터리다. 제임스 A. 드비니가 제작했는데 미국 공영 방송 PBS에서 방영된 '미국의 경험The American Experience'이라는 시리즈 중 한 편이었다. 마이클 루이스는 실리콘 그래픽스의 ITV 계획 실패담을 『뉴뉴씽 : 세상을 변화시키는 힘The New, New Thing』(뉴욕, 2000)에 담았다. 테일러가 베들레헴 철강에서 삽질의 과학에 대해 실험한 것은 『과학적 관리의 원칙The Principles of Scientific Management』(조지아 노크로스, 1998)에 실려 있다. 원래는 1911년에 출간된 책이다. 이 책은 역사광들에게는 짧고 흥미롭게 여겨질 것이다. 드러커의 유명한 교리문답은 『경영의 실제』에 나온다. GE와 잭 웰치에 대한 얘기는 제임스 C. 콜린스와 제리 I. 포라스가 쓴 『성공하는 기업들의 8가지 습관Built To Last : Successful Habits of Visionary Companies』(뉴욕, 1994)과 로버트 슬레이터의 『잭 웰치와 GE 방식Jack Welch and the GE Way』(뉴욕, 1999) 등에서 인용했다. 잭 웰치의 말 가운데 자극적인 인용문들은 대부분 자넷 C. 로우가 정리한 『잭 웰치 연설집 : 세계에서 가장 위대한 비즈니스 리더의 지혜Jack Welch Speaks : Wisdom from the World's Greatest Business Leader』(뉴욕, 1998)에 실려 있다. 마사 스튜어트의 웹 사이트에 관한 얘기는 미셸 슬레텔라가 2000년 2월 「뉴욕 타임스」에 쓴 기사 '마사 스튜어트에게 편리함의 대가로 프리미엄을 내다'에서 인용했다. 해비타트는 하버드 비즈니스 스쿨의 사례 연구이다. 게리 러브먼과 앤드류 슬레이비트가 〈휴머니티 인터내셔널의 해비타트Habitat for Humanity International〉라는 제목으로 썼다.

마케팅적 사고방식의 전형적인 설명은 시어도어 레비트가 쓴 〈마케팅의 근시안Marketing Myopia〉이라는 논문에 나온다. 이 논문은 1975년 「하버드 비즈니스 리뷰」에 처음 실린 이후 계속 재발행되고 있다. 밴스 팩커드가 쓴 『숨어 있는 설득자Hidden Persuaders』(뉴욕, 1957)는 광고의 심리학을 탐구한 초기 저서이다. 1980년대 기업 사냥꾼에 대한 충실하면서도 흥미로운 개론으로는 브라이언 버로즈와 존 헬리어가 쓴 『문 앞에 선 야만인들 : RJR 나비스코의 몰락Barbarians at the Gates : The Fall of RJR Nabisco』(뉴욕, 1990)을 들 수 있다. 저자들은 「월스트리트 저널」에서 당시 악명 높은 인수합병 사건을 취재했던 기자들이다. 공급 사슬 관리supply-chain management라는 문구를 잘 이해하지 못하겠다면 조안 마그레타가 빅터 펑을 인터뷰하고 쓴 '빠르고 글로벌하고 기업가 정신으로 충만하게 : 공급 사슬 관리, 홍콩 스타일Fast, Global and Entrepreneurial : Supply Chain Management, Hong Kong Style'을 읽어보라. 1998년 「하버드 비즈니스 리뷰」에 실렸고 나중에는 그녀의 저작집인 『신경제에서의 경영Managing in the New Economy』(보스턴, 1999)에도 담겼다.

리타 맥그레스와 이안 맥밀란이 1995년 「하버드 비즈니스 리뷰」에 쓴 〈발견지향의 계획Discovery-Driven Planning〉에는 유로디즈니를 비롯한 다른 이야기들이 나온다. 저자들은 이 사례들을 비즈니스 모델이 좋은 이야깃거리인 동시에 반드시 숫자가 뒷받침되어야 한다는 예로 들고 있다. 아메리칸 익스프레스는 콜린스와 포라스가 『성공하는 기업들의 8가지 습관』에서 자세히 다룬 회사다. 파고 사장의 이야기는 다니엘 그로스가 쓴 아주 읽을 만한 전집인 『포브스의 위대한 기업 이야기Fobes Greatest Business Stories of All Time』(뉴욕, 1996)에서 인용했다. 마이클 브로너가 대학 시절 벌인 사업은 데이비드 E. 벨과 도널드 M. 리비트가 같이 쓴 하버드 비즈니스 스쿨의 사례 연구인 〈브로너 슬로스버그 험프리Bronner Slosberg Humphrey〉에 잘 소개되어 있다.

1990년대 후반 이후 e베이는 언론의 집중 조명을 받아왔다. 이 장에 인용된 내용은 또 다른 하버드 비즈니스 스쿨 사례 연구로 니콜 템페스트가 작성한 〈e베이에서의 메그 휘트먼Meg Whitman at eBay, Inc.〉을 참조했다. 델의 비즈니스 모델이 된 여러 가지 통찰들은 조안 마그레타가 델을 인터뷰하고 써서 1998년 「하버드 비즈니스 리뷰」에 '가상통합의 힘The Power of Virtual Integration'이라는 제목으로 실었고 나중에는 『신경제에서의 경영Managing in the New Economy』에도 포함되었다.

브래튼이 뉴욕 경찰국을 변화시킨 것은 제임스 L. 헤스케트가 쓴 하버드 비즈니스 스쿨 사례 연구인 〈새로운 NYPDNYPD New〉의 주제다. 엘더호스텔을 세운 이야기는 유진 S. 밀의 저서 『엘더호스텔 이야기The Story of Elderhostel』(뉴햄프셔 하노버, 1993)에 잘 묘사되어 있다. 시티이어 경영진들이 조직을 보스턴 바깥 지역으로 확대하기로 결정한 이야기는 니콜 새클리가 쓴 하버드 비즈니스 스쿨 사례 연구인 〈시티이어 : 전국 차원의 확대 전략City Year : National Expansion Strategy〉의 일부분이다.

알프레드 D. 챈들러 2세의 저서인 『보이는 손 : 미국에서의 경영 혁명The Visible Hand : The Managerial Revolution in American Business』(매사추세츠 케임브리지, 1977)은 대량생산 산업 체제의 발전 과정에서 경영의 역할을 설명한 첫 번째이며, 지금도 고전으로 남아 있는 책이다. 3M은 이야깃거리를 만드는 회사로 유명하다. 3M의 경영자였던 고든 쇼가 1998년 2명의 공저자와 함께 「하버드 비즈니스 리뷰」에 쓴 '전략 이야기들 : 3M은 어떻게 비즈니스 기획 개념을 바꾸었는가Strategic Stories : How 3M is Rewriting Business Planning'는 왜(그리고 어떻게) 이야기하는 식으로 설명하는 것이 회사의 비즈니스 계획을 설명하는 데 있어 요약 보고서에 비해 훨씬 효과적인 방식인지를 알려주고 있다. 로버트 헤일브로너와 레스터 서로우가 공저한 「경제학을 말하다Economics Explained」(뉴욕, 1994)는 어떻게 시장이 작동하고 실패하는지에 관한 설명이 정말 잘되어 있는, 우울한 학문(경제학)에 대한 좋은 입문서 혹은 복습서이다. 칼 샤피로와 할 베리안이 쓴 「정보가 힘이다Information Rules」(보스턴, 1998)는 미시경제학의 원칙들이 날이 갈수록 디지털화되는 경제에서도 어떻게 적용되는지에 대한 의미 있는 해석을 담고 있다.

3장 전략 | 탁월한 성과를 내는 논리

이 장의 기본적인 전제가 되는 개념, 즉 전략이란 차별화함으로써 더 나아지는 것이라는 사고는 마이클 포터가 논문 '전략이란 무엇인가What Is Strategy?'(「하버드 비즈니스 리뷰」, 1996)에서 제시한 것이다. 이 장 전체를 거쳐 인용된 월마트의 비즈니스 정보는 새론 폴리가 쓰고 타키아 마무드가 개정한 하버드 비즈니스 스쿨 사례 연구인 〈월마트 스토어스WalMart Stores, Inc.〉에서 찾을 수 있다. 존 휴이가 쓴 「샘 월튼, 메이드 인 아메리카Sam Walton, Made in America」(뉴욕, 1992)에는 월튼 자신이 밝히는 그의 회사와 인생 이야기가 담겨 있다. 1990년대 일본 경제 문제를 이해하고 싶으면 마이클 포터, 히로타카 다케우치, 마리코 사카키바라 등이 쓴 「일본 경제 위기 보고서Can Japan Compete」(뉴욕, 2000)를 읽어보라. 벌목꾼과 장군들의 우화는 아비나쉬 딕시트와 배리 J. 네일버프가 쓴 「전략적 사고Thinking Strategically」(뉴욕, 1991)에서 인용했다. 그들의 책은 사업과 일상생활에서 행해지는 전략에 관한 명쾌하고 재미난 내용을 담고 있다. 애덤 브랜덴버거와 배리 네일버프는 사업 전략에 적용될 수 있는 게임이론의 기초를 1995년 「하버드 비즈니스 리뷰」에 실린 '올바

른 게임 : 전략을 다듬는 데 게임이론을 적용하라 The Right Game : Use Game Theory to Shape Strategy'에서 잘 설명하고 있다. 다섯 가지 힘five forces에 관한 최초의 그리고 가장 제대로 된 설명은 1979년 「하버드 비즈니스 리뷰」에 실린 마이클 E. 포터의 고전 '어떻게 경쟁적인 힘들이 전략을 다듬는가 How Competitive Forces Shape Strategy'이다. 사명과 성과에 대한 데이비드 로렌스의 논증은 「리더가 리더에게 Leader to Leader」에 1999년 실린 〈사명 유지 : 시장으로부터의 교훈Maintaining a Mission : Lessons from the Marketplace〉이란 논문에 담겨 있다. 존 소힐의 말들은 앨리스 하워드와 조안 마그레타가 1995년 「하버드 비즈니스 리뷰」에 쓴 인터뷰 기사인 '살아남은 성공Surviving Success'에서 인용했다.

전략을 꿰뚫는 미시경제학적인 구조를 이해하고 싶은 사람은 마이클 포터의 『경쟁 우위Competitive Advantage』(뉴욕, 1985)를 먼저 읽는 게 좋다. 포터의 논문들은 『경쟁론On Competition』(보스턴, 1998)으로 묶여 있다. 이 책은 경쟁 전략뿐만 아니라 기업 전략과 국가 경쟁력에 관한 그의 저작들을 전체적으로 개괄하고 있다. 실제로 이루어지는 전략이 어떤 것인지, 그리고 산업이 어떻게 변화하는지를 알고 싶다면 앤디 그로브의 『편집광만이 살아남는다Only the Paranoid Survive : How to Exploit the Crisis Points that Challenge Every Company and Career』(뉴욕, 1996)가 최고의 책이다. 이 장에서 언급된 전략은 경쟁 전략 즉 사업부의 전략이다. 한 회사나 여러 비즈니스가 모인 GE 같은 조직의 전략은 또 다른 분야다. 이런 전략에 관한 입문서로 시작할 만한 것은 1998년 「하버드 비즈니스 리뷰」의 논문인 데이비드 콜린스와 신시아 몽고메리의 〈회사 우위의 창조Creating Corporate Advantage〉를 권하고 싶다.

4장 조직 | 어디에 선을 그릴 것인가

포드 이야기에 관한 짧은 설명은 그로스의 『포브스의 위대한 기업 이야기』와 콜린스, 포라스 공저의 『성공하는 기업들의 8가지 습관』에서 찾을 수 있다. 미국 자동차 회사가 운명적으로 일본 경쟁자들과 맞부닥치게 되는 역사를 담은 것 가운데 가장 인상적인 책으로 데이비드 할버스탬의 『계산하기The Reckonig』(뉴욕, 1986)를 권한다. 헨리 포드의 표준적인 전기는 앨런 네빈스가 쓴 『포드 : 그의 시대, 그라는 사람, 그의 회사Ford : The Times, the Man, the Company』(뉴욕, 1954)이다. 챈들러는 『보이는 손』에서 다부문사가 생겨나는 것을 설명하기 위해 제너럴 모터스를 예로 들었다. 이 회사의 진화를 지켜본 체험을 담은 책으로는 알프레드 슬론의 『제너럴 모터스에서 보낸 나날들My Years With General Motors』(가든시티, 1964)을 들 수 있다. 시스코의 아주 특별한 성공은 데이비드 버넬의 『시스코 커넥션 만들기 : 진정한 인터넷 최강자의 숨은 이야기Making the Cisco Connection : The Story Behind the Real Internet Superpower』(뉴욕, 2000)의 주제였다. 아라빈드 안과 병원 얘기는 하버드 스쿨의 사례 연구인 카스투리 랜갠의 〈인도 마두라이의 아라빈드 안과 병원 : 광명을 찾기 위한 서비스The Aravind Eye Hospital, Madurai, India : In Service for Sight〉와 해리에트 루빈의 〈닥터 V의 완벽한 비전The perfect Vision of Dr. V〉이 다루고 있다.

조직론에 대해 더 알고 싶은 사람은 R. 폴 밀그롬과 존 로버츠의 『경제학, 조직 그리고 경영Economics, Organization and Management』(뉴저지 잉글우드 클리프, 1992)을 권한다. 물론 이 책은 교재이고 무게가 15파운드나 된다. 그러나 1부에서 논의된 많은 토픽들을 명쾌하고 종합적으로 다루고 있다. 도요타가 시작한 린lean 생산 방식에 대한 연구로는 제임스 P. 워맥, 대니얼 T. 존스, 대니얼 루스가 쓴 『세상을 바꾼 기계The Machine That Changed the World』(매사추세츠 케임브리지, 1990)가 좋다.

5장 현실직시| 어떤 숫자가 왜 중요한가

6시그마에 관한 데이터들은 슬레이터가 쓴 『잭 웰치와 GE 방식』에서 인용했다. 로버트 맥나마라와 신동들 이야기, 포트 핀도의 실패 사례는 안드레아 가버가 쓴 『자본주의 철학자들 : 현대 비즈니스의 천재들—그들의 삶, 시간, 아이디어The Capitalist Philosophers : The Geniuses of Modern Business —Their Lives, Times, and Ideas』(뉴욕, 2000)에 잘 쓰여 있다. 그녀의 책은 경영 아이디어들과 그것을 발전시키고 고안한 사람들의 역사를 잘 담고 있다. 존 앨런 파울로스의 인용문들은 『한때 숫자가 있었다 : 이야기 뒤에 숨겨진 수학적 논리Once Upon a Number : The Hidden Mathematical Logic of Stories』(뉴욕, 1998)에서 찾을 수 있다.

데이터를 다루는 데 있어 불안을 느끼는 사람들에게는 데이비드 마이스터가 쓴 하버드 사례 연구의 하나인 〈숫자의 세계에서 길을 잃지 않는 법How to Avoid Getting Lost in the Numbers〉이 도움이 될 것이다. 마찬가지로 하버드 사례 연구인 로버트 돌란의 〈저기술 마케팅 수학에 관한 소고Note on Low－Tech Marketing Math〉도 고정비, 변동비, 마진 계산법 등이 실려 있어 도움이 된다. 존 앨런 파울로스는 『수맹數盲 : 숫자를 읽지 못하는 것과 그 결과Innumeracy : Mathematical Illiteracy and Its Consequences』(뉴욕, 1988)에서 왜 현대 사회를 사는 시민들이 어째서 글로 쓰인 정보를 편하게 읽는 것처럼 숫자로 된 정보에 대해서도 해석할 수 있어야 하는지에 대해 아주 설득적이고 공격적으로 설명하고 있다.

6장 진정한 핵심 | 사명과 측정도구들

허쉬스쿨의 딜레마에 관한 정보는 다니엘 골딘이 1999년 8월 12일 「월스트리트 저널」에 쓴 '허쉬 씨의 소망Mr. Hershey's Wishes'에서 인용했다. 포드의 새로운 시도들은 콜린스와 포라스가 공저한 『성공하는 기업들의 8가지 습관』이 잘 묘사하고 있다. 슬론은 GM의 측정 도구와 경영에 대한 과제들을 『제너럴 모터스에서 보낸 나날들』에서 설명하고 있다. 그레그 브레너만이 콘티넨털 항공의 구조조정을 주도하면서 직원들과 대화한 내용을 담은 『즉시 그리고 단번에 : 우리는 어떻게 콘티넨털을 살렸는가Right Away and All At Once : How We Saved Continental』는 1998년에 「하버드 비즈니스 리뷰」에서 출간됐다. 피델리티의 엘린 맥콜갠이 조안 마그레타와 인터뷰한 내용은 출간되지 않았다. 델의 메트릭스는 '가상 통합의 힘'에, 브래튼의 얘기는 〈새로운 NYPD〉에, 존 소힐이 설명한 자연보호회 측정도구의 재정비는 '살아남은 성공'에 쓰여 있다.

또한 읽을 만한 것으로 『성공하는 기업들의 8가지 습관』을 들 수 있는데 한 회사의 경영진들이 회사의 목적을 올바른 측정 도구로 바꾸었을 때 성과가 좋아진다는 강력한 증거들을 많이 찾을 수 있다.

7장 미래에 베팅 | 혁신과 불확실성

슬론의 마케팅 통찰력은 『제너럴 모터스에서 보낸 나날들』에서 인용했다. 앤디 그로브의 코멘트는 『편집광만이 살아남는다』를 보라. 3M과 휴렛팩커드의 일화는 콜린스와 포라스가 쓴 『성공하는 기업들의 8가지 습관』에 실려 있다. 드러커는 기업가 정신이 깃든 경영을 경영자들에게 50여 년간 가르쳐왔는데 가장 최근에 쓴 관련된 책은 『21세기 경영의 과제Management Challenges for the 21st Century』(뉴욕, 1999)이다. 이 장에 있는 슈왑에 관한 자료들은 데이비드 S. 포트럭과 테리 피어스가 쓴 『클릭과 모르타르 : 인터넷 중심 세계에서의 열정 중심의 성장Clicks and Mortar : Passion-Driven Growth in an Internet-Driven World』(샌프란시스코, 2000)에서 인용했다. 〈혁신가의 비애The Innovator's Lament〉는 피터 번스타인이 어떤 회의에서 받은 것이다. 그는 그 이야기를 『리스크 : 리스크 관리의 놀라운 이야기Against the Gods : The Remarkable Story of Risk』(New York, 1996)에 적었다. 제록스에 관한 이야기는 더글라스 K. 스미스와 로버트 C. 알렉산더가 쓴 『미래에 대한 실수 : 어떻게 제록스는 최초의 개인용 컴퓨터를 개발했고 또 무시해버렸나Fumbling the Future : How Xerox Invented, Then Ignored, the First Personal Computer』(뉴욕, 1988)에서 다시 설명된 모험담 중 한 부분이다. 스콜니크의 도박은 가드너 해리스가 『월스트리트 저널』 2001년 1월 10일자에 쓴 '대형 약품이 죽어갈 때 머크는 사들이지 않았다. 대신 새로운 것을 찾았다With Big Drugs Dying, Merck Didn't Merge ─ It Found New Ones' 라는 제목의 기사에 실려 있다.

조직론과 마찬가지로 재무를 이해하는 데 가장 좋은 방법은 좋은 교재를 사용하는 것이다. 재무 분야의 고전(현재 여섯 번째 개정판)은 리처드 A. 브리얼리와 스튜어트 C. 마이어스가 쓴 『기업 재무의 원칙Principles of Corporate Finance』(보스턴,

2000)이다. 새로운 기술이 기존의 회사들에게 던지는 과제에 대해 이해하려면 클레이톤 M. 크리스텐슨이 쓴 『성공기업의 딜레마 : 신기술로 인해 위대한 기업이 실패할 때The Innovator's Dilemma : When New Technologies Cause Great Firms to Fail』(보스턴, 1997)를 보라. 회사에서나 개인 생활에서 이루어지는 결정 분석에 대한 쉽고 실용적인 안내서로는 존 S. 하몬드, 랄프 L. 키니, 하워드 라이파 등이 공저한 『현명한 선택 : 더 나은 결정을 위한 실전 가이드Smart Choices : A Practical Guide to Making Better Decisions』(보스턴, 1999)를 들 수 있다.

제8장 경영의 성과내기 | 당신이 먼저 집중하라

  CEO의 역할에 대한 웰치의 생각은 슬레이터가 쓴 『잭 웰치와 GE 방식』에 잘 나타나 있다. 지속적인 혁신에 대한 그리고 실제 월마트 운영에서 적용한 사례들은 월튼 자신이 쓴 『샘 월튼 : 메이드 인 아메리카』를 보라. e베이가 사용한 80/20 법칙은 템페스트가 쓴 〈e베이에서의 메그 휘트먼〉을 참조하라. 휴머나에 관한 이야기는 헤드릭 스미스가 제작한 PBS 다큐멘터리 '핵심 조건 : 미국 의학계의 내부 Critical Condition : Inside American Medicine'의 일부분이다. MIT의 연구과학자인 신디 윌리엄스는 「뉴욕 타임스」 2001년 2월 16일자에 '국방예산의 재배정Redeploy the Dollars'이란 제목의 칼럼에서 미국 국방성의 예산 문제를 다루었다. 잭 그린버그의 사례는 제니퍼 오르도네즈가 「월스트리트 저널」 2000년 5월 18일자에 '효율 드라이브 : 더 빨라진 패스트푸드An Efficiency Drive : Fast-Food Lanes Are Getting Even Faster'란 제목으로 쓴 기사에서 나온다. 인터마운틴 헬스와 노던 뉴잉글랜드 콜러버러티브가 벌인 베스트 프랙티스 따라하기에 관한 정보도 역시 '핵심 조건'에 쓰여 있다. 미네소타 주의 의료보호 정책은 「뉴욕 타임스」 2001년 3월 13일자에 밀트 프로이덴헤인스가 '미네소타의 의료계획 치료 표준화 시도Minnesota Health Plans to Standardize Treatments'라는 제목으로 기사를 썼다.

잭 웰치가 규정한 경영자의 역할은 로우가 쓴 『잭 웰치 연설집』에 나온다. 찰스 A. 오레일리 3세와 제프리 페퍼는 『숨겨진 힘-사람 Hidden Value : How Great Companies Achieve Extraordinary Results with Ordinary People』(보스턴, 2000)에서 사우스웨스트 항공에 대해 썼다. 이 장 전반에 걸쳐 인용된 사우스웨스트의 기업 문화에 관한 정보는 모두 이 책에서 인용했다. 여기서 인용된 스콧 맥닐리의 "그것은 아마…… 은유법의 기반 위에 건설된 비즈니스는 여전히 가치가 필요하다"라는 문장은 2000년 10월 2일자 「포브스 ASAP」에서 찾았다. 버라이즌의 이야기는 「뉴욕 타임스」 2000년 8월 12일자에 매리 윌리엄스 월시가 쓴 '어서오세요'라는 표현이 노동 문제가 됐을 때 When 'May I Help You' Is a Labor Issue'라는 기사에서 인용했다. 콜린 베렛이 신입사원에게 말한 것들은 「보스턴 글로브 Boston Globe」 2000년 11월 5일자에 나온 '허브의 방식 Herb's Way'에 아주 비슷하게 나와 있다. 마이클 루이스가 『뉴뉴씽』에서 심리학적 실험을 곁들여 설명한 실리콘 그래픽스의 잘못된 모험 얘기는 재미있지만 소름이 끼친다. 테일러가 성과 피드백에 대해 조언한 것들은 『과학적 관리의 원칙 Principles of Scientific Management』에서 인용했다. 마빈 버킹햄과 커트 코프만은 인적자원 관리의 중요한 요소를 「First, Break All the Rules First Break All the Rules : What the World's Greatest Managers Do Differently』(뉴욕, 1999)에서 잘 설명하고 있다. 이 책을 읽으면 알겠지만 제목과는 달리 경영자들을 위대하게 만든 것은 그들이 모든 규칙을 파괴했다는 사실이 아니라 실제로 규칙을 파괴하고 새로운 규칙을 만들었다는 사실이다. 참여적인 경영에 대한 명료한 교훈들을 알기 위해선 「하버드 비즈니스 리뷰」에 김위찬과 르네 마보안이 1997년 같이 쓴 '공정한 절차 : 지식경제 시대의 경영 Fair Process : Managing in the Knowledge Economy'을 보라. 피터 드러커가 주는 자기경영에 대한 교훈은 『21세기 경영의 과제』에 포함돼 있다. 협상학에 있어 고전이기도 하고 아주 실제적인 입문서는 로저 피셔, 윌리엄 우리가 공저하고 브루스 패튼이 편집한 『동의 이끌어내기 : 항복 없이 동의를 구하는 법 Getting to Yes : Negotiating Agreement Without Giving In』(보스턴, 1981)이 있다.

| 찾아보기 |

기타